Harvey Mackay

Suche dir Freunde,
bevor du sie brauchst

Grab dir einen Brunnen,
bevor du durstig wirst

Harvey Mackay

Suche dir Freunde, bevor du sie brauchst

Das Buch über die Kunst,
Beziehungen aufzubauen
und zu nutzen

Aus dem Amerikanischen von Ulrike Bischoff

ECON

Titel der amerikanischen Originalausgabe: Dig your well before you're thirsty
Übersetzt aus dem Amerikanischen von Ulrike Bischoff
© 1998 by Harvey Mackay

Sonderausgabe
4. Auflage 1999

Der ECON Verlag ist ein Unternehmen der Verlagshaus Goethestraße GmbH &
Co. KG.
© 1998 der deutschen Ausgabe by ECON Verlag GmbH, Düsseldorf und Mün-
chen. Die deutsche Erstausgabe ist unter dem Titel NETWORKING erschie-
nen. Alle Rechte der Verbreitung, auch durch Film, Funk und Fernsehen, foto-
mechanische Wiedergabe, Tonträger jeder Art, auszugsweisen Nachdruck
oder Einspeicherung und Rückgewinnung in Datenverarbeitungsanlagen aller
Art sind vorbehalten.
Gesetzt aus der Century und Frutiger, Berthold. Satz: Dörlemann Satz GmbH,
Lemförde. Papier: Papierfabrik Schleipen GmbH, Bad Dürkheim. Druck und
Bindearbeiten: Bercker Graphischer Betrieb GmbH, Kevelaer
Printed in Germany · ISBN 3-430-16272-6

Inhalt

Schritt fünf: Entdecken Sie Ihre speziellen Fähigkeiten!

Schritt sechs: Baggern Sie weiter

Schritt sieben: Achtung: Fallgruben! 231

Schritt acht: Pflege und Erhaltung 257

Widmung

Mein viertes Buch widme ich allen Menschen, die nach einem meiner Vorträge zu mir gekommen sind, um mir zu danken, und all jenen, die mich auf einem Flughafen angesprochen haben, um mir die Hand zu reichen oder eine wunderbare Anekdote zu erzählen.

Es ist all den netten Menschen gewidmet, die mir in Briefen aus aller Welt phantastische Ratschläge und unzählige Erfahrungen unter den verschiedensten Bedingungen haben zukommen lassen.

Es ist allen gewidmet, die mich angerufen, mir gefaxt, ein E-Mail geschickt oder über Internet Verbindung aufgenommen haben.

Es ist all jenen gewidmet, die meine Bücher, Kolumnen und Artikel gelesen und dort in zumindest einer Idee genügend Anregung und Ermutigung gefunden haben, um später wieder auf meine Schriften zurückzugreifen.

Und es ist allen Lesern gewidmet, die durch dieses Buch erstmals Bekanntschaft mit mir machen.

Von Ihnen allen darf ich stolz behaupten, daß Sie nun ebenso zu meinem Beziehungsnetz gehören wie ich zu Ihrem. Und was wir aus diesen Beziehungen machen – ganz gleich, wie hochfliegend unsere Erwartungen sind –, liegt einzig und allein an uns. Ich kann aufrichtig sagen, daß Sie alle mir geholfen haben, mein Beziehungsnetz aufzubauen.

Besonderer Dank

Nicht jeder – nein: vermutlich niemand sonst – hat eine
Schwester mit großen redaktionellen Fähigkeiten, der Geduld
Hiobs, dem kritischen Blick eines Mikrochirurgen und der Zu-
neigung und Einstellung einer guten Freundin. Ohne Margie
Resnick Blickman hätte ich kein einziges meiner Bücher ge-
schrieben.

Lynne Lancaster, eine wahre Zauberin und blitzgescheite Frau
mit seltenem Scharfblick, ist mir eine unverzichtbare Hilfe.
Jeder, der ein Buch schreibt, sollte eine Lynne Lancaster in
seinem Adreßbuch haben.

Ron Beyma – diesen Namen sollten Sie sich merken! Wie-
so? Weil er eines Tages ein bedeutendes Buch schreiben wird.
Er ist einer der klügsten, scharfsichtigsten Teilnehmer meiner
»Round-table-Gespräche« – und obendrein ein guter Freund.

Mein enger Mitarbeiter, Greg Bailey, ist mit mir durch dick
und dünn gegangen. Ich hoffe, die langen Nächte, die er an seinem Schreibtisch verbracht hat, bringen ihm den Erfolg, den
er verdient.

Mary Anne Bailey ist mit ihrer Engelsgeduld eine wahrhaft
hervorragende Korrektorin.

Vickie Abrahamson ist der kreativste Mensch, den ich kenne –
und das will einiges heißen. Wenn man einen Satz anfängt,
kann sie ihn geistreich, humorvoll und stilvoll beenden. Denn
sie besitzt all diese Eigenschaften.

Jonathan Lazear ist mein Agent und Freund, mit dem ich nun
schon das vierte Buch veröffentliche. Wir haben einen weiten
Weg gemeinsam zurückgelegt und uns dabei glänzend verstanden. Er ist der Beste.

Scott Mitchell, den Präsidenten der Mackay Envelope Corporation, kenne ich als Menschen mit vielen herausragenden Qua-

litäten. Allerdings wußte ich bislang nicht, daß er mit untrüge-
rischem, kritischem und scharfem Blick zu lesen vermag. Er
hat dazu beigetragen, daß dieses Buch sich, wie ich hoffe, sehr
gut liest.

Linda Ferraro ist seit zehn Jahren bei mir. Sie ist engagiert,
gutmütig, verantwortungsbewußt und fast vierundzwanzig
Stunden am Tag eine wahre Stütze. Mackay Envelope und mir
geht es durch Lindas Anwesenheit besser.

Neil Naftalin ist für seine geistreichen, prägnanten Ratschläge
zu danken, »was man streichen sollte ...« Ein guter Mitarbeiter macht oft den entscheidenden Unterschied aus – und in
Neil habe ich ihn gefunden.

Judy Olausen – sollten Sie noch nie von ihr gehört oder eine ihrer Fotografien gesehen haben, steht Ihnen das sicher noch bevor. Sie stammt aus meiner Heimatstadt, hat sich aber international einen Namen gemacht – und das zu Recht. Wenn Sie
die besten Fotos brauchen, könnte ich Ihnen vielleicht einen
Termin bei ihr besorgen.

Denny Lyon ist ein Mann mit einem untrüglichen Gespür dafür, »wo die Fische stecken«.

Richard Mallery hätte dieses Buch selbst schreiben können.
Er ist ein Mann mit guten Ideen und ein hervorragender Kritiker.

Rick Frischman ist ein außergewöhnlicher Publizist.

Paul Brown besitzt neben der seltenen Gabe, die richtigen Fragen zu stellen, ein brillantes Organisationstalent.

Mein Dank gilt auch Arlene Friedman, Lisa Brancaccio, Mike
Iannazzi, Amy King, Jackie Everly, Paola Fernandez-Rana und
Laura Cook von Doubleday, meiner neuen Heimat.

Harriet Rubin, meine Lektorin bei Currency, sagte mir: »Harvey, Sie sind der geborene Autor für dieses Buch. Wer kann
besser Beziehungen knüpfen und pflegen als Sie?« Vielen
Dank für diese Idee.

Und schließlich danke ich allen Mitarbeitern bei Mackay Envelope. Von ihnen habe ich viel gelernt, ihnen gebühren großer
Respekt und meine Bewunderung.

Vorwort
von Jack Kemp

Als ich Harvey Mackay kennenlernte, erkannte ich gleich, daß er bereits ein Experte in der Jack-Kemp-Weltsicht war. Er hatte seine Hausaufgaben gemacht. Das habe ich nie vergessen – und es hat mich immer wieder erstaunt.

Harvey Mackay ist der geborene Autor für dieses Buch.

Weshalb ich das sage? Weil er seit einem Jahrzehnt Millionen von Menschen in seinen Bestsellern, seinen Vorträgen, Seminaren und Zeitungskolumnen gute Ratschläge erteilt. Und er spricht nicht nur vor Absolventen von Managementschulen oder Studenten der Harvard Law School. Er wendet sich an uns alle, denn seine Weisheit umfaßt die gesamte Palette von »Lektionen, die das Leben erteilt«, wie er es nennt, bis hin zur Kunst, Beziehungen zu knüpfen und zu pflegen.

Er ist ein Naturtalent. In seltener Aufrichtigkeit spricht er gleichermaßen aus dem Kopf wie auch aus dem Herzen und schöpft zudem aus seinem reichen Schatz praktischer Ratschläge, die auf fast alle Lebenslagen und auf die meisten Menschen anwendbar sind und Millionen Männern und Frauen geholfen haben, anderen einen Schritt voraus zu sein und es zu bleiben.

Im vorliegenden Buch nun befaßt sich Harvey mit jener Facette seines Lebens, die zweifellos sein vorrangiges Talent ausmacht und ihn so ungemein populär, erfolgreich und zu einem begnadeten Meister jener Kunst gemacht hat, Beziehungen zu knüpfen und zu pflegen.

Der beste Lehrer ist unweigerlich zugleich auch ein Lernender, und Harvey war immer beides. Er war immer darauf eingestellt zu gewinnen, und dieses Buch kann dem Leser helfen, sich darauf vorzubereiten, im Leben die richtigen Schritte zu tun.

Ganz gleich, welche Ziele Sie sich auch setzen mögen, Sie werden dazu das gesamte Instrumentarium der Beziehungspflege benötigen, das dieses Buch Ihnen an die Hand gibt. Es ist eine unverzichtbare Spritztour, die Sie hinbringt, wohin Sie wollen. Lehnen Sie sich also zurück, lassen Sie sich unterhalten, und nehmen Sie die Ratschläge an, die Ihre Eltern Ihnen im Traum nicht zu geben gewagt hätten.

Dieses Buch zeigt Ihnen, wie Sie in einer Welt der Post-it-Nachrichten ein dauerhaftes Beziehungsnetz aufbauen. Lesen Sie es, geben Sie es einem Freund weiter oder vielleicht Ihren Kindern!

Happy Birthday, Ziggy!

Ziggy, ein Freund von mir, gab zu seinem sechzigsten Geburtstag eine Party, zu der er auch meine Frau Carol Ann und mich einlud.

Es herrschte ein Riesengedränge. Wohl um die 300 Leute waren da, von denen ich nur eine Handvoll kannte. Als wir uns schließlich einen Weg zu unserem Gastgeber gebahnt hatten, schloß Ziggy uns wie ein großer Bär in seine Arme.

»Sie sind zu mager«, sagte er zu mir. »All die Lauferei. Ich habe Zeitung gelesen und gesehen, daß Sie dieses Jahr beim Boston Marathon mitgelaufen sind. Sie müssen mehr essen.«

Er angelte ein Räucherwürstchen vom Tablett eines vorbeigehenden Kellners und stopfte es mir in den Mund. »Gut?«

»Gut«, würgte ich. »Wie geht es Ihnen?«

»Heute, am 20. Oktober, ist mein Geburtstag. In drei – nein: vier – Tagen, am 24. Oktober, haben Sie Geburtstag. Das ist ein Dienstag, aber geboren sind Sie an einem Montag. Der 24. Oktober 1932 war ein Montag.«

»Woher wissen Sie das?«

»Haben Sie schon mal was von Schwachsinnigen mit einseitigen Begabungen gehört? Können sich morgens nicht allein anziehen, aber wenn sie ein Klavierkonzert einmal hören, spielen sie es von Anfang bis Ende aus dem Gedächtnis nach. Manche schaffen das mit Daten. Nennen Sie ein Datum, und ich sage Ihnen den Wochentag.«

»Sie sind kein Schwachsinniger mit einseitiger Begabung.«

»Nett, daß Sie das sagen, Harvey. Nein, Sie haben recht. Ich habe es nachgeschlagen. Das mache ich so. Sonst tut das niemand, also mache ich es. Eine Art Markenzeichen.«

Schließlich mischten Carol Ann und ich uns wieder unter die Menge, um Ziggy die Möglichkeit zu geben, sich um seine anderen Gäste zu kümmern. Später machte ich einem Bekannten gegenüber eine Bemerkung, wie sehr mir Ziggy gefalle und wie beliebt er sei.

»Ach, er hat eben ein Händchen dafür«, kam die abfällige Antwort.

Am liebsten hätte ich alle guten Manieren über Bord geworfen, den Burschen geschüttelt und ihm unmißverständlich zu verstehen gegeben: »Das ist kein Talent und keine Gabe. Das ist keine Magie. Es passiert nicht einfach so.«

Es ist kein Zufall, daß ich alljährlich eine Geburtstagskarte von Ziggy bekomme. Daß er den Wochentag kennt, an dem ich geboren wurde, liegt nicht daran, daß er ein Idiot mit einseitiger Begabung wäre. Er wußte nicht, daß ich in diesem Jahr am Boston Marathon teilgenommen hatte, weil er leidenschaftlich gern kleingedruckte Namenslisten von über 35000 Teilnehmern studiert.

Vielmehr war es das Ergebnis einer lebenslangen Bemühung, sich um Menschen zu kümmern, etwas über sie zu erfahren, ihnen zuzuhören, Zeit und Aufmerksamkeit zu widmen. Es war das Ergebnis einer lebenslangen Bemühung, Beziehungen zu knüpfen und zu pflegen, also einer lebenslangen Bemühung zu fragen, was er für einen anderen tun könne.

Allzuoft glauben wir, jene Meister der Beziehungspflege, die wir bewundern, seien »einfach so geboren«. Das ist ein Mythos. Die besten unter ihnen arbeiten hart daran und beschäftigen sich sehr viel damit.

Das auffallendste an Ziggys Geburtstagsparty war für mich nicht allein die Menge der Gäste, sondern ihre Unterschiedlichkeit. Junge, Alte, Gäste unterschiedlicher Religion, verschiedener ethnischer Herkunft, Bankiers, Sozialarbeiter, Musiker, Ingenieure, alte Freunde und Förderer. Sie alle waren da. Eine solche Gruppe sammelt man nicht zufällig um sich.

Wie schafft man es also? Ein Netz von Beziehungen zu knüpfen hat viel damit gemeinsam, einen Brunnen zu graben. Am Anfang steht eine Entscheidung. »Weißt du, was? Es könnte sein, daß ich eines Tages Durst bekomme. Es könnte sein, daß ich einen Brunnen brauche, aus dem ich schöpfen kann. Ich denke, daran werde ich arbeiten.« Dann kommt die Hausarbeit – die Vorbereitung auf das Graben. (Ich weiß, ich sage anderen ständig, daß sie ihre Hausarbeiten machen müssen. Vermutlich liegt das an der Tatsache, daß meine Mutter Lehrerin ist.)

Und dann muß man wirklich anfangen. Das ist eine Hürde, die viele Menschen in anderen Bereichen ihres Lebens niemals nehmen. Doch was Beziehungen angeht, ist das Gute, daß Sie bereits damit angefangen haben. Sie haben Freunde, Familie, Mitarbeiter, Teamkollegen, Nachbarn, Gemeindemitglieder Ihrer Kirche und so weiter. Nun müssen Sie dort weiterarbeiten und graben, wo Sie ohnehin schon angefangen haben.

Die meisten Menschen fangen eine Arbeit jeglicher Art mit den besten Absichten und viel Elan an, setzen den Spaten schwungvoll an und schwitzen reichlich. Dann treten sie einen Schritt zurück und prüfen, wie gut sie vorangekommen sind. Gewöhnlich fällt ihnen an diesem Punkt auf, daß sie ihre Fertigkeiten ausfeilen müssen.

> *Wie für jede neue Tätigkeit gilt auch für die Beziehungspflege: Je mehr man seine Fertigkeiten übt, um so einfacher wird es.*

Sobald Sie sich die entsprechenden Fertigkeiten angeeignet haben, können Sie richtig loslegen und tiefer graben. Allerdings nicht gedankenlos und rein mechanisch. Sie sollten schon mit Bedacht, Kreativität und ein bißchen Stil vorgehen. So wird das Beziehungsnetz größer und der Brunnen tiefer.

Schließlich geht es an die Pflege. Nichts, was ein Mensch je geschaffen hat, bleibt ohne liebevoll-fürsorgliche Pflege erhalten. Das gilt auch für Beziehungen. Kontakte zu pflegen ist ebenso wichtig wie sie zu knüpfen.

Und vergessen Sie die Gefahr von Fallgruben nicht! Schließlich haben Sie sich nicht so sehr angestrengt, damit Ihr Brunnen über Ihnen zusammenbricht. Gegen Fehler ist niemand gefeit.

Zum Glück gibt es Vorbilder und Menschen wie mich, die bereits alle Fehler gemacht haben, die man nur machen kann. Lernen Sie von uns.

Und in dem Maße, wie Sie im Zuge der Arbeit tüchtiger und erfahrener werden, gewinnt Ihr Brunnen an Tiefe. Sie werden feststellen, daß Ihre Mühen ungewöhnliche und lebensverändernde Früchte tragen, die Sie an alle weitergeben können, die Ihnen am Herzen liegen.

Zudem werden Sie feststellen, daß es Ihnen Spaß macht. Sie werden sogar merken, daß Sie einen Lebensquell entdeckt haben – andere Menschen.

Dieses Buch zeigt in zehn Schritten den Weg auf, wie Sie nie ohne Freunde dastehen, wenn Sie sie brauchen.

Und es enthält persönliche Anekdoten von einigen der größten Meister der Beziehungspflege wie Muhammad Ali, Lou Holtz, Stanley Marcus und Pat O'Brien, um nur einige zu nennen.

Jetzt liegt es bei Ihnen! Fangen Sie an!

Mackays Maxime
In der sprichwörtlichen Klemme? Wenn Sie Freunde haben, gibt es immer jemanden, der Ihnen heraushilft.

SCHRITT EINS

Spring rein, das Wasser ist herrlich!

Kapitel 1

Freunde schlafen nicht

Unser Viererclübchen hatte die übliche samstägliche Golfrunde beendet. Wir saßen im Clubhaus und hielten Manöverkritik, als Jerry sagte: »Gestern nacht erhielt ich einen Anruf. Es war zwei Uhr morgens. Ich sage Ihnen nicht, wer es war, weil einer von Ihnen ihn kennen könnte. Der Anrufer war einem hysterischen Anfall nahe. Sein Wirtschaftsprüfer hatte ihn nachmittags angerufen und ihm mitgeteilt, daß er bankrott sei; seine Firma könne die Löhne und Gehälter nicht mehr bezahlen, und wenn er die Schecks, die er ausgestellt hatte, nicht zurückhole, bestehe die große Wahrscheinlichkeit, daß er ins Gefängnis komme. Der Mann brauchte 20 000 Dollar. Das komische ist, daß ich seit über zehn Jahren nichts mehr von ihm gehört hatte. Er meinte, er habe mich nur angerufen, weil ich früher ein guter Freund gewesen sei und wisse, daß er vertrauenswürdig sei. Nun ja, ich bot ihm an, ihm ein paar tausend Dollar zu leihen, aber ich gab ihm nicht die Summe, die er brauchte, obwohl ich es gekonnt hätte.

Dieser Vorfall hat mich nachdenklich gestimmt«, fügte Jerry hinzu. »Was wäre, wenn ich an seiner Stelle gewesen wäre? Wie viele Leute gibt es, auf die ich tatsächlich so zählen könnte, daß sie mir aus der Klemme helfen, wenn ich sie um zwei Uhr nachts anrufe?«

»Wie viele, Jerry?«

»Zwei, vielleicht auch drei.«

Reihum lauteten die Antworten etwa gleich, bis ich an die Reihe kam.

»Fünfzig«, sagte ich.

»Kommen Sie, Harvey! Das ist doch Blödsinn.«

»Nein, bestimmt nicht«, erklärte ich. »Ich habe mich seit fast vierzig Jahren darauf vorbereitet, einen Anruf machen zu müs-

sen, wie Jerry ihn letzte Nacht bekommen hat. Es war nie nötig. Statt dessen habe ich fünfzig andere Anrufe ähnlicher Art
gemacht. Ich habe um zwei Uhr nachts herumtelefoniert, um
in einer familiären Krisensituation den absolut besten Arzt zu
finden; ich habe herumtelefoniert, um einen Angestellten, den
ich schätze, aus einer Erpressungsgeschichte herauszuholen
und einen Kunden daran zu hindern, mich nicht nur fallenzu-
lassen, sondern mich auch so in Verruf zu bringen, daß meine
Firma für immer ruiniert gewesen wäre.
Ich weiß, daß ich mindestens fünfzigmal mit dem Rücken an
der Wand gestanden habe, und jedesmal ist es mir gelungen,
den richtigen Menschen zu finden, der mir die Hilfe geben
konnte, die ich brauchte.
Seit ich so blöd war, eine marode Briefumschlagfirma zu kaufen, als ich noch grün hinter den Ohren war, habe ich ein Beziehungsnetz zu Menschen aufgebaut, auf die ich mich verlassen kann und die auf mich zählen können, falls einer dieser
nächtlichen Anrufe nötig werden sollte. Ich weiß, wenn ich das
nicht gemacht hätte, hätte ich nicht überlebt, und ich bin
stolz, daß viele von denen, die mich in ähnlichen Situationen
angerufen haben, es nicht geschafft hätten, wenn ich nicht zu
ihren Freunden gezählt hätte.«
Es tut mir leid für den Burschen, der Jerry anrief, denn es
hätte nicht soweit kommen müssen. Aber er war nicht mit ihm
in Verbindung geblieben. Er hatte sich nicht vorbereitet. Er
hatte sich keinen Brunnen gegraben, bevor er Durst bekam, er
hatte sogar abgewartet, bis er zu verdursten drohte, ehe er
auch nur anfing, sich in den Boden zu krallen.
Wie viele Leute mag er wohl angerufen haben, bevor er sich an
Jerry wandte – einen Mann, mit dem er seit zehn Jahren keinen Kontakt mehr hatte? Fünf? Zehn? Wahrscheinlich sogar
mehr. Und mit jedem Anruf standen die Chancen schlechter,
eine Verbindung herzustellen, denn er entfernte sich mehr und
mehr von seinem echten Freundeskreis.

Kennen Sie die Broadway-Show und den Film »Six Degrees of Separation?« Der Titel verweist darauf, daß jeder Mensch dieser Erde über eine Kette von nicht mehr als sechs Personen mit allen anderen Menschen dieser Erde verbunden ist.

Was ist, wenn ich den Präsidenten von General Electric kennenlernen und ihm Briefumschläge verkaufen möchte? Wenn ich jemanden kenne, der jemanden kennt, und über sechs Ecken so weiter, kann ich in Jack Welchs Büro stehen und ihm Couverts anpreisen, bevor wir unsere nächste Runde Golf spielen. Das ist ein erstklassiges Beziehungsnetz, wie wir alle es aufzubauen vermögen.

Sollten Sie aber versuchen, Welch unter Umgehung jener fünf Leute zu erreichen, die zwischen Ihnen und ihm stehen, so ist das ein Ding der Unmöglichkeit. Es entspricht Jerrys Einstellung, ohne Freunde zu leben. Ein nichtexistentes Beziehungsnetz. Eine trügerische Sicherheit. Wenn man sich Freunde schafft und tatsächlich ein Beziehungsnetz besitzt, wird man sich nie einsam und allein draußen in jener sechsten Dimension wiederfinden, in der man nur auf Besetztzeichen und Falsch-verbunden-Antworten stößt.

»Jerry, ich möchte Ihnen nur sagen, wenn Sie mich eines Tages mitten in der Nacht anrufen, haben Sie die zwanzig Riesen innerhalb von vierundzwanzig Stunden auf Ihrem Konto. Was haben Sie übrigens als Sicherheit zu bieten?«

»Was ich als Sicherheit zu bieten habe? Ich erinnere mich, daß Sie mich mal mitten in der Nacht angerufen haben, Harvey. Damals war ich für Sie da.«

»Sie haben recht«, erwiderte ich. »Und das ist die einzige Sicherheit, die Sie brauchen.«

Jerry und ich kennen uns seit einer Ewigkeit. Wenn wir es schaffen, Jahr für Jahr Kontakt zu halten, ist es auch für Sie noch nicht zu spät.

Das *New England Journal of Medicine* hat Studien veröffentlicht, die zeigen, daß selbst Menschen, die jahrzehntelang geraucht haben und damit aufhören, das Risiko von Lungenkrebs fast auf den gleichen Grad senken können wie Menschen, die nie geraucht haben.

Das gleiche gilt für Beziehungen.

Das *Mackay Journal of Networking* hat zwar keine Studien veröffentlicht, sagt aber zuversichtlich voraus, daß Sie sich ein Beziehungsnetz von Menschen schaffen können, die hilfsbereit den Telefonhörer abnehmen, falls Sie je in die Verlegenheit kommen sollten, sie mitten in der Nacht anrufen zu müssen; Sie müssen nur damit anfangen.

Mackays Maxime
Zwei Uhr nachts ist eine verdammt lausige Zeit, um sich neue Freunde zu suchen.

Kapitel 2
Sechs Schlußfolgerungen
als Ausgangspunkt

»Klopf, klopf.«
»Wer da?«
»Sie nicht mehr.«
Dilbert
von Scott Adams

Vor einigen Monaten erschien in der *New York Times* eine Artikelreihe über die verheerenden Auswirkungen des Stellenabbaus auf amerikanische Arbeitskräfte.
Im ersten Artikel dieser Serie befand sich diese Passage:

> *Mr. Allen mußte als Betriebsleiter der Standard Chartered Bank einen der drei Angestellten für Devisenhandel in der Filiale Toronto entlassen. Einhellig fiel die Wahl auf eine Frau, die zwar unbestreitbar die besten Leistungen brachte, aber die schwächsten politischen Verbindungen besaß. »Ich wußte, daß sie die Beste in der Abteilung war«, erklärte er. »Aber sie hatte keine Beziehungen aufgebaut. Und ich mußte ihr mitteilen, daß sie entlassen wurde. Sie sah mich mit Tränen in den Augen an und sagte: ›Aber Charlie, Sie wissen es doch besser.‹ Ich werde nie vergessen, was sie sagte und wie sie damals aussah.«*

Charles Allen, der diese Frau entließ, verfolgt die Erinnerung daran noch immer. (»Es ist für mich ein charakterlicher Makel. Ich fühle mich als minderwertige Persönlichkeit.«) Allen ist ein feiner, anständiger Mensch, der über die Konsequenzen seines Tuns nachdenkt. Täglich geht er in die Kirche. Dazu hat er jetzt genügend Zeit; er hat vor kurzem seine Stelle verloren.

Die Artikelreihe zog sich über eine Woche hin. Keine angenehme Lektüre. Seit 1979 wurden in den Vereinigten Staaten über 43 Millionen Arbeitsstellen abgebaut. Seither sind zwar zahlenmäßig mehr Stellen hinzugekommen, allerdings mit geringerer Bezahlung. Zwei Drittel aller Entlassenen, die inzwischen neue Stellungen gefunden haben, verdienen weniger als vorher.

Nachdem ich diese Artikel gelesen hatte, kam ich zu folgenden Schlüssen:

① Talent allein rettet in der heutigen Wirtschaft niemanden.

② Der traditionelle Rat – mehr Bildung und Fortbildung – rettet niemanden.

③ Der Staat rettet niemanden.

④ Ganz gleich, wie selbständig, engagiert, loyal, kompetent, qualifiziert und gebildet man ist, man braucht mehr, um sich zu retten.

⑤ Man braucht Beziehungen. Man braucht seine eigenen Beziehungen. Tagtäglich. Beziehungen helfen sehr, die kleinen Ärgernisse des Lebens ebenso zu meistern wie die schwierigsten Probleme. Ihre Freunde und Bekannten können Ihnen Vorbilder liefern, Ratschläge geben, Sie trösten, finanziell, intellektuell und sozial unterstützen, unterhalten und jeden Morgen im Wagen mit zur Arbeit nehmen.

Ohne sie dürfte es Ihnen schwerfallen, einen Kunden zu finden, einen Verkaufsabschluß zu tätigen, eine Stelle zu bekommen, den richtigen Angestellten aufzuspüren, gar nicht zu reden von persönlichen Dingen, wie einen fähigen Arzt zu finden, ein Haus zu kaufen oder sich für einen Kindergarten für Ihre Kinder zu entscheiden.

Wenn ich ein charakteristisches Merkmal nennen sollte, das allen wirklich erfolgreichen Menschen gemeinsam ist, die ich im Laufe meines Lebens kennengelernt habe, so ist es die Fähigkeit, ein Beziehungsnetz zu knüpfen und zu pflegen.

⑥ Ich würde mit anderen teilen, was ich aus einer lebenslangen Beziehungspflege gelernt habe.

> **Mackays Maxime**
> *Ganz gleich, wie gescheit und talentiert Sie sind, allein schaffen Sie es nicht.*

Kapitel 3

Vielleicht ist Beziehungspflege tatsächlich Raumfahrttechnik

Wie viele andere Kaufleute meide auch ich die Wissenschaft in ihren unzähligen Erscheinungsformen. Einmal erklärte mir jemand, wieso es aerodynamisch möglich ist, daß ein knapp 400 Tonnen schweres Flugzeug mit 400 Passagieren vom Boden abhebt und über den Atlantik fliegt. Trotzdem halte ich es immer noch für wahrscheinlicher, daß Gott es in seiner Hand hält.

Ich hätte mir nie träumen lassen, daß es eine wissenschaftliche Studie gibt, die den Wert von Beziehungsnetzen zeigt. Ich konnte es mir einfach nicht vorstellen.

Es gibt sie jedoch tatsächlich. In der *Harvard Business Review* berichteten Robert Kelley und Janet Caplan über eine Studie, die sie bei Bell Lab durchgeführt hatten, um festzustellen, welche Eigenschaften jene 15 bis 20 Prozent der Mitarbeiter, die ihre Kollegen als »Stars« bezeichneten, vom durchschnittlichen Leistungsniveau abhoben. Daniel Goleman schilderte die Ergebnisse in seinem populären Buch *Emotionale Intelligenz* (S. 207):

> *»Als eine der bedeutendsten [Strategien] erwies sich ein enges Verhältnis zu einem Netzwerk von wichtigen Leuten. Die Herausragenden kommen besser voran, weil sie mit einem gewissen Zeitaufwand gute Beziehungen zu Leuten pflegen, deren Dienste sie im entscheidenden Moment benötigen könnten, sei es, daß sie in einem Ad-hoc-Team an der Lösung eines Problems mitwirken oder daß sie helfen, eine Krise zu bewältigen.«*

Weshalb ist es wichtig, daß »Stars« der Wissenschaft gute Beziehungen pflegen? Wissenschaftliche Überflieger stellt man

sich doch eher als eigenbrötlerische Käuze in weißen Kitteln
mit Thermopenbrillengläsern vor.

Es ist wichtig, weil die herausragenden Praktiker der Beziehungspflege diejenigen sind,

- die wissen, wo man Forschungsgelder und Zuschüsse bekommt, und die wissen, wer für diese Gelder die Fäden
  zieht, so daß sie ein dickes Stück vom Kuchen abbekom-
  men;
- die die Besten eines Fachgebietes anrufen, um eine Antwort
  auf ein Problem zu bekommen, mit dem sie selbst nicht wei-
  terkommen;
- die wissen, wie sie die Presse bewegen können, ihre Patente
  und Entdeckungen zu feiern und ihnen so zu helfen, reich
  und berühmt zu werden;
- denen sich ihre Kollegen mit größter Wahrscheinlichkeit anvertrauen – und die somit am ehesten zum Dreh- und An-
  gelpunkt ihrer Disziplin werden.

Und ich brauche 300 Buchseiten, um dasselbe zu sagen.

Ist Wissenschaft nicht toll?

Und jetzt alle zusammen, beenden Sie diesen Satz: »Es kommt
nicht darauf an, was man weiß, es kommt darauf an ...«

> **Mackays Maxime**
> *Beziehungspflege mag zwar keine Raumfahrttechnik sein,*
> *aber Studien zeigen, daß sie bei Raketenexperten funktio-*
> *niert.*

Kapitel 4

Harveys Top-ten-Liste der wichtigsten Dinge, die Beziehungen leisten können

Es genügt mir nicht, Sie zu überzeugen, daß Sie Beziehungen brauchen. Sie sollen auch wissen, warum. Hier sind zehn Gründe:

❶ Ein Beziehungsnetz ersetzt die Schwäche des einzelnen durch die Stärke der Gruppe.

Gruppen

Die Gruppe, die offenbar am besten funktioniert, ist der Millionärsclub der WASPs (Weiße Protestanten angelsächsischer Abstammung).

Zum Glück für uns alle, die wir diesem Club leider nicht angehören, gibt es noch unzählige andere Gruppen, denen wir uns anschließen können. Ihrer Grundidee nach sollen sie Mitgliedern nützen, die die gleiche Hautfarbe, Religion, ethnische Herkunft, die gleichen Geschäfts- und Berufsinteressen, Wirtschaftsinteressen, persönlichen Interessen oder sonstige Gemeinsamkeiten haben.

Wir alle gehören einer dieser Gruppen an und sollten vermutlich noch weiteren angehören. Sie bilden das Fundament eines jeden Beziehungsnetzes.

Hätte ich dieses Buch vor fünf Jahren geschrieben, hätte ich allen gesagt, die mit einer bestimmten Gruppe in Kontakt kommen wollen, sie könnten das, was sie suchen, nur an einem einzigen Ort finden – nämlich in der Bibliothek.

Heute habe ich die Wahl: Bibliothek oder Internet.

Sie können sofort on line gehen und mit Menschen in jedem Network kommunizieren, das Sie interessiert. Die Vorzüge dieser Art von »Networking« sind schon so sehr bejubelt worden, daß mir hier nur übrigbleibt, eine Warnung anzubringen:

Gruppen – seien es die altmodischen Jeden-Mittwoch-zum-Mittagessen-Treffs oder Internet-Kontakte – sind auf die Gruppe zugeschnitten und nicht für Sie maßgeschneidert.

Ebenso wie Anzüge von der Stange sind sie nicht so geschnitten, daß sie Ihnen individuell passen, sondern so, daß sie dem Prototyp einer grundlegenden Gruppe entsprechen. Wenn Sie eine wissenschaftliche Analyse gualtematekischer Briefmarken des neunzehnten Jahrhunderts oder einen günstigen Mietwagenanbieter suchen, gibt es für Sie eine fertige Gruppe. Wenn Sie den besten Urologen der Stadt suchen oder wissen wollen, ob Ihre Abteilung bei der nächsten Rationalisierungsmaßnahme geschlossen wird, brauchen Sie eine persönlich auf Sie zugeschnittene Gruppe.

Das soll keineswegs heißen, Sie könnten bei der nächsten Zusammenkunft der Internationalen Gesellschaft guatemaltekischer Briefmarkensammler nicht den Mann oder die Frau Ihrer Träume finden; es heißt lediglich, daß die Gruppe nicht auf diesen Zweck zugeschnitten ist.

Zwar könnten Sie vermutlich jede Information, die Sie brauchen, auch bekommen, wenn Sie nur lange und hart genug daran arbeiten würden, aber weshalb sollten Sie das Rad neu erfinden? Schließen Sie sich einfach der Gruppe an, in der die Experten sind, die Sie brauchen.

❷ Spieglein, Spieglein an der Wand

Ihr Beziehungsnetz ist der magische Spiegel, der Ihnen zeigen kann, wie Ihnen das Kleid wirklich steht, bevor Sie es zu einer Party tragen.

Ergibt der große Bericht, über dem Sie seit zwei Monaten brüten, wirklich Sinn?

Menschen, die ihr Geld mit Schreiben oder Verkaufen verdienen – sei es als »Marketingplaner«, »Werbetexter« oder »Klinkenputzer« –, müssen wissen, ob ihre Masche zieht. Und wer soll Ihnen das sagen, bevor Sie hingehen und sich zum Narren machen?

Ihre Freunde, Bekannten und Kollegen.

Lassen Sie Ihre Freunde Ihr Manuskript lesen, oder führen Sie ihnen Ihre Präsentation vor – und im Gegenzug tun Sie natürlich das gleiche für sie.

Sie können Ihnen sagen, was unklar, verwirrend oder schlichtweg falsch ist.

Sie finden die Tippfehler und Rechtschreibfehler, von denen Sie nicht einmal im Traum gedacht hätten, daß Sie sie machen. Sie sagen Ihnen, was witzig ist und was nicht, was scharfsinnig und was beleidigend ist.

Sie glauben nicht, daß Sie solche Beziehungen brauchen?

Stephen Chao dachte das auch.

Er war 1992 ein Senkrechtstarter bei Rupert Murdochs Fox Network. Wie Mortimer Feinberg und John T. Tarrant in *Why Smart People Do Dumb Things* schildern, war er einer der Hauptredner bei einer Managementtagung, an der Murdoch, der neokonservative Guru Irving Kristol, Verteidigungsminister Richard Cheney, die Leiterin der National Endowment for the Arts, Lynne Cheney, und noch einige Leute aus diesen gehobenen Kreisen teilnahmen.

Chao beschloß, die Veranstaltung ein bißchen aufzulockern. Er engagierte einen männlichen Stripper, der sich auszog und seinen Hintern neben Mrs. Cheney schwenkte.

Innerhalb von Stunden hieß es *Ciao, Chao.*

Meinen Sie nicht, Chao hätte gemerkt, daß sein kleiner Scherz nicht ganz so lustig war, wie er dachte, wenn er die Stripeinlage vorher mit anderen ausprobiert hätte?

Selbst wenn Sie nicht vorhaben, die Chippendales zu engagieren, wenn Sie die nächste Sprosse der Karriereleiter zu erklimmen versuchen, läßt sich Ihr Beziehungsnetz nutzen, um Übung zu bekommen.

Sie wollen eine Gehaltserhöhung? Sie haben ein Vorstellungsgespräch? Sie legen einen Bericht vor? Was es auch sein mag: Ihr Freundeskreis kann Ihnen als Publikum dienen und Ihnen zeigen, was geht und was nicht. So vermeiden Sie Fehler. Und Sie helfen anderen, die das gleiche brauchen wie Sie.

Kommen wir zur anderen Seite.

Diesmal sind nicht Sie auf der Bühne, sondern im Publikum. Wenn Sie die Rollen tauschen und Sie den Kritiker abgeben, sind Sie gezwungen, die Präsentation zu analysieren. Es gibt keine bessere Möglichkeit, die Tricks und Kniffe Ihres Faches zu lernen, als zu beurteilen, wie andere sich unter den gleichen Bedingungen verhalten.

Schließlich verdienen die anderen in Ihrem Bekanntenkreis ihren Lebensunterhalt auf die gleiche Weise wie Sie. Die meisten Menschen haben ihre kleinen Eigenheiten. Zu lernen, wie *sie* es machen, hilft Ihnen, es selbst besser zu machen.

❸ Lerne deinen Gegner durch sein Beziehungsnetz kennen

Coppolas Filme *Der Pate* I bis II haben das Genre des Gangsterfilms revolutioniert, indem sie dem üblichen Geballere ein neues Element hinzufügten: Top-Management.

Michael Corleone sagt nicht: »Ich krieg' den Burschen, der meinen Bruder erwischt hat.«

Michael, unser erster Filmgangster, der zugleich Manager ist, sagt vielmehr ganz im Sinne Machiavellis: »Suche die Nähe deiner Freunde und mehr noch die deiner Feinde.«

Warum sollte jemand so etwas tun?

Weil man, wie jeder in der Geschäftswelt weiß, darüber informiert sein muß, was die Konkurrenz im Schilde führt.

Wer gibt Ihnen einen Tip, wenn eine wichtige Führungskraft bereit ist, zur Konkurrenz zu wechseln?

Auf wessen Hilfe können Sie zählen, wenn Sie verhindern müssen, daß jemand negative Gerüchte über Sie oder Ihre Firma ausstreut?

Wer sagt Ihnen, wenn andere Erkundigungen über Sie einholen?

In Regierungskreisen nennt man das »Nachrichten sammeln«. Wir haben große, mächtige Institutionen, die Millionen dafür aufwenden, Freund und Feind gleichermaßen auszuspionieren. Im Baseball nennt man das *stealing signs*.

> *Im Unterstand ist immer Platz für jemanden, der die Zeichen der gegnerischen Mannschaft ausspionieren kann.*

Die erste Woche, die ich im Verkauf tätig war, verbrachte ich damit, den ganzen Tag mit einem alten Hasen der Branche dem Lieferwagen eines Konkurrenten nachzufahren, der Briefumschläge an Kunden auslieferte.

»Das ist die Liste Ihrer zukünftigen Kunden«, erklärte er mir.

Eine andere Taktik mancher Branchen besteht darin, unzufriedene Angestellte der Konkurrenz einzustellen oder sich bei ihren Lieferanten einzuschmeicheln – besonders, wenn sie zufällig auch die Konkurrenz beliefern – und so mitzubekommen, was in der Branche vorgeht.

Hat jemand Schwierigkeiten, seine Rechnungen zu bezahlen? Gibt es einen leitenden Angestellten, der sich gern verändern würde? Hat die Konkurrenz Probleme mit einem ihrer Kunden? Engagiert sie sich auf kommunaler Ebene? Beteiligt sie sich an Spendenaktionen und gemeinnützigen Projekten?

Legt sie Wert auf gute Qualifikationen? Ermuntert sie ihre Angestellten, sich fortzubilden?

Welches Ansehen genießt sie in der Branche? Besucht sie Fachmessen? Ist sie in Fachverbänden organisiert?

Sie wollen schließlich nicht der letzte sein, der das erfährt.

Für diese Art von Informationen gibt es kein offizielles Netz. Sie können von allen Seiten kommen. Das einzige, was sich nie ändert, ist die Tatsache, daß die Leute gern reden.

Es ist immer ratsam, einen Draht ins gegnerische Lager zu haben, so informell er auch sein mag.

Lieferanten, Banken, Anwälte, Kunden, ehemalige Kunden, Angestellte, ehemalige Angestellte, Vertreter, Lastwagenfahrer, Ehegatten, Freundinnen, Autohändler, der Wirt der Stammkneipe gegenüber der Fabrik am anderen Ende der Stadt.

DIE LEUTE REDEN GERN.

Halten Sie die Ohren offen. Informationen über Ihren Konkurrenten können von allen Seiten kommen, und sie sind pures Gold.

Das gilt für Firmen ebenso wie für Einzelpersonen, für geschäftliche wie für persönliche Beziehungen.

Sie hassen Ihre Konkurrenten so sehr, daß Sie nie wieder etwas mit ihnen zu tun haben wollen?

Ganz egal, wie Ihre Gefühle auch sein mögen, letzten Endes könnte es sein, daß Sie mit ihnen Geschäfte machen oder zumindest wertvolle Informationen sammeln. Man weiß, daß selbst die erbittertsten Gegner das gemacht haben.

❹ Mein Beziehungsnetz kann zur Erweiterung Ihrer Beziehungen beitragen

Ein Beziehungsnetz ist nicht wie eine Briefmarkensammlung in einem Album verstaut, das Sie von Zeit zu Zeit herausnehmen und anschauen. Es ist nichts zum Vorzeigen, es lebt.

Einer der größten Fehler, den Sie zu Beginn Ihrer Karriere machen können, ist der, Angst zu haben, Ihre Beziehungen zu nutzen und Ihre Bekannten um Hilfe zu bitten.

Wo soll man anfangen?

Da gibt es Papi und Mami. Doch all ihre gutgemeinten beruflichen Ratschläge vermengen sich mit den Ermahnungen, die Zähne zu putzen und den Brokkoli aufzuessen. Sie brauchen eine neue Sichtweise.

Wo orientieren Sie sich?

Am besten fangen Sie bei einem Ratgeber der Familie an, einem Anwalt oder Banker, einem reichen Verwandten, einem Vorgesetzten der Eltern – jemandem, der älter ist, über Berufserfahrung und weitreichende Kontakte verfügt und mit Ihrer Familie in einer persönlichen oder beruflichen Verbindung steht.

Wieso? Weil die meisten sogenannten Gurus und alten Knaben wie ich sich ungemein geschmeichelt fühlen, wenn jemand sie nach ihrer Meinung fragt – ganz gleich, zu was.

Wir haben kaum noch eigennützige Ziele zu verfolgen und nicht mehr das Gefühl, daß jeder Jüngere, der durch die Tür kommt, uns den Job wegnehmen oder die Zeit stehlen könnte. Wir besitzen Beziehungen formeller oder informeller Art, die sich unweigerlich mit uns in nichts auflösen werden, und das wissen wir. Aber wir ziehen gern ein bißchen die Fäden, und eine Möglichkeit dazu ist, jedem, der bereit ist, uns zuzuhören, unsere altehrwürdigen Kriegserlebnisse zu erzählen und gottähnlich unseren Rat anzubieten.

Das sind perfekte Voraussetzungen für einen jungen Menschen, der Hilfe braucht und weiß, wie er sie bekommen kann.

Suchen Sie »Papas alten Freund« in seinem Büro oder zu Hause auf, falls er sich aus dem Berufsleben zurückgezogen hat.

Natürlich besuchen Sie ihn nicht, um ihn um eine Stelle zu bitten. Das wäre zu platt und durchsichtig.

Sie möchten ein paar berufliche Ratschläge.

Glauben Sie mir, Sie werden sie bekommen.

Ausführlich.

Und sobald Sie sie haben, hat dieses alte Familienfaktotum eine Investition in Ihre Zukunft getätigt. Ebenso wie Sponsoren einer politischen Wahlkampagne haben Menschen, die Hilfe in Sie investiert haben, ein persönliches Interesse an Ihrem Erfolg.

Ihr Scheitern würde auf sie zurückfallen, auf die Qualität ihrer Ratschläge und auf ihre anhaltende Bedeutung.

Ihre Beziehungen mögen zwar ein bißchen eingerostet sein, aber höchstwahrscheinlich sind sie ziemlich einflußreich.

Viele junge Menschen haben es weit gebracht, weil ein alter Hase sich ihrer angenommen hat. Der Zögling profitiert von den Lehren des alten Hasen, der seinerseits einen Adepten bekommt. Hier einige Beispiele:

Alter Hase	*Zögling*
Saul	David
Julius Caesar	Marcus Antonius
Big Jim Collosimo	Al Capone
Bette Davis	Anne Baxter (*Alles über Eva*)
Henry Ford II.	Lee Iacocca (Chrysler-Chef)
Woody Hayes (Footballtrainer)	Lou Holtz

Aber, ihr alten Hasen und Häsinnen, nehmt euch in acht. Zöglinge wachsen heran und zeigen Krallen. Wie Ihnen schon aufgefallen sein dürfte, begnügten sich nicht viele dieser Zöglinge damit, im Schatten ihrer Mentoren zu bleiben.

❺ Beziehungen bereichern Ihr Leben überall auf der Welt

Wie viele Ausländer gehören zu Ihrem Bekanntenkreis?
Da die Gebühren für Telefon, E-Mail und Fax heute nur noch Pfennige betragen, ist es kaum teurer, sich ein weltweites Beziehungsnetz zu schaffen als ein lokales.
Etwas über Sitten und Gebräuche und die Feiertage anderer Länder zu erfahren ist nicht schwer. Fast überall, wo es Glückwunschkarten gibt, finden Sie auch einen Weltkalender, in dem Sie nachschlagen können, wann Sie entsprechende Karten schicken sollten. Einige Beispiele liefere ich Ihnen für den Anfang frei Haus: In den Niederlanden ist der St.-Nikolaus-Tag am 6. Dezember ein großen Fest. In Hongkong wird das chinesische Neujahrsfest zwischen dem 21. Januar und dem 19. Februar gefeiert.
Eines der einflußreichsten globalen Beziehungsnetze ist Guanxi, die Gemeinschaft der Auslandschinesen. Ihr gehören 50 Millionen Menschen an, die über enorme Reichtümer verfügen, weil die Großfamilie in der chinesischen Geschäftswelt große Bedeutung besitzt.
In Frankreich stellen Absolventen der École Nationale d'Administration oder der Polytechnique einen hohen Prozentsatz der Industriemanager.
In Israel und der Schweiz begründet der obligatorische Militärdienst wichtige, lebenslange Beziehungen – die Dienstpflicht in der Reserve dauert bis zum fünfundfünfzigsten Lebensjahr.
In Japan gilt ein Abschluß an der juristischen Fakultät der Universität Tokio als beste Referenz für erfolgreiche Politiker und hochrangige Verwaltungsbeamte.
In Polen ist es das Komitee zur Verteidigung der Arbeiter

(KOR), ein Name, der nach einer klassisch-kommunistischen Zelle klingt, hinter dem sich jedoch eine Organisation verbirgt, die gleichermaßen gegen Kommunisten wie auch gegen rechte politische Kräfte gekämpft hat.

Und dann gibt es noch dieses unglaubliche System der »old boys« in Rußland, die Kommunisten. Zur Zeit brennt es ihnen gerade unter den Nägeln, nicht länger Erinnerungen nachzuhängen, sondern sich wieder gegenseitig hohe Regierungsämter zuzuschieben.

Für Einwanderer war das Beziehungsnetz immer von besonderer Bedeutung. Sie nutzen die Stärke der Gruppe, um in ihrer neuen Heimat Fuß zu fassen. In amerikanischen Städten kommt man nicht umhin, die Zahl der Selbsthilfeorganisationen zu bemerken, die unter den wachsenden Bevölkerungsanteilen der Hmong, Laoten, Thai, Koreaner und Vietnamesen entstanden sind.

Gemeinsam mit meiner Frau, Carol Ann, habe ich über siebzig Länder bereist, und ich muß sagen, es gibt kein Gefühl größerer Leere, als in einem fremden Land zu sein und keine Menschenseele zu kennen.

Da steht man nun allein und weiß, daß man vielleicht nie wieder Gelegenheit bekommen wird herzukommen und hat niemanden, der einem helfen könnte, etwas von der wahren Kultur des Landes kennenzulernen, niemanden, der einen zu sich nach Hause einlädt, damit man sieht, wie die Menschen wirklich leben. Wenn Sie aber zu Hause Freunde und Bekannte haben, können Sie überall Freunde und Bekannte haben. Für den Anfang genügt eine simple Frage an Ihre Bekannten: »Reisen Sie viel?« Alle Menschen erzählen liebend gern von ihren Reisen, und sie können Ihnen buchstäblich den Zugang zur ganzen Welt eröffnen.

Zudem gibt es in Ihrer Umgebung immer Leute, die Geschäfte mit dem Ausland machen. Wie findet man sie? Ihre Bank kennt sie. Darüber hinaus finden Sie diese Informationen in den Jahresberichten fast jeder Aktiengesellschaft, die Sie sich in der Bibliothek oder bei Ihrem hilfsbereiten Börsenmakler besorgen können.

Oder versuchen Sie es bei der nächstgelegenen Universität.
Dort finden Sie Studenten und Lehrkräfte, die Kontakte in aller Welt haben.

Und falls Sie noch studieren, bieten internationale Studenten-
vereinigungen einen hervorragenden Ausgangspunkt. Weshalb
sollten diese Menschen sich mit Ihnen abgeben?

Weil Sie sie in Ihr Beziehungsnetz einbeziehen. Sie überbrin-
gen ihren Freunden und Verwandten persönlich Geschenke,
Bilder, Grüße und ähnliches und werden hier wie auch im Ausland zum Essen eingeladen.

»L'addition, s'il vous plaît.«

»The bill, please.«

»La cuenta, por favor.«

Es mag bessere Arten geben, es zu auszudrücken, aber eine
Gegenleistung gibt es immer.

❻ Ein Beziehungsnetz eröffnet Ihnen neue Erfahrungen und Erkenntisse

Ein Bekannter von mir stellte Waffeleisen her. Mit fünfzig Jahren verkaufte er seine Firma für mehr Geld, als er je für möglich gehalten hätte, und zog sich aus dem Berufsleben zurück.
Drei Monate später fiel ihm die Decke auf den Kopf. Da er sein
Leben lang ein Pferdenarr war, beschloß er, ins Renngeschäft
einzusteigen.

Das erste Pferd, das er kaufte, schaffte es nie bis zur Renn-
bahn. Das zweite und dritte waren etwas besser. Sie liefen be-
scheidene Summen ein, bevor auch sie zusammenbrachen.

Das vierte Pferd bewirkte das Wunder. Zwar machte er auch
mit ihm keine Gewinne, aber er ließ es auf einigen der besseren Rennbahnen des Landes laufen, wo es ein paar Rennen gewann und sich über mehrere Saisons hielt.

Manche Menschen haben Familienfotos an den Wänden.

Er hängt Bilder von sich und seinem Pferd auf.

Pferdebesitzer bilden eine ganz eigene Subkultur. Viele verstehen nicht viel von Pferden. Sie wetteifern miteinander um

Ziele, die eigentlich unwichtig sind. Neunzig Prozent von ihnen verlieren Geld, und jene, die Gewinne machen, sind nicht darauf angewiesen.

Aber man braucht sich nur die strahlenden Gesichter auf den Fotos dieser Gewinner anzusehen, um zu erkennen, daß die Befriedigung, ein Rennpferd zu besitzen, nicht das mindeste mit wirtschaftlichem Nutzen zu tun hat.

Sie erwächst vielmehr aus dem vorübergehenden Erfolg in einem etwas glamourösen, leicht anrüchigen Geschäft, das weitab von der Welt der Waffeleisen liegt.

»Ein gutes Pferd bringt Sie an Orte, an die Sie im Traum nicht gedacht hätten«, erklärte Mr. Waffeleisen mir.

Das stimmt wohl. Und so gibt es selbst für jene, die Waffeleisen produzieren, aber davon träumen, mit den Willie Shoemakers dieser Welt auf du und du zu stehen, gesellschaftliche Kreise, die ihren Träumen entsprechen.

❼ Beziehungen können Ihnen helfen, anderen zu helfen

Beziehungen zu pflegen lohnt sich für Menschen, die sie für ihre eigenen Zwecke nutzen. Es kann sich aber auch für jene lohnen, die sie zum Wohle anderer nutzen.

Viele ehemalige Studenten engagieren sich aktiv, um vielversprechende Studenten für ihre ehemalige Universität zu gewinnen, weil sie möchten, daß die jungen Leute ähnliche Erfahrungen machen wie sie selbst Jahre zuvor. Andere stehen ihnen mit beruflichem Rat zur Seite.

Und das ist meine Spezialität, es ist mir zur Berufung geworden. Im Laufe der Jahre habe ich über 1000 junge Leute beraten und mit Genugtuung ihren beruflichen Werdegang verfolgt. (Brauchen sie denn eigentlich nie Briefumschläge?)

Karitative Einrichtungen und gemeinnützige Vereine sind immer um freiwillige Helfer verlegen, besonders um solche, die Spendengelder sammeln. Am besten eignen sich dafür Menschen, die bereit sind, ihre Freunde, Kollegen und Bekannten

anzurufen und um Geld zu bitten – vor allem, wenn diese
Freunde, Kollegen und Bekannten reich und dem Anrufer irgendwie verpflichtet sind.

Allerdings sind nicht viele bereit, ihre Beziehungen auf diese
Art zu nutzen.

Solche Anrufe machen ihnen ebensowenig Spaß wie dem An-
gerufenen, der beim Essen gestört und um Geld gebeten wird.

Sollten Sie zu den Menschen gehören, denen so etwas liegt,
können Sie sehr von Menschen profitieren, die Hilfe brauchen.
Vermutlich wären Sie auch im Verkauf sehr erfolgreich.

Es gibt eine kreative Möglichkeit, Ihre Bemühungen für andere mit Ihren Pflichten als Spendensammler zu verbinden.
Wenn man mich um einen Gefallen bittet, sage ich dem Anrufer oft: »Ich tue gern für Sie, was in meinen Kräften steht – allerdings unter einer Bedingung.«

»Ach-oh. Und die wäre?«

»Wenn ich mit meinen Bemühungen Erfolg habe, möchte ich,
daß Sie eine Spende in Höhe von soundso viel an die karitative
Einrichtung soundso machen.« (Die Höhe des Betrages vari-
iere ich je nach Schwierigkeitsgrad der Gefälligkeit und nenne
als Empfänger abwechselnd United Way, die American Cancer
Society, die American Heart Association und einige andere
Organisationen.)

Gelegentlich muß ich ein bißchen feilschen, aber bisher hat
noch niemand nein gesagt. Wie sollten sie auch, wenn sie mich
um einen Gefallen für sich selbst bitten und ich um Hilfe für
ihr Gemeinwesen bitte? Wenn ich so den Hammer geschwun-
gen habe, hat es zwar am anderen Ende der Leitung manchmal hörbar spitze Bemerkungen gegeben, wenn mein Gesprächspartner den Preis für die Gefälligkeit hörte, aber es hat
mich noch niemand enttäuscht.

Politiker bezeichnen persönliche Hilfe als »Wählerarbeit«. Dazu
gehört, daß sie als Mittler für Menschen fungieren, die nicht
den Einfluß besitzen, ihre Belange ausreichend zur Geltung zu
bringen, vor allem gegenüber der staatlichen Bürokratie. Bei-
hilfen für Kriegsveteranen, Sozialversicherungsansprüche, die
Vergabe von Sozialwohnungen, Empfehlungen für Militäraka-

demien und ähnliches gehören zu den üblichen Bereichen, in denen Kongreßabgeordnete Wählerarbeit leisten.

Manchmal bedarf es lediglich eines Anrufs vom richtigen Politiker, um Dinge zu regeln. Solche Gefälligkeiten gehören zum Repertoire der Politiker.

Kennen Sie einen Politiker? Die meisten Normalbürger kennen keinen, aber wissen Sie, was? Die meisten Reichen und Mächtigen kennen Politiker.

Sie kennen sie, nicht weil sie eine so reizende Gesellschaft wären oder weil sie ihre Hilfe bräuchten, um sich wegen Oma mit der staatlichen Gesundheitsfürsorge Medicare herumzuschlagen, sondern weil Politiker nicht nur den weniger gut Betuchten, sondern auch den Begüterten Gefälligkeiten erweisen.

Große Gefälligkeiten.

Und ebenso wie für alles allzu Menschliche gilt auch hier: Je mehr Gefälligkeiten Sie den Politikern tun, um so mehr Gefälligkeiten tun sie Ihnen.

Dazu müssen Sie gar nicht unbedingt ihren Wahlkampf mit großen Spenden unterstützen. Solange man die Wählerwerbung von Tür zu Tür, das Plakatieren und die Hauswurfsendungen nicht abschafft, wird es Politiker geben, die Ihre Hilfe brauchen.

Stellen Sie sich die Frage: Glauben Sie, daß Sie je die Hilfe von Politikern brauchen?

Sollte die Antwort ja lauten, liegt hier ein Beziehungsnetz, dem Sie sich anschließen könnten.

Politische Kampagnen brauchen freiwillige Helfer ebenso dringend wie karitative Organisationen. Allerdings gelten, wenn Sie für einen Politiker arbeiten, etwas andere ethische Regeln.

Politik ist ein hartes Geschäft. Niemand legt hier den Pfadfindereid ab. Freiwillige politische Arbeit kann äußerst anstrengend und zeitraubend sein, und im Gegensatz zur Arbeit in gemeinnützigen Vereinen, die endlos weitergeht, gehören Sie in der politischen Arbeit nur dann zu den Gewinnern, wenn Ihr Kandidat gewinnt. Positive Nebeneffekte laufen in freiwilligen und ehrenamtlichen Tätigkeiten unter dem Motto: Tue Gutes, und es geht dir gut.

Freiwillige Arbeit in gemeinnützigen Organisationen kann Sie mit den Mächtigen der Stadt in Kontakt bringen.

Sie sind ein Neuling?

Arm, aber talentiert und ehrgeizig?

Im Verwaltungsrat oder Vorstand dieser Organisationen sitzen meist führende Unternehmer und Manager Ihrer Stadt.

Hier können Sie ihnen begegnen und ihnen zeigen, was in Ihnen steckt, und zwar indem Sie dafür sorgen, daß sie Sie und Ihre Fähigkeiten kennenlernen. Damit erweitern Sie Ihr Beziehungsnetz um wertvolle Kontakte.

Was die Politiker angeht, so gelten sie in der Regel als hervorragende persönliche Referenz, wenn Sie sich an einer Schule bewerben oder eine Stelle suchen. Wenn sie Wahlen gewinnen, mag sogar eine Stellung für Sie dabei herausspringen.

❽ Arbeitsplatzsicherheit? Verlassen Sie sich nicht auf Ihre Firma. Verlassen Sie sich auf Ihre Beziehungen.

Etwa gleichzeitig mit der Artikelserie der *New York Times* über Stellenabbau analysierte die Zeitschrift *Fortune* die gleiche Situation aus einem anderen Blickwinkel. Während die *Times* berichtete, was geschah, zeigte *Fortune* ihren Lesern, wie sie es überstehen konnten.

Stalin hat gesagt: »Ein einziger Toter ist eine Tragödie, eine Million Tote sind Statistik.« Da auch 40 000 entlassene Arbeitskräfte Statistik sind, versuchte *Fortune*, dem Problem anhand einzelner Fallgeschichten eine menschliche Dimension zu geben. Die Zeitschrift schilderte die Auswirkungen der massiven Entlassungen bei AT&T am Beispiel von fünf entlassenen Angestellten und ihren Familien. Der herausragendste Fall, ein dreiundvierzigjähriger Projektmanager namens Paul Klemchalk, war auf der Titelseite abgebildet. Klemchalks Pech? Er war ein »Generalist«. Die Firma brauchte »Spezialisten«. Man hatte ihm eine Frist von sechzig Tagen eingeräumt, eine neue Stellung innerhalb des Unternehmens zu finden oder zu gehen. Während die Uhr tickte, war Klemchalk, wie er selbst sagte, »wahnsinnig vor Angst«. Als der Artikel erschien, hatte er sich bereits auf fünfzig Stellen beworben, war aber bei allen abgelehnt worden.

Fortune wies daraufhin, angesichts der Tatsache, daß Unternehmen ganze Abteilungen schließen, habe es keinen Sinn mehr, sich auf Unterstützung seines Chefs zu verlassen, da er oder sie ebenso betroffen sein könnte wie man selbst.

Der Schlüssel zur Lösung?

Beziehungen.

Amerikanische Polizisten, die immer auf Gedeih und Verderb dem jeweiligen politischen Wind ausgesetzt sind, nennen das, einen »Rabbi« haben, einen höheren Beamten in einer anderen Abteilung, der gegen Loyalität und Informationen ein Auge auf sie hat. (Ich frage mich, ob auch Priester »Rabbis« haben.)

Zum eigenen Nutzen sollte man Verbindungen innerhalb der gesamten Organisation besitzen. Wie? *Fortune* schlägt vor, man sollte versuchen, in ein Team zu kommen, das abteilungsübergreifend tätig ist, damit man Kollegen in anderen Abteilungen kennenlernt.

Nun, soweit, so gut, aber was ist, wenn es in Ihrer Firma kein solches Team gibt?

Ich sage: Dann schaffen Sie sich ein eigenes.

Ihr Beziehungsnetz kann formal sein oder informell arbeiten. Sie können (1) sich ein firmeninternes Teamprojekt ausdenken, das nach gängigen Verfahren arbeitet und Sie in einen engen Arbeitszusammenhang mit Kollegen anderer Abteilungen bringt; (2) ein »Kumpelsystem« schaffen, ein Beziehungsnetz hinter den Kulissen, dessen Mitglieder in ihrem Arbeitsbereich nach potentiellen freien Stellen Ausschau halten, für die Sie sich qualifizieren oder fortbilden können, während Sie für die anderen das gleiche tun; oder (3) Sie schaffen beides.

Die Fristsetzung, die AT&T seinen Angestellten gab, lief auf ein offzielles Eingeständnis hinaus, daß Mitarbeiter, die Beziehungen geschaffen hatten, sei es durch ein abteilungsübergreifendes Arbeitsteam oder schlicht auf freundschaftlicher Ebene, als einzige eine Chance hatten, in der Firma zu bleiben.

Es ist keineswegs überraschend, daß der Titelheld, Paul Klemchalk, letzten Endes zu den Überlebenden der Rationalisierungsmaßnahmen gehörte. Zwei Tage vor Ablauf der Frist fand er eine Stelle in einer Abteilung des Unternehmens, die Telefonzubehör vermarktet. Vielleicht hatte er Beziehungen entdeckt, von deren Existenz er gar nichts geahnt hatte. Vielleicht hatte man bei AT&T ja auch beschlossen, keinen weiteren Artikel in *Fortune* zu riskieren, der geschildert hätte, wie ihr verzweifelter Exangestellter ziellos in seinem »bescheidenen Haus in Cape Cod«, New Jersey, hin und her lief.

»Verlassen Sie sich nicht auf das System«, rät *Fortune*. Amen, sagt der Autor.

❾ Ein Beziehungsnetz kann Ihnen helfen, einen guten Eindruck zu machen

Kein Kaufmann, der die Kinder seiner Kunden mit Namen kannte, hat je Bankrott gemacht.

Leider birgt es keine ebensolche Garantie in sich, den Namen des Ehegatten zu kennen.

Sie haben Ihren alten Freund seit ein paar Jahren nicht mehr gesehen und rufen ihn mal wieder an.

»Wie geht's, mein Lieber?«

»Gut.«

»Und was macht deine Frau?«

»Meine Frau ist mit ihrem Psychiater durchgebrannt. Sie leben in Anchorage.«

»Oh. Na ja, und was macht dein netter Hund, Squat?«

»Squat ist gestorben. Ich habe einen neuen Hund, Grunt.«

»Oh.«

Nicht sonderlich angenehm, ich weiß. Mir ist das auch schon passiert. Ein Name und ein paar hingekritzelte Notizen auf einer Karteikarte bilden noch kein Beziehungsnetz. Wenn Sie die Kontakte nicht regelmäßig auffrischen, werden Sie häufig in solche peinlichen Situationen geraten. Zwei Jahre sind ein zu großer Abstand, um Kontakte aufzufrischen.

Ihren Ölwechsel machen Sie alle 5000 Kilometer, oder?
Das heißt etwa alle drei Monate.

> *Ihr Wagen bringt Sie nur zur Arbeit. Ihr Beziehungsnetz
> kann darüber entscheiden, ob Sie eine Arbeit haben oder
> nicht.*

Um Ihr Beziehungsnetz aktuell und aktiv zu halten, sollten Sie
alle Eintragungen in Ihrer Adreßkartei mindestens einmal im
Halbjahr auffrischen.
Falls Sie sich nicht sicher sind, ob Ihr alter Freund und seine
letzte Freundin noch auf freundschaftlichem Fuße stehen, fragen Sie ihn nicht nach ihr, bevor er Sie nicht auf Ihre Frau an-
spricht oder seine von sich aus erwähnt. Das ist der beste In-
dikator, daß Sie sich auf sicherem Terrain befinden. Sprechen
Sie ihn zunächst auf seine Kinder an. So hat er Gelegenheit,
alle Informationen einfließen zu lassen, die er Ihnen zukommen lassen möchte.

❿ Ein Beziehungsnetz erweitert Ihren Finanzrahmen erheblich

Bisher haben wir über Beziehungen zwischen Einzelpersonen
gesprochen.
Kompensationsgeschäfte – Tauschgeschäfte moderner Art –
entsprechen der Beziehungspflege zwischen Unternehmen.
Im Unterschied zu persönlichen Beziehungen sind Kompensa-
tionsgeschäfte Tauschbeziehungen in Reinform, ein kaltblüti-
ger Austausch von Leistung gegen Leistung.
Kein müßiges Geplauder.
Keine Weihnachtskarten.
Kein »Sind wir uns nicht beim Essen der Münzsammler be-
gegnet?«
Reines Geschäft.
Über fünf Jahre war ich im Verwaltungsrat von Atwoods Ri-

chards tätig, dem weltgrößten Unternehmen für Kompensationsgeschäfte.

Bei Tauschgeschäften denkt jeder gleich an Höhlenmenschen, die ums Feuer sitzen und fettes Fleisch kauen, bis einer einem anderen einen Tausch anbietet, etwa ein Bärenfell gegen einen Speer und ein paar Angelhaken. Stimmt's?

Stimmt nicht.

Moderne Tauschgeschäfte oder Kompensationsgeschäfte, wie Unternehmen heute sie praktizieren, sind Lichtjahre von einem schlichten zweiseitigen Gütertausch entfernt. Es handelt sich wohl um die ausgeklügeltste und kostengünstigste Form von Geschäftsbeziehungen, die es gibt.

Zwar können Kompensationsgeschäfte zwischen Unternehmen durchaus auf einem zweiseitigen Handel beruhen, doch kommen solche Transaktionen in Wirklichkeit nur selten vor. Die Wahrscheinlichkeit, zwei Unternehmen zu finden, deren Erfordernisse zugleich ähnlich und entgegengesetzt sind, ist sehr gering.

Nehmen wir einmal an, Sie leiten ein Chemieunternehmen in Amerika, das Geschäfte in Afrika macht. Nennen wir die Firma Chemco Company. Sie haben sich bereit erklärt, als Deckung einer Verbindlichkeit in Afrika produzierte Bettlaken und Kissenbezüge sowie gewisse Produktionszeiten in einer Weberei anzunehmen. Nun haben Sie aber keinerlei Verwendung für 100 000 Bettlaken und Kissenbezüge oder für die Produktionszeiten und haben auch keine Ahnung, wie Sie sie vermarkten sollen.

Treten Sie einer Gesellschaft für Kompensationsgeschäfte bei. Sie hat zufällig mehrere Hotelketten an der Hand, die an Tauschgeschäften interessiert sind.

Am Ende übernimmt Hotelkette A die Bettlaken und Kissenbezüge von der Chemco Company. Hotelkette B braucht Handtücher mit eigenem Monogramm. Sie bekommt die Produktionszeiten bei der Weberei, die die Handtücher nach ihren Spezifikationen herstellt. Chemco erhält als Gegenleistung Dienstleistungen in Form von Hotelzimmern, Essen und Getränken für seine Außendienstmitarbeiter.

Welche Vorzüge hat es sonst noch, sich einem Ring für Kompensationsgeschäfte anzuschließen?

Die bestehenden Vertriebsnetze einer Firma bleiben unberührt. Letzten Endes kann sie sogar völlig neue Vertriebswege oder neue Märkte erschließen.

Sehr bald lassen sich die Kosten für Lagerhaltung und Transporte verringern.

Und da Sie inaktive Produkte als Zahlungsmittel für Dinge nutzen, für die Sie bislang bar zahlen, werden Sie:

a) Ihre Liquidität erhöhen,

b) Ihre Ausgaben senken.

Was läßt sich für Kompensationsgeschäfte nutzen?

● Überschüssiges Inventar.

● Ungenutzte Produktionskapazitäten.

● Überschüssige Maschinen und Geräte aus eingestellten Betriebszweigen.

● Güter, die Sie statt Bargeld als Bezahlung bei bestimmten Geschäften akzeptieren mußten, wie es bei Auslandsgeschäften häufig vorkommt.

Welche Art von Unternehmen machen Kompensationsgeschäfte? Zum Beispiel Caterpillar, Amoco, Pfizer, JCPenney, Goodyear, USX, Exxon, Bell South, Monsanto. Die Liste der Firmen, die solche Geschäfte machen, liest sich wie ein *Who's Who* der 500 größten Unternehmen der Welt.

Als Peter Ueberroth 1984 die Leitung des Olympischen Komitees der Vereinigten Staaten hatte, bildeten Kompensationsgeschäfte den Kern seiner Promotion-Bemühungen. Er tauschte die Verwendung des Logos der Olympischen Spiele gegen Flugkapazitäten, die Nutzung von 500 Buick-Limousinen, die Bereitstellung und Entwicklung von 76000 Metern Fuji-Film und gegen Kleidung und Schuhe von Levi Strauss und Converse. Laut *Sales and Marketing Management* tauschte er »das Logo sogar gegen ein Schwimmbad, das McDonald's baute«.

Finanziell und organisatorisch waren die Olympischen Spiele von 1984 die erfolgreichsten in der Geschichte der Olympiade. Ich saß im Publikum, als Ueberroth vorgestellt wurde. Es war das einzige Mal in der Sportgeschichte, daß 100000 Zuschauer dem Mann, der ihnen die Eintrittskarten verkauft hatte, stehende Ovationen bereiteten.

Zeit ist wohl ein Gut, das sich in Kompensationsgeschäften am besten tauschen läßt. Rundfunksender sind berüchtigt für ihre Kompensationsgeschäfte, in denen sie Werbezeiten gegen alles mögliche eintauschen, was ihre Kunden zu bieten haben. Manchmal sind es Flugtickets. Ein perfekter Tausch! Der Rundfunksender tauscht unverkaufte Werbezeiten gegen unverkaufte Plätze in Flugzeugen ein. Keine der beteiligten Seiten bezahlt auch nur einen Pfennig, und beide profitieren davon.

Unternehmen wissen, daß Kompensationsgeschäfte eine Form von Tauschbeziehungen sind, in denen man für etwas, das man nicht braucht, etwas bekommt, das man braucht. Und das kommt der Möglichkeit, etwas umsonst zu bekommen, so nah, wie es in diesem Leben nur möglich ist.

Überzeugt? Wenn nicht, lesen Sie weiter. Das Wissen, was ein Beziehungsnetz ist und was nicht, kann Ihnen zeigen, was es zu leisten vermag und was nicht.

Mackays Maxime
Sollten Sie noch nicht überzeugt sein, daß Sie Beziehungen brauchen, nachdem Sie diesen Teil des Buches gelesen haben, dann fangen Sie von vorn an, und lesen Sie es noch einmal.

SCHRITT ZWEI
Die Vorbereitung

Kapitel 5

Rüstzeug für Gewinner

Ich hatte immer den Eindruck, daß der beste Titel für jedes meiner Bücher eigentlich »Rüstzeug für Gewinner« gewesen wäre.

Denn genau darum geht es bei der Kunst, Beziehungen zu knüpfen und zu pflegen.

Ebenso wie bei der Kunst, zu verkaufen, zu verhandeln und zu managen.

Beim Marketing ist es dagegen völlig anders.

Beim Marketing geht es um die Verpackung, nicht um das kleingedruckte Etikett mit den Inhaltsstoffen.

Buchtitel sind dazu gedacht, Bücher zu verkaufen, nicht dazu, genaue Angaben zum Inhalt zu machen. Folglich lesen Sie gerade »Networking« und nicht »Rüstzeug für Gewinner«, obwohl beide Titel das gleiche besagen.

Ich kann die Wörter ändern, aber nicht die Musik.

Vor kurzem war ich in Chicago zu einer Fernsehdiskussion geladen, die von der Zeitschrift *Chief Executive* gesponsert wurde. Die anderen zehn Diskussionsteilnehmer waren alle Top-Manager aus wesentlich größeren und bekannteren Unternehmen, als ich es war. Offen gestanden hatte ich zwischen diesen Großindustriellen gar nichts zu suchen, aber da ich meine Beziehungen ein bißchen hatte spielen lassen, hatte man mich eingeladen.

Der Ablauf der Sendung war bis ins kleinste durchorganisiert, um die Teilnehmer so kurz wie möglich von ihren wichtigen Verpflichtungen fernzuhalten. Der Zeitplan sah für Horsd'Œuvres und Cocktails dreißig Minuten vor; anschließend für ein Mittagessen ebenfalls dreißig Minuten; und schließlich dreißig Minuten für die eigentliche Sendung, eine Diskussion über die technologische Revolution und die Möglichkeiten, sie als Wettbewerbsvorteil zu nutzen.

Das war die Tagesordnung der Zeitschrift.

Meine sah etwas anders aus. Ich wollte diese nadelöhrgroße Gelegenheit nutzen, um ein oder zwei Leute kennenzulernen, denen ich eines Tages ein paar Briefumschläge verkaufen könnte.

Sobald wir beim Mittagessen säßen, würden wir uns offenkundig nur noch zwischen den einzelnen Bissen mit unseren jeweiligen Tischnachbarn zur Linken und zur Rechten unterhalten können, wobei die gesamte Runde jedes Wort mitbekäme. Während der Diskussionsrunde wäre es auch nicht besser. Wir sollten ein Programm für 40 Millionen Flugpassagiere gestalten, die die Aufzeichnung in einer Höhe von 30000 Fuß zu sehen bekämen.

Somit blieb nur die halbe Stunde der Cocktails übrig. Die Herausforderung bestand nun in dem Versuch, über den üblichen Small talk hinauszukommen.

Ich wußte, daß die Zeitschrift Kurzbiographien aller zehn Teilnehmer hatte, weil man auch mich gebeten hatte, eine einzusenden; ich rief also in der Redaktion an und bat, mir Material über die übrigen Diskussionsteilnehmer zu schicken, was man netterweise auch tat.

Damit war ich gerüstet, mich vorzubereiten.

Einer der Top-Manager war in der Heimatstadt meiner Mutter, Virginia in Minnesota, geboren. Bingo. Als wir einander vorgestellt wurden, fragte ich ihn als erstes, ob er je wieder ein so gutes Schokosoda getrunken habe wie in Ben Milavitz' Drug Store, einer Lokallegende Virginias.

Völlige Verblüffung und sofortige Vertrauensbasis.

Ein anderer Top-Manager hatte im vergangenen Jahr am Marine-Marathon in Washington teilgenommen. So etwas schreibt man nicht in seine Kurzbiographie, wenn man nicht ungeheuer stolz darauf ist. Zufällig fand eine Woche nach der Fernsehdiskussion der hundertste Boston-Marathon statt. Ich sagte also: »Ich wette, ich weiß, wo Sie am kommenden Montag um neun Uhr morgens sind: in Hopkinton, Massachusetts.« Dorthin wollte ich nämlich ebenfalls, aus dem gleichen Grund.

Ergebnis? Das gleiche wie bei dem Mann aus Virginia.

»Woher wissen Sie das?«

Ich zierte mich nicht und erzählte ihnen, daß ich meine Hausaufgaben gemacht hatte.

Ich bemühe mich *immer* sehr, etwas über Menschen zu erfahren, die ich treffen werde und besser kennenlernen möchte.

In ihren Mienen las ich, daß sie die Geste zu würdigen wußten. Statt einer langweiligen halben Stunde mit Fremden zu verbringen, konnten sie eine Verbindung zu jemandem herstellen, mit dem sie ein sehr persönliches Interesse gemeinsam hatten, einem Menschen, den sie vielleicht sogar gern wiedersehen würden.

Sie profitierten, ich profitierte, selbst wenn ich keinem von beiden je auch nur einen einzigen Briefumschlag verkaufen sollte.

Im Wertpapiergeschäft besteht für die Makler eine »Sorgfaltspflicht« bei allen neuen Papieren, die sie anbieten. Unter anderem müssen sie sich ein ausreichendes Bild von dem betreffenden Unternehmen und seiner Finanzlage verschaffen, um die Papiere einem Investor anbieten zu können, für den sie sich eignen. Das heißt, man schwatzt Witwen und Waisen keine Warentermingeschäfte mit Schweinehälften auf.

»Sorgfaltspflicht« ist mehr als ein Rechtsbegriff. Sie ist ein Mittel, sich neue Freunde, Kunden und Beziehungen zu schaffen. Sie ist eine Grundeinstellung für jeden, der es in jedweder Tätigkeit zu etwas bringen möchte.

> *Bevor Sie neue Menschen kennenlernen, bevor Sie den entscheidenden Anruf tätigen, machen Sie Ihre Hausaufgaben. Finden Sie eine Gemeinsamkeit. Stellen Sie fest, wo ihre Bedürfnisse und Interessen liegen. Stellen Sie diese Verbindung her.*

Übrigens, mit einem der Top-Manager, die ich damals kennengelernt habe, stehe ich mittlerweile in Briefwechsel; er hat mich nach New York zum Essen, zu einer Werksbesichtigung und zu einem verflixt langen Lauf eingeladen.

Mackays Maxime
Bereiten Sie sich darauf vor, zu gewinnen. Dann bereiten Sie einen Überraschungseffekt vor.

Kapitel 6

Beziehungen finden sich überall

Meine erste Lektion zur Beziehungspflege lernte ich, als ich meine erste richtige Arbeitsstelle suchte.

Wohl am stärksten auf Beziehungen angewiesen sind Reporter. Sie leben von ihrem Informationsnetz.

Mein Vater, Jack Mackay, war Leiter des Büros von Associated Press in St. Paul. Gelegentlich schleppte er mich mit, wenn er seine Runden drehte.

Die heißesten Klatschgeschichten erfuhr man damals in Saloons und bei Friseuren. Den Bars war ich im Alter von acht Jahren noch nicht gewachsen, wohl aber Perlman's Barber Shop. Für mich war das Anziehendste an Perlman's Barber Shop die unübertroffene Sammlung an Comics und Sportzeitschriften. Für meinen Vater war es eine Klientel Zigarre rauchender, aus den Mundwinkeln sprechender Männer, die offenbar über jedes bevorstehende lokale Football- und Baseballspiel, jeden Boxkampf, Mordprozeß und Wahlkampf Insiderinformationen besaßen und garantiert den Ausgang wußten.

Bei Perlman's gab es fünf Barbierstühle. Die Sitzordnung war ebenso rigide festgelegt wie bei einem Staatsempfang. Alter hatte Vorrang. Mein Vater, der schon als junger, unerfahrener Reporter zu Perlman's kam, wurde von Perlman persönlich rasiert. Er bekam Stuhl Nummer eins.

Jeder Stammkunde mußte im Hereinkommen oder Hinausgehen an meinem Vater vorbei. Offenbar kannte er sie alle, und jeder hatte eine Klatschgeschichte oder einen Tip für ihn. Man sagt, mein Vater sei als Reporter ganz schön auf Draht gewesen. Außerdem soll er der bestaussehende Reporter der Stadt gewesen sein. Kein Wunder. Jeden Tag ließ er sich fachmännisch rasieren und die Schuhe putzen und mindestens einmal wöchentlich die Haare schneiden und maniküren.

Ein Preis, der durchaus nicht zu hoch ist für die besten Beziehungen der Stadt.

An dem Tag, als ich meinen Collegeabschluß machte, fing ich an, mir eine Stelle zu suchen. Damals gab es wesentlich weniger Collegeabsolventen, und ich war so anmaßend zu glauben, ich könnte ganz oben anfangen und mich von da aus weiter hocharbeiten. Nachdem ich – erfolglos – alle Möglichkeiten ausgeschöpft hatte, die mein bescheidener Bekanntenkreis bot, meinte mein Vater, ich solle Charlie Ward aufsuchen.

Mein Vater kannte zwar offenbar jeden Politiker und Sportler der Stadt, aber ich hatte keine Ahnung, daß er auch Großindustrielle kannte. Und Charlie Ward gehörte nicht nur zu den Größten der Großen in St. Paul, er war zudem die schillerndste Persönlichkeit der Umgebung.

Ward war Präsident von Brown & Bigelow, dem weltgrößten Hersteller von Kalendern, Spielkarten und allem, was man mit einem Logo versehen konnte. Damals nannte man das »Andenkenwerbung«, heute heißt es »Begleitartikel« oder »Begleitwerbung«.

Vier Jahre vor meinem Collegeabschluß hatte Ward eine höhere Bildungseinrichtung anderer Art besucht: das »Greystone College«. Dort saß er eine Strafe wegen Steuerhinterziehung ab. Der Aufstieg und Fall des Charlie Ward hatte damals viel Aufsehen erregt, und selbstverständlich hatte mein Vater ihn im Gefängnis interviewt.

Da mein Vater für Associated Press arbeitete, damals wie heute eine führende Presseagentur, erschien die Story landesweit in vielen Zeitungen.

Einen Tag nach Erscheinen des Artikels ließ Ward meinem Vater ausrichten, er müsse ihn sofort sehen.

Da Reporter eher über die Schattenseiten des Lebens berichten, bekommen sie nicht oft Komplimente von den Menschen, über die sie schreiben, zumal nicht von Strafgefangenen. Daher nahm mein Vater an, daß Ward etwas an dem Artikel auszusetzen habe.

Doch Ward war ein lohnendes Thema. Vielleicht konnte er einen zweiten Artikel über ihn schreiben. Also fuhr mein Vater wieder ins Gefängnis; dort begrüßte ihn Ward, als sei er ein Gefängniswärter, der ihm die Begnadigung bringe. Der Artikel hatte Ward gefallen. Den Tränen nahe erklärte er, nach all den häßlichen, verzerrenden Darstellungen, die über ihn geschrieben worden seien, habe Jack Mackay die Sache endlich richtiggestellt.

Er erkundigte sich, ob mein Vater Söhne habe. (Damals war es noch undenkbar, sich nach Töchtern zu erkundigen. Frauen blieben zu Hause und kümmerten sich um die Familie.) »Einen auf dem College.«

»Wann ist er fertig?« fragte Ward.

»Wann sind *Sie* fertig?« entgegnete mein Vater.

»Rechtzeitig, um ihm einen Job zu geben, wenn er ihn will. Schicken Sie ihn zu mir.«

Ein Versprechen von einem Sträfling? Mein Vater wußte nicht, ob es ernst gemeint war, doch als ich mit dem College fertig war und eine Stelle suchte, war auch Ward aus dem Gefängnis entlassen worden und stand wieder an der Spitze seines Unternehmens. Warum sollte ich es also nicht wenigstens versuchen? (Hier ist auf einen weiteren Unterschied zwischen damals und heute hinzuweisen: Solche Gefälligkeiten anzunehmen galt keineswegs als Interessenkonflikt. Heutzutage hätte mein Vater seine Stelle verloren, wenn seine Vorgesetzten bei Associated Press erfahren hätten, daß ich versuchte, bei einem Informanten meines Vaters eine Schuld einzulösen.) Ich rief in Wards Büro an, ließ im Laufe des Gesprächs mit einer seiner Sekretärinnen gut dreimal den Namen meines Vaters fallen und bekam einen Termin. Der Anlaß war meines neuen, eleganten Anzugs würdig, bei dem der Kragen am Hals gut eine Handbreit auseinanderklaffte. Ich war mit der Straßenbahn gekommen und hatte die ganze Fahrt über gestanden, um meine Bügelfalte nicht zu ruinieren.

»Mr. Ward empfängt Sie sofort«, erklärte die älteste und am strengsten wirkende der drei Sekretärinnen in seinem Vorzimmer und schob mich in einen Raum, der bequem 250 Gäste zum Cocktail hätte beherbergen können. Die meiste Zeit redete Charlie Ward.

Nach anfänglichem Geplauder sprach er die magischen Worte: »Ich gebe Ihnen einen Job in unserer ›Goldgrube‹ auf der anderen Straßenseite ... Quality Park Envelope Company.« Nachdem ich mir einen Monat lang die Hacken abgelaufen hatte, ohne auch nur das geringste zu erreichen, versank ich nun bis zu den Knien in einem Teppichboden und bekam nicht nur eine Stelle angeboten, sondern eine Stelle in einer »Goldgrube«.

Goldgrube? Nun ja, es war tatsächlich eine Art Goldgrube. Zumindest war sie kalt, finster, und das Werkzeug, das ich benutzte, besaß einen Holzgriff wie die Hacke eines Hauers, nur daß bei mir am Ende Stroh war. Dort arbeiteten eine ganze Reihe von Charlies ehemaligen Studienkollegen; er hielt viel davon, Exknackies einzustellen.

Aber es war eine Anstellung, und zweiundvierzig Jahre später bin ich immer noch im Briefumschlaggeschäft und suche nach wie vor nach der schwer zu findenden Goldgrube.

Vielen Dank, Charlie Ward, sowohl für den Job, den Sie mir gegeben haben, als auch für die Verkäuferstelle, die Sie mir verschafft haben.

Danke, Dad, für meine ersten Lektionen in Beziehungspflege, die ich nie vergessen habe.

> ### Mackays Maxime
> *Jeder, den Sie kennen – selbst jemand im staatlich verordneten Streifenlook –, kann es wert sein, Ihrem Beziehungsnetz anzugehören.*

Kapitel 7

Die vier vielversprechendsten Möglichkeiten, Beziehungen zu knüpfen

Gut, Sie haben also beschlossen, sich eins der besten Beziehungsnetze aufzubauen, das die Welt je gesehen hat. Ausgehend von Ihrer Familie, haben Sie sich Ihren weiteren Familienkreis – und dessen entfernte Verwandtschaft – erschlossen und auf Ihrer Arbeitsstelle Freundschaften und Bekanntschaften nach oben, unten, rechts und links geknüpft.

Was nun? Als nächstes würde ich die folgenden vier Gruppen anzapfen, sei es, indem Sie dort kegeln, Karten spielen oder Kindern helfen, Plätzchen zu verkaufen. Die Mitgliedschaft in Clubs und Vereinen hat weitreichende Auswirkungen. Sie fördert Ihre Karriere und verändert Ihr Leben.

»Ehemaligenclubs«

Manche Universitäten haben bessere Vereinigungen ehemaliger Studenten als andere.

Absolventen amerikanischer Militärakademien halten so enge Verbindungen zu ihren Studienkollegen, daß sie vom Tag ihres Abschlusses bis ans Lebensende große Ringe am Finger tragen, weswegen man sie auch »Knöchelbrecher« (knuckleknokkers) nennt.

Die Eliteuniversitäten des amerikanischen Ostens, *Ivy League* genannt, waren schon immer zu Recht für die gutfunktionierenden Beziehungen bekannt, die ihre ehemaligen Studenten zueinander pflegen.

Diese Institutionen sind zwar alle gut, doch drei amerikanische Universitäten halte ich in dieser Hinsicht für die besten: Wellesley, Notre Dame und die University of South California. Das Beziehungsnetz der Wellesley-Absolventinnen stellt die bedeutendste weibliche Machtstruktur des Landes dar. Wellesley hat Frauen bereits auf Führungspositionen in traditionellen Männerdomänen vorbereitet, als der Rest der Welt sich noch lange nicht darüber im klaren war, daß Frauen imstande sind, derartige Rollen auszufüllen.

Die Überschrift eines kürzlich in der *New York Times* erschienenen Artikels spricht für sich: *»How to Succeed? Go to Wellesley«* (»Der Weg zum Erfolg? Studieren Sie in Wellesley«).

»Wellesley-Absolventinnen bekleiden mehr Positionen in Chefetagen und Vorstandsbüros, als ihre Anzahl vermuten ließe ... Belege für den Vorteil der Wellesley-Absolventinnen gibt es in Hülle und Fülle, angefangen bei der Zahl der Unternehmen, die weibliche Führungskräfte aus Wellesley suchen. Fünfundsiebzig Unternehmen stellten 1994 Wellesley-Absolventinnen ein ... Von den 390 Frauen, die bei den 500 größten Unternehmen des Landes Direktionsposten innehaben, stellte Wellesley mindestens siebzehn – mehr als jedes andere College.«

Man braucht nur an Hillary Clinton zu denken, um eine Vorstellung zu bekommen, was für brillante, nüchterne, loyale und erfolgreiche Absolventinnen diese Hochschule hervorbringt. Von ihnen gibt es unzählige, unter anderem Außenministerin Madeleine Albright, Lois Juliber, die Präsidentin von Colgate North America, Ellen Marram, Präsidentin der Seagram Beverage Group, Shirley Young, Vizepräsidentin von General Motors, Marion O. Sandler, Vorstandsmitglied von Golden West Financial, und Luella Gross Goldberg, die 1993 mehrere Monate amtierende Präsidentin der Schule war und im Verwaltungsrat mehrerer Unternehmen sitzt, die an der New Yorker Börse gehandelt werden.

Die katholische Hochschule Notre Dame gehört hinsichtlich der Beziehungspflege mit zu den besten, weil ihr Football-Team national ein solches Ansehen genießt, daß jeder, ob katholisch oder nicht, zwei Universitäten besucht zu haben scheint, seine eigene und Notre Dame. Jeder ehemalige Student ist zeit seines Lebens auf der Suche nach Nachwuchstalenten für seine Hochschule, und während der Football-Saison frischen sie alle jeden Samstag ihre Verbundenheit auf.

Ganz oben auf meiner Liste steht jedoch die University of Southern California, die natürlich ebenso wie Notre Dame den Football auf ihrer Seite hat. Doch darüber hinaus besitzt sie ein Beziehungsnetz ehemaliger Studenten, das mit einem abgenutzten Begriff treffend beschrieben ist: die südkalifornische Mafia.

Ich weiß nicht, ob sie tatsächlich einen Eid ablegen, sich gegenseitig zu helfen, einzustellen, zu beraten und allgemein umeinander zu kümmern, jedenfalls verhalten sie sich so. Von dem Tag, an dem ein Student die University of Southern California mit einem Abschluß verläßt, sind die Ehemaligen für ihn da. Im Gegenzug erwartet man von ihm, daß er seinerseits für andere Ehemalige da ist.

Die University of Southern California bietet siebzehn äußerst renommierte berufsbezogene Fachstudiengänge an, die eine einzigartige Vorgehensweise verfolgen. Die Studenten arbeiten wesentlich enger mit Mentoren zusammen – lebendigen Mentoren, die mit beiden Beinen im realen Leben stehen –, als dies auf jeder anderen Hochschule, die ich kenne, der Fall ist. Auch hier vermitteln Professoren und Dozenten Grundwissen, aber sie erachten es als wesentlichen Bestandteil ihrer Aufgabe bei den Studenten Führungsqualitäten zu entwickeln.

Mit Vorurteilen wird radikal aufgeräumt. Mentoren werden nicht aufgrund ihres Berufes, ihres Geschlechts oder ihrer Rasse ausgewählt. Als ich im Verwaltungsrat des USC Leadership Institute unter Warren Bennis saß, beeindruckte mich eine brillante afro-amerikanische Zahnärztin besonders.

Meiner Ansicht nach besitzt die University of Southern California das engste, effektivste und nach außen am stärksten abgeschottete Beziehungsnetz ehemaliger Studenten im ganzen Land.

Berufs- und Wirtschaftsverbände

Berufs- und Wirtschaftsverbände bieten aussichtsreiche Jagd-
gründe für Beziehungspflege in all ihren Formen. Wenn Sie in
Ihrem Berufs- oder Wirtschaftsverband aktiv sind, können Sie
wichtige Hinweise darüber aufschnappen, was bei der Konkurrenz vorgeht. Haben kürzlich viele Mitarbeiter der alten Belegschaft die Firma X verlassen? Was erzählt man sich am Bü-
fett? Vielleicht steht Firma X kurz vor dem Bankrott.
Viele Manager halten in der Ortsgruppe ihres Berufs- und
Wirtschaftsverbandes Ausschau nach talentierten Führungskräften. Bei solchen Zusammenkünften gibt es immer viel
Klatsch und Tratsch. Sollten Sie Führungskräfte suchen, bieten diese Treffen die besten Möglichkeiten herauszufinden,
welcher Frosch bereit sein könnte, auf ein anderes Seerosen-
blatt zu hüpfen.
Ich kenne mehrere neue Firmen, gegründet von zwei oder drei
Leuten aus unterschiedlichen Unternehmen, die sich bei Versammlungen ihres Wirtschaftsverbandes kennengelernt haben.
Pat Fallon und Tom McElligott arbeiteten für unterschiedliche
Werbeagenturen, als sie ihr gemeinsames Geschäft begannen.
Sie nannten es »Lunch Hour, Ltd.«. Aus diesem spontanen Ne-
bengeschäft hat sich die Agentur Fallon McElligott entwickelt,
die von der Zeitschrift *Advertising Age* zweimal zur Agentur
des Jahres ernannt wurde und eine der erfolgreichsten und renommiertesten Werbeagenturen des Landes ist.

Gesellige Vereine

Bilden Golfclubs, Sportvereine, Kegelclubs und sonstige gesellige Vereine einen wichtigen Faktor im Beziehungsnetz? Mit
Sicherheit! In diesen Vereinen kommen sicher mehr Ge-
schäftsabschlüsse zustande als in allen Büros des Landes zu-
sammengenommen. (Nun ja, vielleicht nicht ganz so viele,
aber wie sollten wir unseren Ehefrauen und Vorgesetzten gegenüber sonst rechtfertigen, daß wir soviel Zeit und Geld dafür

aufwenden?) Die anderen Vereins- und Clubmitglieder sind uns vertraut, und in Gesellschaft von Menschen, die man regelmäßig sieht, fühlt man sich tendenziell meist wohl.

Ein Club ist zudem von unschätzbarem Wert, wenn man Geschäftspartner oder potentielle Kunden einladen muß. Es ist wesentlich weniger aufreibend und meist bequemer, als sie zu sich nach Hause einzuladen. (Vielleicht sogar billiger. Haben Sie sich je ausgerechnet, wie hoch Ihr finanzielles Risiko ist, wenn Sie Ihrem herangewachsenen Kind ein paar Mark in die Hand drücken und den Wagen anvertrauen, damit es vor Mitternacht nicht nach Hause kommt?) Außerdem macht es mehr her, jemanden, den man beeindrucken möchte, mit in den Club zu nehmen, als ihn in ein Restaurant zu führen. Schließlich ist es *Ihr* Club.

Hobbys

Hobbys boten schon immer eine glänzende Möglichkeit, ein breites Spektrum unterschiedlicher Kontakte zu knüpfen, da sich überall im Land Gleichgesinnte aller Einkommensgruppen, Altersstufen und sozialer Schichten finden. Da sich Hobbyisten in der Regel nach ihrem Wissen und ihren fachspezifischen Fähigkeiten einstufen, sind Bekanntschaften auf diesem Gebiet sehr stark vom persönlichen Verdienst bestimmt und bieten somit eine angenehm demokratische Art, seine Mitmenschen zu beurteilen.

Als Beispiel für die Möglichkeiten, die das Hobby zur Erweiterung und Pflege des Bekanntenkreises bietet, nehme ich das Briefmarkensammeln. Briefmarken klebt man auf Briefumschläge. Wenn man im Briefumschlaggeschäft ist, hat man daher einen gewissen natürlichen Hang zum Briefmarkensammeln.

Möglicherweise setzt sich die Gruppe der Philatelisten nicht ganz so unterschiedlich zusammen wie die anderer Hobbys. Meist sind Briefmarkensammler Jungen unter vierzehn oder Männer über fünfundvierzig Jahren.

Wie kommt es zu dieser klaffenden Lücke von über dreißig Jahren?

Oft verlieren Jungen in der Pubertät das Interesse an Briefmarken und interessieren sich statt dessen für Mädchen. Wenn sie dann Mitte Vierzig sind, verlieren die Frauen häufig das Interesse an ihnen, und die »großen Jungen« wenden sich wieder den Freuden ihrer Kindheit zu. Meist haben sie dann jedoch mehr Geld zur Verfügung und kaufen sich die Briefmarken, die sie als Jungen gern besessen hätten.

Ich muß zugeben, daß ich kein sonderlich gewissenhafter Sammler bin und mich nicht besonders gut auskenne, aber sporadisch gehe ich diesem Hobby über Nutzung von Fachzeitschriften nach.

Im vergangenen Jahr brachte Kanada eine Sondermarke zum Gedenken an das Ende des Holocaust heraus. Sie zeigte eine Collage aus den Ausweisfotos von Gefangenen deutscher Konzentrationslager. Eines dieser Schnipsel zeigte Robert Engel, einen deutschen Juden, der in die Niederlande geflüchtet war, die Gefangennahme durch die Gestapo überlebt hatte und von kanadischen Truppen aus einem niederländischen Lager befreit worden war. Wie durch ein Wunder sah John Prince, ein Briefmarkensammler aus Sarasota, der 1937 mit Engel in Berlin zur Schule gegangen war, eine Abbildung der Sondermarke in *Linn's Stamp News* und erkannte seinen alten Freund. Nach 59 Jahren sahen die beiden sich auf einer Briefmarkenbörse in Toronto wieder.

»Es heißt oft, Briefmarkensammeln bringe Menschen zusammen«, meinte Frank Baumann, der über die Geschichte schrieb. »Noch nie habe ich einen so außergewöhnlichen und rührenden Beweis dieser Wahrheit erlebt wie diesen.«

Kluge Beziehungspflege kann auf breiter Ebene vieles leisten, unter anderem kann sie dazu beitragen, einen seit langem vermißten Freund wiederzufinden, der den Holocaust überlebt hat.

Fernsehsendungen, die sich mit ungelösten Rätseln befassen, könnten in solchen Fällen helfen.

Aber auch kluge Beziehungspflege kann dies leisten.

Mackays Maxime
Wenn Sie nicht an der University of Southern California studiert haben, können Sie immerhin anfangen, Briefmarken zu sammeln.

Kapitel 8

Sie kennen jemanden, aber kennt dieser Jemand auch Sie?

Denken Sie daran, die ersten Eindrücke, die Sie bei einem Menschen hinterlassen, landen vermutlich als Notizen in seiner Adreßkartei.

Und dort bleiben sie wahrscheinlich auf ewig.

Es versteht sich von selbst, daß Sie sich um einen ersten Eindruck bemühen, der Sie aus der Menge heraushebt und zugleich positiv ist. Ich weiß, das habe ich bereits weiter oben ausgeführt.

> *Aber vergessen Sie nie, wie wichtig es ist, Ihre Hausaufgaben zu machen und festzustellen, ob Sie Gemeinsamkeiten mit einem Menschen haben, von dem Sie wissen, daß Sie ihn demnächst kennenlernen werden.*

Das ist kein Spionieren. Es ist vielmehr der Versuch, eine Grundlage für eine Beziehung herzustellen, die sich auf gemeinsame Interessen gründet. Genau das gleiche würden Sie auch tun, wenn Sie ein Rendezvous mit einer Frau hätten, der Sie noch nie begegnet sind und auf die Sie einen guten Eindruck machen möchten. (Ich weiß, auch das habe ich bereits gesagt, aber das Beispiel des Rendezvous ist immer eine zugkräftige Untermauerung des Arguments.)

Wie kommen Sie aber an die Informationen, die Ihnen helfen, einen guten Eindruck zu machen?

Auf jede erdenkliche Weise, die Ihnen offensteht.

Wenn die betreffende Person berühmt genug ist, schlagen Sie im *Who's Who* oder einem ähnlichen Werk nach.

Und wenn nicht? Rufen Sie im Büro der betreffenden Person an, und lassen Sie sich eine Kurzbiographie schicken; gehen

Sie in die Bibliothek, und schlagen Sie im Zeitungsarchiv nach;
hören Sie sich in Ihrem Bekanntenkreis um; versuchen Sie, an
den Bekanntenkreis des oder der Betreffenden heranzukommen ... Kurz: Tun Sie alles Nötige, um die Informationen zu
bekommen, die Sie brauchen.

Mackays Maxime
Es ist zwar wichtig, wie *man Sie in Erinnerung behält,* noch
wichtiger ist jedoch, daß *man Sie in Erinnerung behält.*

Kapitel 9

Die wichtigste Lektion, die ich je zur Beziehungspflege gelernt habe

Als ich meinen Abschluß an der University of Minnesota machte, konnte ich mir keine eigene Wohnung leisten. Ich wohnte zu Hause in St. Paul bei meinem Vater; meine Mutter war kurz zuvor gestorben.

Mein Vater war einsam.

Ich versuchte, beruflich Fuß zu fassen, und war meist ziemlich ratlos.

Die Folge waren mehr Vater-Sohn-Gespräche, als ich sie in der gesamten Zeit unseres Zusammenlebens vorher je geführt hatte.

Damals verkaufte ich Briefumschläge für Quality Park und verdiente damit mehr schlecht als recht meinen Lebensunterhalt. Ich wollte es auf schnellstem Weg zu etwas bringen, hatte aber keine Ahnung, was der schnellste Weg war oder wie ich auf den Zug aufspringen sollte, der in diese Richtung fuhr.

Mein Vater wußte es.

»Hör zu, seit du sieben Jahre alt warst, hast du Golfbälle durch die Gegend geschlagen. Ich habe dich mit blutigen Händen nach Hause kommen sehen, weil du so lange auf dem Übungsgelände am Golfplatz herumgegangen hast.« (Als Gegenleistung dafür, daß ich herumlief und verlorene Golfbälle in einem Wagen mit Eisenkäfig sammelte, durfte ich umsonst üben, soviel ich wollte.)

»Wenn ich so darüber nachdenke, ist Golf wohl die einzige Form menschlicher Betätigung, die du je ernsthaft betrieben hast.«

Warum versuchen Sie nicht, aus dem Kapital zu schlagen, was Sie am besten können?

»Fahr rüber nach Minneapolis, und bewirb dich beim Zulassungskomitee des Oak Ridge Country Club. Sie waren immer auf dem letzten Platz in der Minneapolis City Golf League. Erzähle ihnen, daß du in der Mannschaft der University of Minnesota gespielt hast, zweimal Stadtmeister und einmal Zweiter bei der High-School-Landesmeisterschaft warst. Sie brauchen frisches Blut. Sie brauchen Talente. Sieh zu, daß sie dich ohne die üblichen horrenden Aufnahmegebühren aufnehmen, die wir beide uns nicht leisten können. Und wenn du das geschafft hast, stehen dir unbegrenzte Möglichkeiten zu tollen Geschäftskontakten offen. Sie haben, glaube ich, um die 300 Mitglieder, von denen die meisten liebend gern mit dir spielen werden, weil du ein niedriges Handicap hast. Vielleicht greift dein großzügiger und weitblickender Chef dir bei den Mitgliedsbeiträgen unter die Arme, wenn du ihm ein paar Umsätze mit Briefumschlägen vorweisen kannst.«

Wieso nicht? Versuchen kostet nichts.

Ich bedachte das Aufnahmekomitee mit dem Verkaufsgespräch meines Lebens. Ich schätzte meine Chancen etwa so hoch ein wie die, einen Ball mit einem Schlag ins Loch zu bringen, aber ich versuchte es dennoch.

»Umsonst? Wir sollen Sie, einen zweiundzwanzigjährigen Burschen, den praktisch niemand im Club kennt, umsonst aufnehmen? Nur damit Sie unsere alten Stümper, Verzeihung, unsere vornehmen Mitglieder belästigen?«

Etwas zu weit geschlagen. Ich landete in einem Bunker.

»Nein, nein, das war nicht meine Absicht.«

»Gut. Sie wollen uns helfen, die City League Championship zu gewinnen. Und keine Briefumschläge verkaufen.«

»Na ja, ich will nicht auf Golf spekulieren. Ich verspreche Ihnen, daß ich nie ein Clubmitglied belästigen werde. Aber ich kann nichts Schlechtes darin sehen, Geschäftskontakte zu knüpfen. Das machen doch alle in Country Clubs. Und nur weil ich jung bin, sollten Sie mir das nicht zum Nachteil auslegen. Junge Mitglieder bezahlen aller Wahrscheinlichkeit nach wesentlich länger Mitgliedsbeiträge als alte.«

»Keine Aufnahmegebühr?«

»Ich kann mir keine Aufnahmegebühr leisten. Noch nicht. Eines Tages vielleicht.«

»Eines Tages? Dann sollten wir Ihre Aufnahme vielleicht bis dahin verschieben.«

»Und junge Mitglieder abweisen, bis sie alt werden? Und gute Golfspieler ebenfalls?«

Und so kam es.

Kein Abschluß. Dreifacher Bogey.

Aber ich warf meine Golfschläger nicht fort.

Sechs Monate und zahlreiche Bewerbungsgespräche später wurde ich aufgenommen.

So gut wie umsonst und zu Mitgliedsbeiträgen, mit denen ich leben konnte – knapp. Allerdings gaben sie mir deutlich zu verstehen, daß sie mir sehr genau über die Schulter sehen würden, um etwaige Anzeichen einer Besserung meiner Finanzlage festzustellen.

Wenn ich auf meine berufliche Laufbahn zurückblicke, steht außer Frage, daß dies der entscheidende Schritt war, der am meisten dazu beitrug, meine Karriere in Schwung zu bringen.

Dreihundert Mitglieder. Dreihundert potentielle Kunden. Dreihundert Millionen potentielle Briefumschläge. Und außerdem unzählige neue Kontakte in der Stadtliga.

Was für Beziehungen!

- Fingerhut Corporation, ein riesiges Versandhaus – seit vierzig Jahren mein größter Einzelabnehmer
- Minnesota Vikings
- General Mills
- Pillsbury Company
- Honeywell

Um nur einige zu nennen. Mir öffneten sich so viele Türen, daß ich innerhalb weniger Jahre zum Spitzenverkäufer bei Quality Park wurde und meine eigene Firma gründen konnte.

Doch der größte Erfolg stand mir erst noch bevor.

Ich lernte eine ehemalige Juniorenmeisterin kennen, die einen ganzen Schrank voller Trophäen besaß.

Zwar kaufte meine neue Golfpartnerin mir nie auch nur einen einzigen Briefumschlag ab, aber sie sagte: »Ja.« Carol Ann und ich sind seit sechsunddreißig Jahren verheiratet und haben drei wunderbare Kinder miteinander großgezogen.

Mackays Maxime
Ihr bestes Beziehungsnetz entwickelt sich aus dem, was Sie am besten können.

Kapitel 10
Tun, was sich *nicht* von selbst ergibt

Fred und ich waren von der vierten Klasse bis zum Ende der Collegezeit Schulkameraden.

Er war ein Einzelgänger, völlig introvertiert und entsetzlich schüchtern. Mit allem, was damit verbunden ist – einem Händedruck wie von einem toten Fisch, niedergeschlagenen Augen, die einen nie unverwandt ansahen, stockenden, kaum hörbaren Gesprächsbeiträgen.

Aber Fred war ein ernster, ehrlicher, fleißiger und grundanständiger Mensch.

Ich bin sicher, Fred hatte während seiner High-School-Zeit nicht ein einziges Rendezvous. Ich erinnere mich, daß viele von uns sich am Tag unseres Schulabschlusses auf den Gängen drängten, um unsere Jahrbücher von den Klassenkameraden signieren zu lassen. Es herrschte ein regelrechter Wettbewerb, wer wohl die meisten Seiten mit Beiträgen seiner Freunde füllen könnte.

Fred beteiligte sich nicht. Wieder war er zu scheu, zu schüchtern. Für ihn wäre es ein Gewaltakt gewesen, zu einem Klassenkameraden zu gehen und ihn um diese kleine Gefälligkeit zu bitten.

Schnell weiter zum College.

Irgendwie gelang es Fred, in eine Studentenverbindung aufgenommen zu werden. Vielleicht, weil er nie auch nur ein schlechtes Wort über einen anderen sagte. Vielleicht war Fred aber auch zu dem Schluß gekommen, daß er es so sehr wollte und dafür sogar aus seinem Kokon gekommen und sich ernstlich darum bemüht hatte.

Was hatte ihn so verändert? Weiß der Himmel.

Was immer es auch gewesen sein mag und welche Anstrengungen es gekostet haben mag, es entwickelte sich ein neuer Fred.

In unserem letzten Collegejahr war er nicht mehr wiederzuerkennen.

Er war beliebt und gesellig. Freds »verlorene Jahre« an der High-School waren doch nicht völlig umsonst gewesen. Offenbar hatte er mehr Ahnung von Swing und Jazz als jeder andere auf dem Campus, wahrscheinlich, weil er oft alleine in seinem Zimmer gesessen und Musik gehört hatte. Er entwickelte eine Vorliebe fürs Tanzen, was in Gesellschaft einen erheblichen Vorteil darstellte. Nach dem College gründeten Fred und einige seiner Kommilitonen aus der Studentenverbindung gemeinsam einen Autohandel, mit dem sie großen Erfolg hatten.

Wir alle kennen jemanden wie Fred. Manche schaffen es nie, ihre Anfangsprobleme abzuschütteln.

Andere schon.

Manchen fällt es leicht, natürlich und instinktiv Kontakte zu knüpfen und zu pflegen. Wir alle kennen Menschen, die selbstbewußt sind, Optimismus ausstrahlen, leicht Freunde finden und beflügelt durchs Leben zu gleiten scheinen.

Von ihnen dürften wohl nicht viele dieses Buch lesen.

Warum sollten sie? Sie tun all das, was hier geschildert ist, ohne auch nur darüber nachzudenken. Sie stellen schon freundschaftliche Kontakte zu ihrem Wecker her, wenn sie morgens aufwachen.

Dieses Buch – und besonders dieses Kapitel – richtet sich an uns übrige, an die Freds dieser Welt, die nicht so selbstsicher, sondern vielleicht ein bißchen scheu und sogar schüchtern sind. Wir sind nicht da draußen und überwältigen jeden, dem wir begegnen, mit unserem hinreißenden Lächeln und unserer brillanten Konversation. Wir sind nicht einmal da draußen.

Die meisten Menschen müssen lernen, Beziehungen zu knüpfen und zu pflegen, wie sie schwimmen lernen. Es ist ein langwieriger – und oft mühevoller, manchmal sogar beängstigender – Prozeß nach dem Prinzip von Versuch und Irrtum, der aus kleinen, immer größer werdenden Schritten besteht und schließlich zu ein paar Durchbrüchen führt.

Zum Glück gibt es verschiedene erprobte Techniken, die Angst vor dem Versuchen zu überwinden.

❶ Üben Sie »So-tun-als-ob«

Warum zögern wir? Warum sind wir scheu? Wir haben Angst vor Fehlschlägen und legen es als Mangel an Vollkommenheit aus, wenn wir scheitern. Da Vollkommenheit unmöglich zu erreichen ist, liegen wir mit uns im Widerstreit und handeln zögernd oder gar nicht.

Platon sagte, jedes Ding oder jede Idee habe eine vollkommene Form. Zwar können wir diese Idealform nie erreichen, aber wir sollten dennoch versuchen, ihr so nah wie möglich zu kommen, indem wir die Merkmale des Ideals studieren und anstreben.

Gehen wir nahtlos von den alten Griechen zum modernen, angstgetriebenen Menschen über, der Kontakte knüpft. Da gibt es jemanden, den Sie kennenlernen möchten. Sie haben Ihre Hausaufgaben gemacht, eine Affinität oder eine gemeinsame Erfahrung mit diesem Menschen gefunden, aber Sie haben Angst, den ersten Schritt zu tun.

Warum spielen Sie nicht einfach ein Spiel mit sich selbst? Es heißt »So-tun-als-ob«.

Fragen Sie sich: »Was würde der ideale Kontaktmensch in dieser Situation tun?«

Tun Sie so, als seien Sie dieser Kontaktmensch, und verhalten Sie sich so.

Wenn Sie das schaffen, können Sie sich nach Ihren Vorstellungen verändern.

Indem Sie tun, als wären Sie so, wie Sie nicht sind, können Sie tatsächlich so werden, wie Sie zu sein vorgegeben haben.

❷ Suchen Sie sich ein Vorbild

Was unterscheidet diesen Vorschlag vom Eröffnungszug aristotelischen Musters?

Ihr Ideal ist real, nicht eingebildet.

Sie fragen sich nicht, was der vollkommene Mensch tun würde, sondern schließen sich einem erfolgreichen Kontaktmenschen an und studieren seine oder ihre Techniken.

Im günstigsten Fall kann Ihr Vorbild zu Ihrem Mentor werden, Ihnen helfen, raten, Sie anleiten und Sie sogar in seinen eigenen Bekanntenkreis einführen, während Sie sich Ihren eigenen aufbauen.

Für schüchterne Menschen hat diese Methode zwei Vorteile:

- Sie brauchen für den Anfang nur einen guten Kontakt herzustellen.
- Ihre natürliche Zurückhaltung und Unerfahrenheit kann Ihnen helfen, statt Sie zu behindern. In dem Maße, wie Sie Selbstvertrauen und Geschick entwickeln, wird Ihr Vorbild auf Ihre Fortschritte stolz sein und motiviert, noch mehr für Sie zu tun.

❸ Nehmen Sie Unterricht

Schon während Sie dieses Buch lesen, lernen Sie etwas, glauben also bereits an Lernprozesse. Es gibt noch andere, praktische Schulungsmöglichkeiten, die Schüchternheit und Unerfahrenheit effektiv zu überwinden helfen.

Die erste wirkliche Schule für Beziehungspflege, die ich nach dem College besuchte, war Toastmasters. Sie hat sich für mich als so wertvoll erwiesen, daß ich heute, viele Jahre später, als Vortragsredner recht gut bezahlt werde, obwohl mein Hauptinteresse nach wie vor der Führung meiner Firma gilt. Bei Toastmasters geht es nicht nur darum, wie man Reden hält. Es geht darum, wie man seine Hausaufgaben macht, Selbstbewußtsein erlangt, eine gute Figur macht und für andere ein interessanter Mensch und eine wertvolle Bereicherung wird. Mit anderen Worten, Toastmasters kann Ihnen helfen, das Instrumentarium zu erwerben und auszufeilen, wie Sie ein erfolgreicher Kontaktmensch werden.

Ähnliche Ziele verfolgen die Dale-Carnegie-Schulen. Ich habe sie besucht und kann Ihnen aus eigener Erfahrung sagen, daß sie es meisterhaft beherrschen, ihren Studenten Selbstvertrauen, Schliff, sicheres Auftreten, Kommunikationstechniken und Kontaktfähigkeiten zu vermitteln. Es gibt diese Schulen bereits sehr lange – ein Zeichen dafür, daß sie gute Erfolge erzielen.

Und wenn Sie die Hoffnung hegen, eines Tages Berufsredner zu werden, oder auch nur so klingen möchten, gibt es keine bessere Organisation als die National Speakers Association (NSA) mit Hauptsitz in Tempe, Arizona.

Ich gehöre dieser Vereinigung an; alle Mitglieder zusammen sprechen jährlich vor 20 Millionen Zuhörern. Falls Sie einen Redner für eine bestimmte Gelegenheit suchen, ist diese Organisation der richtige Ansprechpartner für Sie. Ich halte sie für so wertvoll, daß ich bereit bin, Ihnen ein »Harvey-Mackay-Stipendium« zu geben, falls Sie nach einem Jahr der Mitgliedschaft nicht den Eindruck haben sollten, einen entsprechenden Gegenwert für Ihr Geld bekommen zu haben; schicken Sie mir eine Kopie Ihrer Kündigung, und ich übernehme die Beiträge Ihrer Mitgliedschaft für das zweite Jahr. Sie erreichen die NSA unter der Telefonnummer (001/602)968-2552 oder über Worldwide Web unter www.NSASpeaker.org. Dort erfahren Sie mehr über Mitgliedschaft und Ortsgruppen.

❹ Bilden Sie sich fort

Der Studienabschluß ist nicht das Ende Ihrer Ausbildung. Es ist vielmehr die Grundlage, das Sprungbrett, der Ausgangspunkt. Wenn Sie Ihre Batterien nicht ständig aufladen, sind sie nach einiger Zeit verbraucht. Als ständige Quelle der Inspiration und Motivation empfehle ich ein Abonnement der Zeitschrift *Positive Living* von Norman Vincent Peale oder einer ähnlichen Publikation in knapperer Aufmachung, *Bits & Pieces*.

❺ Suchen Sie Anschluß

Fast jede Gruppe bietet Möglichkeiten, Kontakte zu knüpfen und sich persönlich weiterzubringen: tanzen; singen in einem Chor; Münzen sammeln; reiten; Ausstellungen besuchen; ins Theater gehen; Antiquitätenläden besuchen; Politik; Bücher; Wein; gutes Essen.

❻ Haben Sie ein bißchen Zutrauen

Zu sich selbst.
Dale Carnegie hat es wohl am besten zusammengefaßt: »Sie können sich in zwei Monaten mehr Freunde schaffen, indem Sie sich ernstlich für andere Menschen interessieren, als in zwei Jahren mit dem Versuch, andere Menschen für Sie zu interessieren. Oder anders gesagt: Man schafft sich einen Freund, indem man selbst einer ist.«

Mackays Maxime
Je mehr Sie sich darin üben, Kontakte zu knüpfen, um so besser werden Sie – und um so leichter wird es.

SCHRITT DREI

Fangen Sie an!

Kapitel 11

Lou Holtz erzählt:
Wie ich Football-Trainer wurde

Einleitung

Lou Holtz, der elf Jahre lang Cheftrainer der Football-Mannschaft von Notre Dame war, stellte das Trainingsprogramm,
das er übernommen hatte, völlig auf den Kopf.

In den fünf Jahren bevor er kam, hatte Notre Dame 32 Spiele
gewonnen, 26 verloren, eins unentschieden beendet und 2 Po-
kale errungen.

Holtz erzielte bis zu seiner letzten Saison 1996 eine Bilanz von
100 gewonnenen, 30 verlorenen und zwei unentschiedenen
Spielen und neun Pokalsiegen. Es war ein so beeindruckender
Erfolg, daß die Fernsehgesellschaft NBC den bislang beispiel-
losen Schritt wagte, mit Notre Dame einen Einzelvertrag über
die Übertragungsrechte all ihrer Heimspiele abzuschließen.

Ich hatte dazu beigetragen, Lou zum Cheftrainer an der University of Minnesota zu machen, seiner letzten Station vor Notre Dame, und seither sind wir eng befreundet. Zur Zeit ist er
im Verwaltungsrat der Mackay Envelope Corporation.

Der eigentliche Prüfstein für den Erfolg eines Trainers besteht nicht allein in der Bilanz der gewonnenen und verlorenen Spiele. Die ändert sich allwöchentlich. Was langfristig
bleibt, ist das, was er seinen Spielern vermittelt. Jede Woche
drängen sich ehemalige Spieler in den Umkleidekabinen von
Notre Dame. Sie kommen immer wieder. Die Mannschaft ist
ein Teil von ihnen, und sie sind nach wie vor Teil der Mannschaft.

Lou und ich stehen in ständigem Kontakt. Bevor wir uns ver-
abschieden oder ein Telefongespräch beenden, erkundigt er
sich immer: »So, und was kann ich für dich tun? Wie kann ich
dir helfen?«

Gelegentlich bin ich auf sein Angebot zurückgekommen, und er hat sein Wort immer gehalten.

So bekam ich auch diese Anekdote von ihm.

Lou Holtz erzählt

Es gibt viele Beispiele für Beziehungen, die mir geholfen haben.

Eines der wichtigsten stammt aus der Anfangszeit meiner Karriere. Ich wollte als Trainer für Woody Hayes an der Ohio State University arbeiten, kannte aber absolut keinen seiner Mitarbeiter.

Ich hatte keine Ahnung, was ich machen sollte, bis ich mein Vorhaben Rick Forzano gegenüber erwähnte, den ich sehr bewunderte und der Football-Trainer in der National Football League war.

Rick wußte genau, was ich tun mußte. Er arrangierte für mich ein Treffen mit Esco Sarkinnen, einem Assistenten von Hayes. Damals war es mir zwar nicht klar, aber Esco war eine Art Türhüter für Woody. Er führte eine Liste mit den unzähligen möglichen Kandidaten, die für Woody arbeiten wollten.

Das Gespräch verlief gut, aber Esco blieb unverbindlich, und weiter geschah nichts. Ich beschloß, mich davon nicht entmutigen zu lassen. Ich blieb mit Esco in Verbindung, als wäre ich ein Topkandidat, obwohl ich nicht einmal wußte, ob sie überhaupt an mir interessiert waren. Mehrmals schrieb ich ihm, hielt ihn über meine Vorbereitungen auf dem laufenden und ließ ihn wissen, daß ich weiterhin stark interessiert sei, falls ein Posten frei werde.

Im folgenden Jahr geschah das Wunder. An der Ohio State University wurde eine Trainerstelle frei. Woody setzte sich mit seinen Mitarbeitern zusammen, und sie diskutierten über die verschiedenen Kandidaten. Esco erinnerte sich an mich und war über meine Tätigkeit und Leistungen des vergangenen Jahres auf dem laufenden. Auf seine Empfehlung wurde ich zu einem Vorstellungsgespräch eingeladen und anschließend von Woody Hayes als Trainer für Ohio State engagiert. Ich war begeistert.

Seitdem habe ich oft darüber nachgedacht, weil es ungeheuren Einfluß auf meine Karriere hatte. Es gab viele hervorragende Kandidaten für die Stelle, aber ich habe sie bekommen. Ich weiß, daß es an meiner Bekanntschaft mit Rick lag, der selbst ein Buch über Beziehungspflege hätte schreiben können. (Entschuldige, Harvey.) Und es lag an der Tatsache, daß ich Esco während der langen Wartezeit, bis die Stelle frei wurde, unaufgefordert auf dem laufenden gehalten hatte.

Als eins zum anderen kam, hatte Esco die nötigen Argumente an der Hand, sich für mich einzusetzen. Hätte ich ihn nicht auf meiner Seite gehabt, hätte ich die Stelle bei der Ohio State nie bekommen, die eine der bekanntesten und erfolgreichsten Football-Mannschaften des Landes besaß.

Wie Sie sehen, ließ Lou nicht locker und hielt an seinem Vorhaben fest, obwohl die anfänglichen Ergebnisse nicht sonderlich ermutigend waren.

Diese Erfahrung lehrte Lou, wie wichtig es ist, so viele Menschen wie möglich in den verschiedensten Positionen zu kennen und mit ihnen in Kontakt zu bleiben.

Mit einem Wort: Beziehungen zu pflegen.

Mackays Maxime
Was haben Football und Beziehungspflege gemeinsam? Ohne eine gut durchdachte Taktik werden Sie im großen Spiel des Lebens niemals Punkte machen.

Kapitel 12

Was ist ein Beziehungsnetz?

Fünfzig Jahre lang fand der Begriff *Network* nur auf Rund-
funk- und Fernsehgesellschaften wie NBC, CBS und ABC An-
wendung.
Heute hat man *networking* im Hollywood-Sinne »entdeckt«.
Und dabei geht es nicht mehr nur um die Aktualität von Nachrichten. *Networking* ist zum Schlagwort der Geschäftswelt der
neunziger Jahre geworden, von *Netscape* bis *Internet*.
Doch worum geht es eigentlich?

> *Ein Netzwerk stellt einen Weg dar, eine Möglichkeit, in
> möglichst kurzer Zeit über die kleinstmögliche Distanz von
> Punkt A nach Punkt B zu kommen.*

Anders ausgedrückt: Es bedeutet, daß man zunächst heraus-
findet, wen man braucht, um das zu bekommen, was man in
einer bestimmten Situation benötigt, und dann anderen auf
die gleiche Weise hilft.
Netzwerke stellen eine Möglichkeit dar, eine Verknüpfung zwischen A und Z herzustellen, ohne über C, D, E ... W, X und Y
gehen zu müssen.
Mit anderen Worten: Ein Netzwerk ähnelt eher den Vermes-
sungslinien einer Landschaft als denen einer Pyramide. In einem Netzwerk können die Verbindungslinien horizontal, vertikal oder diagonal verlaufen. Jede Verbindungslinie ist ebenso
wichtig wie eine andere. Die gesamte Struktur zielt darauf ab,
die Distanz zwischen einem beliebigen Punkt und einem anderen zu minimieren. Jeder Teil stärkt den anderen.
Mein Beziehungsnetz ist Ihr Beziehungsnetz, das Beziehungsnetz meines Sohnes ist teilweise das seiner Mutter, deren Be-

ziehungsnetz wiederum teilweise das unserer Töchter ist, und so weiter und so fort.

Wenn Sie die Früchte eines geodätischen Beziehungsnetzes ernten wollen, müssen Sie geistig aufgeschlossen und verschwiegen sein.

> **Mackays Maxime**
> *Ein Beziehungsnetz ist eine organisierte Sammlung Ihrer persönlichen Freunde und Bekannten und deren Kontakte. Beziehungspflege heißt, sehr schnell festzustellen, wen Sie brauchen, um das zu bekommen, was Sie in einer bestimmten Situation benötigen, um anderen auf die gleiche Weise zu helfen.*

Kapitel 13
Was ist kein Beziehungsnetz?

Eines Tages fuhr sich ein Vertreter auf einer zweispurigen Landstraße im Graben fest. Er bat einen Farmer um Hilfe. Der Bauer spannte sein blindes Maultier, Elmo, vor den Wagen des Vertreters. Dann nahm er eine Gerte, schwang sie durch die Luft und rief: »Los, Sam, los!« Nichts geschah. Wieder schwang er die Gerte und rief: »Los, Jackson, los!« Immer noch nichts. Dann gab er Elmo einen Klaps. »Los, Elmo, los!« Und Elmo zog den Wagen aus dem Graben.
»Sagen Sie, was ist mit ›Sam‹ und ›Jackson‹?« fragte der Fahrer.
»Sehen Sie, wenn er nicht glauben würde, daß er Hilfe hätte, würde er es gar nicht erst versuchen!«
Wir alle brauchen Hilfe. Teil eines Teams zu sein ist eine Möglichkeit, sie zu bekommen.
Aber ein Netzwerk ist etwas anderes als ein Team.

> *Ein Netzwerk arbeitet anders als ein Team.*

Am einfachsten läßt sich der Unterschied am unteren Ende der Nahrungskette erklären.
Ameisen sind ein wunderbares Beispiel für Teamarbeit. Jede Ameise hat eine, manchmal auch mehrere Rollen zu spielen. Manche Ameisen ziehen jeden Morgen los und holen Blätter. Andere verdauen die Blätter und verwandeln sie in eine Art Manna, von dem sich die ganze Kolonie ernährt. Wieder andere bleiben den ganzen Tag im Ameisenhaufen, füttern und versorgen die Jungen und erhalten den Bau. Und wieder andere kümmern sich um die Ameisenkönigin. In manchen Ameisenstaaten gibt es sogar eine stehende Armee, die darauf spezialisiert ist, andere Kolonien zu überfallen. Sie bringen

Gefangene mit, die ihnen als Sklaven dienen und niedere Arbeiten erledigen. (Das klingt doch sehr nach einer menschlichen Gesellschaft.)

Ein Ameisenstaat ist eine perfekt geordnete, geschlossene Gesellschaft. Jede Ameise hat ihre Pflichten, die sie unabänderlich bis zu ihrem Tod klaglos erfüllt. In der Natur gibt es keine besseren Teamarbeiter.

Doch Ameisen schaffen kein Beziehungsnetz.

Keine Ameise hat je ihr Blatt niedergelegt, ist in den Ameisenbau zurückgegangen und hat zu einer Ameise, mit der sie gemeinsam aufgewachsen ist, gesagt: »He, Kumpel, ich bin es leid, jeden Tag das Zehnfache meines Körpergewichts an Blättern zu schleppen. Und dir muß es doch stinklangweilig sein, nichts anderes zu tun, als den Bau sauberzumachen. Vielleicht würde es uns guttun, wenn wir die Jobs tauschen. Was meinst du, wenn ich dir eine kleine Extraportion Manna besorge, könnten wir dann nicht tauschen?«

Das hieße, Beziehungen zu knüpfen und zu nutzen, etwas, was Ameisen nicht tun. Sie tun ihre Arbeit als Teil eines Teams, und damit hat sich's.

Die meisten Firmen schaffen und nutzen keine Netzwerke. Sie sind in dicht abgeschotteten Abteilungen organisiert, die wie Silos funktionieren. Information wird vertikal gesammelt, fließt aber nie horizontal an andere Abteilungen, die sie brauchen könnten. Die Entwicklungsabteilung spricht nie mit dem Verkauf, der Verkauf nie mit dem Kundendienst und so weiter. Anweisungen nehmen den Weg über die Befehlskette nach unten. Gehorsam steht an oberster Stelle. Die Arbeitenden sind wie Ameisen; sie funktionieren wie ein Flugzeug mit Autopilot. Organisationen, die Netzwerke schaffen und nutzen wie General Electric und 3M, sind die Ausnahme und infolgedessen äußerst erfolgreich. Diese Unternehmen versuchen die Barrieren zwischen den Abteilungen und das Das-stammt-nicht-von-uns-Syndrom abzubauen, das mit Spezialisierung und hierarchischen Systemen einhergeht.

Sie schaffen abteilungsübergreifende Teams. Im Zentrum ihrer Organisation steht der Dienst am Kunden und kein Selbstzweck. Sie fördern Eigeninitiative und belohnen Arbeit im Netzwerk. Sie sind keine Ameisenhaufen.

Jack Welch, der Firmenchef von General Electric, ist so entschlossen, die Arbeit im Netzwerk zu fördern, daß er ein eigenes Schlagwort dazu erfunden hat: »Grenzenlosigkeit«.

»Was ist im Geschäftsleben schlimmer, als Abteilungen zu haben?« fragte Welch 1996 in der Zeitschrift *Fortune Adviser*. »Sie sprechen nicht miteinander. Man muß Offenheit zu einer Einstellung machen, die belohnt wird ... Grenzenlosigkeit bedeutet, daß Sie jedesmal, wenn Sie jemanden treffen, nach einer besseren, neueren, größeren Idee Ausschau halten. Sie sind offen für Ideen von allen Seiten.«

Leider schaffen und nutzen die meisten Menschen keine Beziehungsnetze. Wenn es um die Gestaltung ihrer eigenen Karriere und ihres Lebens geht, sind sie Teamarbeiter, keine Individuen. Sie zerkleinern ihre Blätter, säubern ihre Nester, sitzen ihre Stunden ab und ziehen die Köpfe ein.

Schauen Sie sich um. Wenn die einzigen Menschen, mit denen Sie tagein, tagaus zu tun haben, die anderen ferngelenkten Dronen in Ihrem Ameisenhaufen sind, ist es an der Zeit, neue Kontakte zu knüpfen.

Mackays Maxime
Wann haben Sie das letzte Mal mit jemandem außerhalb Ihrer eigenen Abteilung gesprochen? Wenn es länger als vier Tage her ist, ist das schon zu lang.

Kapitel 14

W.A.G.E. – Die vier Elemente der Beziehungspflege

Jetzt wissen Sie, was ein Beziehungsnetz ist und was nicht. Als nächstes sollten Sie die Hauptbestandteile kennen, die ein Netzwerk in Gang halten. Man kann sie sich anhand der Abkürzung W.A.G.E. merken: Wechselseitigkeit, Abhängigkeit, Gemeinsamkeit, Erhaltung.

Wechselseitigkeit

Eines sollte von Anfang an völlig klar sein. In einem Beziehungsnetz geht es nicht um tiefe Zuneigung, es geht um eine Beziehung, die dauerhaft den Bedürfnissen beider Seiten dient. Sie geben, Sie bekommen; Sie geben nichts, Sie bekommen auch nichts – no give, no get.
Während manche Beziehungen sich auf Freundschaft gründen, basieren andere auf Notwendigkeit. Wir unterhalten Beziehungen zu Freunden und alten Kumpels, weil wir sie mögen. Mit anderen bleiben wir in Kontakt, weil sie etwas haben, was wir brauchen, und umgekehrt. Entscheidend ist, daß Sie nicht lange im Geschäft bleiben, wenn Sie nur mit Leuten Geschäfte machen, die Sie mögen.

Beispiel

Vince war Kriminalbeamter einer Mordkommission in der Großstadt. Er hatte langjährige Erfahrungen als Streifenbeamter und bei der Sittenpolizei. Sein Beziehungsnetz umfaßte drei Bereiche: Informanten, Kollegen und Angehörige der Gerichtsbarkeit, also Richter, Staatsanwälte, Anwälte und Gerichtspersonal.
Vince löste mehr aufsehenerregende Mordfälle als jeder an-

dere Beamte in der Geschichte seiner Abteilung. Lag es an der guten kriminalistischen Arbeit. Ging er mit einer größeren Lupe auf Spurensuche?

Darauf antwortete Vince in seiner charakteristischen Art: »Ich würde eine Spur nicht mal erkennen, wenn sie mich in den Hintern beißen würde.«

Er gibt offen zu, daß er es nicht besser verstand, einen Tatort zu analysieren und den Täter zu ermitteln, als jeder andere Polizist.

»Eigentlich war ich nicht einmal so gut wie die meisten anderen.«

Ich fragte Vince, wie er es geschafft hatte, in seiner Abteilung zu einer solchen Legende zu werden.

»Ich hatte die besten Beziehungen«, erklärte er. »Im Laufe der Jahre habe ich mir eine Reihe von Informanten besorgt. Viele waren kleine Gauner. Als Gegenleistung für Informationen hatte ich bei ihnen wegen kleinerer Vergehen schon mal ein Auge zugedrückt. Meine besten Beziehungen waren die zu den Eltern dieser Jungs. Wenn ihr Sonnyboy in Schwierigkeiten war, wollten sie ihm aus der Patsche helfen.

Lassen Sie mich von meinen besten Beziehungen erzählen: Vor Jahren, als ich noch bei der Sitte war, rief mich einer meiner V-Leute, der Portier eines kleinen Hotels, zu Hause an und sagte mir, ein paar bekannte Spieler seien gekommen und in ihren Hotelzimmern ginge es ganz schön rund. Ich bekam den Schlüssel, öffnete nach damals gängiger Praxis einfach die Tür, ohne anzuklopfen, und trat ein. Stellen Sie sich vor, wie überrascht ich war, als ich alle fünf erkannte.

Es waren Richter, mit denen ich seit Jahren zu tun hatte.

Ich sagte: ›Entschuldigen Sie, meine Herren, ich habe mich wohl in der Tür geirrt‹ und schloß die Tür.

Zu keinem von ihnen habe ich je ein Wort darüber verloren, aber von dem Augenblick an hatte ich mein Beziehungsnetz um fünf feste neue Mitglieder erweitert. Im Laufe der Zeit wurde es immer schwieriger, bei Gericht Haft- oder Durchsuchungsbefehle durchzusetzen, aber ich hatte nie Probleme, einen Richter zu finden, der mir einen Haftbefehl unterschrieb.

Eine Menge übler Burschen ist hinter Gitter gewandert, weil ich ins falsche Zimmer spaziert bin.«

Natürlich war Vince selbst in gewisser Weise ein kleiner Gauner. Beziehungen sind gut, was man jedoch nicht von jedem sagen kann, der Beziehungen hat.

Vince konnte das Prinzip der »Wechselseitigkeit« auf die Spitze treiben.

In Beziehungsnetzen besteht die Wechselseitigkeit im Austausch von Gefälligkeiten. Die Geschichte von Vince zeigt, daß es die unterschiedlichsten Arten von Gefälligkeiten gibt, freiwillige und unfreiwillige, gute und schlechte.

Sie illustriert zudem, daß Beziehungen zwar effektiv, aber nicht immer schön sind.

Bevor Sie jemandem einen geschäftlichen Gefallen tun, schadet es nichts, zu überlegen, wie der Betreffende sich dafür revanchieren kann. Er oder sie mag zwar keine Gegenleistung in Form von Geld oder Beförderung erbringen können, aber durchaus am richtigen Ort die richtigen Worte für Sie einlegen. Das muß nicht so kaltblütig und berechnend ablaufen, wie es klingt. Sie können sich die Gegenleistung Ihrer Bekannten auch als Gefälligkeit für einen Dritten vergelten lassen. Sagen wir, Sie haben einem Bekannten, der Werbefachmann ist, einen Gefallen getan, indem Sie bei einer Wohltätigkeitsveranstaltung in Ihrer Stadt eine Funktion übernommen haben. Er steht also in Ihrer Schuld. Vor kurzem hat eine andere Bekannte, bei der Sie in der Schuld stehen, Sie gebeten, eine Praktikumsstelle für ihr Kind bei einer Firma zu suchen, die kreativ tätig ist. Nun, da wüßte ich schon, wen ich fragen würde.

Positive Freundschaftsdienste, die Sie in fast jeder Branche anbieten können

- Anderen helfen, eine wichtige Präsentation vorzubereiten, die sie machen müssen, indem Sie sie beraten, kritisieren und ihnen als Publikum dienen. Tun Sie solche Dinge mit Freude, so langweilig das Thema auch sein mag.

- Anderen förmlich und explizit für ihre Hilfe danken, auch wenn sie Ihnen nicht genutzt hat. Immerhin haben sie sich bemüht.
- Untergebenen (vor allem solchen aus anderen Abteilungen) durch Rat und Ermutigung helfen, ohne einen Dank zu erwarten.
- Kollegen anderer Abteilungen mit einem »Kopf hoch« ermutigen, wenn etwas Schlechtes in einem Bericht steht, der sie betrifft, oder sie vorwarnen, wenn ein »Überraschungsbesuch« der Führungsspitze bevorsteht, statt sich zurückzulehnen und hämisch zu freuen, daß es die anderen erwischt.
- Die Drecksarbeit für andere übernehmen, wenn es sich um undankbare Plackerei handelt, wie den monatlichen Umsatzbericht zu erstellen, und die Hilfe völlig unerwartet zu einer Zeit kommt, in der die anderen bis zum Hals in Arbeit stecken. Grundsätzlich gilt, helfen Sie dem oder der anderen, wenn sie Ihnen gleichgestellt oder in einer höheren Position sind.

Negative Beziehungspflege

- Klatsch oder Insiderinformationen über andere weitergeben, die Sie im Vertrauen erfahren haben. Es dauert nicht lange, bis die Betreffenden sich denken können, von wem der Dolchstoß kam, und wahrscheinlich werden sie es Ihnen heimzahlen. Den größten Schaden erleidet jedoch Ihr Ruf, wenn sich herumspricht, daß Sie anderen in den Rücken fallen oder tratschen.
- Inkompetente Mitarbeiter von einer Abteilung zur anderen schieben, um ihm oder ihr die Stelle zu erhalten. Das ist unfair und unproduktiv für den Betreffenden wie auch für die Firma.
- Mit Ihren Konkurrenten Preisabsprachen treffen oder Branchengeheimnisse austauschen, um einen neuen Konkurrenten auszuschalten. Das kann Sie in Charlie Wards Zimmer im Greystone College bringen.

- Für andere die Drecksarbeit erledigen, wenn es sich um Gesetzesübertretungen handelt (wie die Gesetze gegen Diskriminierung, unlauteren Wettbewerb oder Vorschriften zur Produktsicherheit und so weiter). Folge? Siehe oben.

Abhängigkeit

Einer der Mythen der modernen Geschäftswelt besagt, Unternehmen könnten formale Unternehmensstrukturen errichten, die solchen Beziehungsnetzen Grenzen setzen. So besitzt zum Beispiel jede Fast-Food-Kette zahlreiche Filialleiter, die alle die gleiche Verantwortung für die Leistungen und Bilanzen ihrer Filialen tragen. Von Zeit zu Zeit bringt die Unternehmensleitung sie zur Fortbildung oder Information über neue Unternehmensstrategien zusammen.

Es ist immer wieder das alte Ameisensyndrom. Hier sind eure Vorschriften. So wird's gemacht. Fertig.

Aber wir sprechen hier nicht von Ameisen. In dem Maße, wie sie einander kennenlernen, werden sie auch Beziehungen knüpfen, und zwar nicht unbedingt auf eine Weise, wie die Unternehmensleitung sie vorhergesehen hat.

Lassen Sie mich an einem Beispiel zeigen, wie so etwas funktioniert.

Curt Carlson ist der Chef der Carlson Companies. Er ist der einzige Achtzigjährige, von dem ich weiß, daß er immer noch zwölf Stunden täglich arbeitet. Und er ist der einzige Milliardär, den ich kenne.

Eines Tages war ich mit Curt und seiner Frau Arleen in der Empfangshalle des Radisson Hotels in Scottsdale verabredet. Die Radisson-Kette gehört Curt. In jedem seiner Hotels und Restaurants hängt ein großes Farbfoto von ihm in einem schicken blauen Anzug mit roter Krawatte.

Bei dieser Gelegenheit hatte Curt sich deutlich lässiger gekleidet, sicher um nicht so leicht vom Personal erkannt zu werden. Arleen war nicht inkognito. Sie sah nach einer Million oder vielmehr nach einer Milliarde Dollars aus.

»Wo essen wir zu Mittag?« fragte ich.

»Wie wär's mit T.G.I. Friday's«, meinte er. Auch diese Kette gehört ihm.

»Es gibt eins etwa sechs Häuserblocks weiter«, antwortete ich.

»Nein, da habe ich gestern gegessen.«

»Ich weiß nicht, wo es hier in der Nähe noch ein anderes gibt.«

»Dann frage ich den Leiter der Hotelpagen«, meinte Curt.

Wir schlenderten zum Pagendienst hinüber.

»Gibt es hier in der Umgebung noch ein anderes Lokal von T.G.I. Friday's als das unten an der Straße?« erkundigte er sich.

»In Mesa.«

»Wie weit ist das?«

»Etwa eine halbe Stunde Fahrt«, antwortete der Hotelpage, »aber wissen Sie, das beste Essen der Stadt bekommen Sie hier im Hotel.«

»Danke«, sagte Curt und drückte dem Pagen ein Trinkgeld in die Hand. »Schön, daß Sie soviel von Ihrem Haus halten, aber wir fahren nach Mesa.«

Mit Harvey als Chauffeur natürlich.

Als wir in das Lokal kamen, war es vollbesetzt. Irgendwie gelang es der Bedienung, uns einen netten Tisch zu geben.

»Würden Sie mir bitte den Geschäftsführer schicken«, bat Curt.

»Sicher, Sir«, antwortete sie.

Zwei Minuten später kam sie wieder.

»Der Geschäftsführer läßt Ihnen ausrichten, daß er in ein paar Minuten zu Ihnen kommt.«

Räusper.

Nach einer Weile kam sie wieder.

»Es dauert nur noch ein paar Minuten. Bitte entschuldigen Sie seine Verspätung. Er kommt, so bald er kann.«

Räusper. Räusper.

Schließlich kam ein junger Mann in ordentlich gebügeltem blauem Anzug und roter Krawatte.

»Ich bin der Geschäftsführer. Was kann ich für Sie tun?«

»Ich bin Curt Carlson.«

»Also, Sir, was für eine wunderbare Überraschung. Wir fühlen uns wirklich geehrt, Sie bei uns zu haben.«

»Und das sind meine Frau, Arleen, und Harvey Mackay.«

»Ach ja, Mr. Mackay. Ich habe alle Ihre Bücher gelesen.« (Habe ich schon erwähnt, wie außergewöhnlich gut man bei T.G.I. Friday's in Mesa ißt?)

»Nehmen Sie Platz«, sagte Curt und bombardierte ihn mit Fragen über Umsätze, durchschnittliche Verzehrrechnungen pro Person und alle Details der Restaurantbranche. Der Geschäftsführer hatte alle Antworten genauestens parat.

»Ich sehe kaum Studenten hier«, meinte Curt. Das Restaurant lag mitten auf dem Campus des Mesa Community College.

»Das stimmt, Sir. Sie würden schon gern kommen, aber meist sind sie recht knapp bei Kasse, daher sieht man sie nicht sonderlich oft, wenn sie nicht gerade mit ihren Eltern kommen. Aber sie kennen uns, und das ist das Entscheidende, denn nach einigen Jahren, wenn sie mit ihren eigenen Familien wiederkommen, werden sie Stammgäste bei uns.«

Curt strahlte.

Auf dem Rückweg nach Phoenix fragte ich ihn, was er von dem Gespräch mit dem Geschäftsführer hielt.

»Ich gebe ihm gute Noten. Auch dem Geschäftsführer von Friday's in Scottsdale gebe ich gute Noten und ebenso dem Leiter des Pagendienstes im Radisson«, sagte er. »Aber mir gebe ich schlechte Noten.«

»Wieso?«

»Weil diese Als-Bettler-verkleideter-Prinz-Masche nicht zieht. Nachdem ich sie gestern beim Mittagessen abgezogen habe, bin ich sicher, daß der Geschäftsführer in Scottsdale sämtliche Kollegen im Umkreis von hundert Meilen angerufen und vorgewarnt hat, daß sie nach mir Ausschau halten sollen, und ich wette, der Leiter des Pagendienstes hat in Mesa angerufen, sobald wir zur Tür hinaus waren.«

»Und warum hat der Geschäftsführer dann zehn Minuten gebraucht, bis er zu uns an den Tisch kam?«

»Weil er sich seine Umsatzzahlen angesehen und sich schick

gemacht hat. Würden Sie das nicht tun? Aber eins verstehe
ich trotzdem nicht«, meinte Curt.
»Und das wäre?« fragte ich.
»Woher wußte er bloß, wer Sie sind?«
So ist Curt.

Gemeinsamkeiten

Haben Sie schon mal etwas von Menschen gehört, die über
ihre sämtlichen Ausgaben akribisch Buch führen? Das sind die
Leute mit den kleinen schwarzen Notizbüchern, in denen sie
jeden Pfennig notieren, den sie je ausgeben, die sich aber nie
die Mühe machen, Bilanz zu ziehen.
Manche sogenannten Netzwerke sind so. Sie verfügen über
ausreichend Informationen, sind aber von ihrem System her
nicht darauf ausgerichtet, sie zu nutzen.
So filtern zum Beispiel stark strukturierte Unternehmen tendenziell Informationen durch mehrere Führungsebenen, bis
sie die Spitze erreichen. Bevor sie dort ankommen, hat jede
Abteilung sie mit ihrem Stempel versehen müssen, und die
»Neuigkeiten« sind entstellt und veraltet.
Erinnern Sie sich an das alte Gesellschaftsspiel »Stille Post«,
bei dem zehn Mitspieler im Kreis stehen und der erste dem
zweiten einen Satz ins Ohr flüstert, der ihn flüsternd an den
dritten weitergibt, und so fort, bis er wieder beim ersten Mitspieler ankommt und unweigerlich bis zur Unkenntlichkeit
entstellt ist?
Gemeinsamkeit im Sinne von Sich-Mitteilen, Miteinander-
Reden ist ein Element der Arbeit im Netzwerk, das solche
Fehlleistungen verhindert. Es verringert die zwischengeschal-
teten Bürokratieebenen und Zeitverzögerungen und läßt die
Informationen so schnell und deutlich wie möglich fließen, damit alle, die sie zu nutzen wissen, danach handeln können.
Ironischerweise sind gerade Organisationen, die in Übersichten
und Organigrammen so sauber und ordentlich aussehen wie
militärische Einrichtungen, Anti-Netzwerke. Wenn ein Feld-

webel einer Instandsetzungseinheit nicht mit einem Feldwebel der Beschaffungseinheit über schlechte Ersatzteile sprechen kann, ohne den Dienstweg über seinen Leutnant zu nehmen, der die Sache an den Hauptmann weitergibt, der wiederum eine Meldung an den Major der Instandsetzungseinheit macht, der sie dann an den Major des Beschaffungsdienstes weiterleitet, von wo aus sie über den Dienstweg nach unten an den zuständigen Feldwebel gelangt, hat die Organisation nicht viel dafür übrig, Gemeinsamkeit so zu fördern, daß ihre Mitarbeiter miteinander reden.

> *So merkwürdig es auch erscheinen mag, oft gilt, je chaotischer Organisationen sind, um so besser funktioniert eine Art von Miteinander, die gute Ergebnisse zeitigt. Denken Sie nur an schlechte Nachrichten. Nichts spricht sich schneller und auf verschlungeneren Wegen herum.*

Der Arbeitsstil im Netzwerk bei 3M ist ein hervorragendes Beispiel für die richtige Herangehensweise. Man bezeichnet diesen Ansatz als »gelenktes Chaos« und hält neue Mitarbeiter an, sich in Kursen zur Risikobereitschaft auf die gleichermaßen fruchtbare wie rücksichtslose Arbeitsatmosphäre bei 3M einzustellen. Die Neuen besuchen diese Kurse gemeinsam mit ihrem Vorgesetzten und trainieren die Bereitschaft, ihren Vorgesetzten die Stirn zu bieten. Mit Geschichten über die Siege, die gegen den Widerstand des Chefs errungen wurden – zum Beispiel wie Livio DeSimone, Vorstandsvorsitzender und Geschäftsführer von 3M, fünfmal vergeblich versuchte, das Projekt einzustellen, aus dem das überaus erfolgreiche Produkt Thinsulate hervorging –, hämmert man ihnen ein, wie wichtig es ist, hierarchische Strukturen zu bekämpfen, um gute Ideen durchzusetzen.

Ist es da noch ein Wunder, daß 3M fast alljährlich auf der Topten-Liste der meistbewunderten Unternehmen in der Zeitschrift *Fortune* erscheint?

Ebenso wie 3M setzt auch General Electric unter der Leitung

von Jack Welch mit seinem Prinzip der »Grenzenlosigkeit« sehr stark auf Gemeinsamkeit, Miteinander und Kommunikation.

Kürzlich beschrieb ein Artikel in der *New York Times* eine völlig neue Art von Führungskräften, für die man gerade einen neuen Namen erfunden hat: CLO (Corporate Learning Officer) oder Informationsmanager. Ihre Aufgabe? *»Mitarbeiter motivieren, ihr Wissen mitzuteilen – die rechte Hand wissen zu lassen, was die linke tut. Angesichts der wachsenden Informationsflut und der oft enormen Unternehmensgröße ist diese Aufgabe schwierig, und weil sehr viel auf dem Spiel steht, stellen immer mehr Unternehmen – unter anderem Coca-Cola, Cigna, EDS, Hewlett-Packard, Monsanto, U.S. West und Young & Rubican – Informationsmanager ein und zahlen ihnen Gehälter zwischen 300000 und 700000 Dollar.«*

Sind sie es wert?

Monsanto machte – auf die harte Tour – die Erfahrung, daß sie es sind.

Ein Vertreter von Monsanto hatte Gerüchte gehört, daß ein großer Auftrag, um den die Firma sich beworben hatte, in Gefahr war, aber es existierte kein Netzwerk, über das er die richtigen Leute hätte informieren können, sich den Auftrag zu sichern. Monsanto verlor einen Millionenauftrag.

Als Folge bemüht sich Monsanto nun, eine »Struktur des Informationsmanagements« aufzubauen, die ein internes Online-Nachrichten- und -Informationsnetz enthält, um solche Kommunikations-Fouls zu vermeiden.

Wenn man nur einen großen Kunden im Jahr retten kann, hat sich das ganze System bereits bezahlt gemacht.

Bei General Electric war der Umsatz mit »Weißwaren« – großen Elektrogeräten – im Keller. Der Chef berief eine Sitzung ein, um das Problem zu diskutieren, das er für ein Marketing- oder Werbeproblem hielt. Da es bei General Electric zwischen den Abteilungen sehr viel echte Netzwerkarbeit gibt, nahm an der Besprechung auch ein Vertreter von General Electric Capital teil. Er legte eine Graphik vor, aus der hervorging, daß die Konsumenten bis über beide Ohren verschuldet waren.

»Plötzlich sahen alle das Problem aus einem völlig neuen Blickwinkel«, meinte Steven Kerr, General Electrics Version eines Informationsmanagers.

Nach dieser Information verlangte das Problem eher nach einer finanziellen Lösung als nach Marketingstrategien, zum Beispiel nach längeren Zahlungsfristen, die es den Kunden erleichterten, die Produkte abzuzahlen.

Es handelt sich hier um zwei recht typische Probleme im Geschäftsleben. Die Lösungen basierten darauf, daß die richtigen Leute zum richtigen Zeitpunkt die richtigen Informationen bekamen. Das Mittel, solche Lösungen zu erzielen, besteht in Netzwerken.

Lohnt es sich, viel Geld in ein funktionierendes internes, informelles Netzwerk zu investieren?

General Electric war davon überzeugt, und es hat sich bezahlt gemacht.

Monsanto fand das nicht, ist aber jetzt überzeugt.

Erhaltung

Wenn Ihr Beziehungsnetz funktionieren soll, müssen Sie es pflegen und lebendig erhalten.

Als ich beschloß, mein erstes Buch zu schreiben, beschränkten sich meine schriftstellerischen Erfahrungen auf einige wenige Artikel in regionalen Zeitschriften. Ich hatte zwar viele Ideen, aber keine Ahnung, wie ich sie in eine lesbare Form bringen sollte, ganz zu schweigen von der Suche nach einem Verleger. Nach langem Stöbern wurde mir klar, daß es einige Leute gab, die mir die nötige Hilfe geben konnten. Mit vielen von ihnen hatte ich seit Jahrzehnten keinen engen Kontakt mehr, aber ich war mit ihnen in Verbindung geblieben, weil ich mich systematisch durch mein Adreßbuch gearbeitet hatte, Jahr für Jahr von Geburtstagskarte zu Weihnachtgruß. Mit der Zeit mochten die wenigen Zeilen zwar etwas abgedroschen geklungen haben, aber ich hatte den Kontakt nie abreißen lassen. Obwohl wir uns jahrelang nicht gesehen hatten, waren wir durch Familienanzeigen, Grußkarten und ein gelegentliches verschwommenes Foto über das Leben des anderen auf dem laufenden.

Eine dieser Eintragungen bezog sich auf einen sprichwörtlichen Streber, der eine ebensolche Karriere gemacht hatte. In den Jahren, seit wir zusammen Mr. Fords Chemieunterricht besucht hatten, glaubte ich nicht, daß ich je wieder viel mit Dale zu tun haben würde. Er büffelte ständig und hatte nicht viel für Geselligkeit übrig. Wir saßen im Chemiesaal zusammen, und obwohl ich nicht einmal die chemische Formel für Wasser hätte sagen können und er ein As in den Naturwissenschaften war, mochten wir uns. Wir hatten schöne Zeiten zusammen, zum Beispiel als wir uns gegenseitig Eiswürfel hinten in den Hemdkragen steckten.

Seit unserer Schulzeit hatte ich ihn nur vier- oder fünfmal gesehen, aber wir schrieben uns Weihnachtskarten, und ich hielt ihn gern alljährlich über mich auf dem laufenden und freute mich, wenn ich von ihm etwas hörte. Fünfunddreißig Jahre später fand ich mich nun in der Situation wieder, als Autor mit meinem Erstlingswerk hausieren zu gehen, einem Buch, das einen seltsamen Titel trug und gegen große Schwierigkeiten anzukämpfen hatte. Mein beruflicher Bekanntenkreis bestand größtenteils aus Leuten, die mit Briefumschlägen zu tun hatten – nicht unbedingt das traditionelle Sprungbrett für literarische Ambitionen –, doch in meinem Adreßbuch fiel mir Dales Name ins Auge.

Ich bemerkte, daß er in einer Branche tätig war, die entfernt mit Büchern zu tun hatte. Ein Großhändler? Was ist das? Warum sollte jemand die Dienste eines Großhändlers brauchen? Wie sich herausstellte, braucht jeder – zumindest jeder Buchhändler – genau jemanden wie ihn, und Dale war der größte Großhändler für Bücher an der Westküste.

Ich rief ihn an. Als ihm klar wurde, wer am Telefon war, schaute er erst einmal nach, ob ihm nicht jemand wieder etwas hinten in den Hemdkragen gesteckt hatte, sagte er. Und dann bestellte er 10 000 Bücher, zehnmal soviel wie üblich. Als ich mich bei ihm bedankte, meinte er: »Ich hatte nicht viel

Spaß in der High School, aber unsere Freundschaft ist mir immer in Erinnerung geblieben. Sie hat mir sehr gut getan und mir viel bedeutet.«

Wechselseitigkeit
Abhängigkeit
Gemeinsamkeit
Erhaltung

Merken Sie sich diese Elemente anhand der Anfangsbuchstaben: W.A.G.E. – das einzige Risiko liegt darin, nicht danach zu handeln.

Mackays Maxime
Die wirklich großen Fehler in der Beziehungspflege, die Menschen in ihrem Leben machen, erwachsen aus den Risiken, die sie nie eingehen.

Kapitel 15

16 Eckpfeiler eines soliden Beziehungsnetzes

Sollten Sie je in die Verlegenheit kommen, einen dieser berüchtigten nächtlichen Anrufe machen zu müssen, besteht eine hohe Wahrscheinlichkeit, daß der Anruf einem Menschen aus einer der hier beschriebenen Gruppen gilt – wenn es sich nicht um einen Arzt handelt.

Hier ist meine Auswahl der 16 wahrscheinlichsten Kandidaten. Sollte ich überhaupt Leserzuschriften zu diesem Buch bekommen, dann schätze ich, daß sie sich höchstwahrscheinlich auf dieses Kapitel beziehen.

»Warum haben Sie Installateure nicht genannt?«

»Was ist mit Psychiatern?«

»Sollte nicht jeder einen erstklassigen Elektriker kennen?«

Ja, sie stehen alle in meiner Liste der »30 Eckpfeiler eines soliden Beziehungsnetzes«. Vielleicht sind es auch 50. Wie auch immer. Das bestimmen Sie selbst. Hier möchte ich nur eine gute Ausgangsbasis angeben. (Übrigens, ich könnte wirklich den Namen eines guten Installateurs brauchen. Bei jedem Regen steht unser Keller unter Wasser.)

❶ Immobilienmakler

Wenn Sie ein Durchschnittsamerikaner sind, kaufen und verkaufen Sie im Laufe Ihres Lebens sechs Häuser.

Das sind zwölf Transaktionen, von denen jede finanziell gesehen das größte Geschäft Ihres Lebens sein könnte.

Es dürfte sich für Sie bestens bezahlt machen, jemanden an Ihrer Seite zu haben, der die Branche und den lokalen Markt kennt und Ihnen und Ihren Interessen loyal verbunden ist. Sehen Sie zu, daß ein Immobilienmakler eine Schlüsselposition in Ihrem Bekanntenkreis einnimmt. Heutzutage gilt in den meisten Bundesstaaten der USA, daß Immobilienmakler sich bereit erklären, Ihre Interessen zu vertreten, ganz gleich, ob Sie nun ein Haus kaufen oder verkaufen. Historisch war das in Amerika nicht immer so. Makler arbeiteten immer im Auftrag des Verkäufers, nicht des Käufers. Daher galt ihre Loyalität – und ihre rechtliche Verpflichtung – dem Verkäufer und seinen Interessen.

Manche Käufer waren sich dieser Tatsache nicht bewußt und glaubten, Immobilienmakler verträten automatisch ihre Interessen. In einigen Bundesstaaten haben Käufer den Makler verklagt, er habe sie hinters Licht geführt, und haben gewonnen. Heute geben Makler häufig vor, auf seiten des Käufers zu stehen, und verhehlen ihre wahre Bindung zum Verkäufer, die in vielen Staaten verlangt wird.

Wenn Sie ein Haus kaufen wollen, sollte Ihnen das als frühzeitiges Warnsignal dienen. Sorgen Sie dafür, daß Sie einen Immobilienmakler in Ihrem Bekanntenkreis haben!

Sie brauchen jemanden, der ebenso erfahren, branchenkundig und gut unterrichtet ist wie der Makler des Verkäufers.

Sie brauchen Ihren eigenen Immobilienmakler.

Wenn Sie bereits ein Haus verkauft haben und mit dem Ergebnis zufrieden waren, bitten Sie den Immobilienmakler, der Sie vertreten hat, Sie nun als Käufer zu vertreten.

Meist beträgt die Maklercourtage einen festgesetzten Prozentsatz des Kaufpreises und ist vom Käufer zu tragen. Sollten Sie befürchten, daß Ihr Makler Sie zum Kauf eines teureren Hauses verleiten könnte, um seine Courtage zu erhöhen, können Sie ihm einen Fixpreis für seine Bemühungen anbieten.

Und was ist, wenn Sie noch nie ein Haus verkauft haben oder sich in einer neuen Gegend umsehen?

Eben dazu hat man seine Beziehungen.

Als Carol Ann und ich beschlossen, ein Ferienhaus in Phoenix zu kaufen, waren wir völlig fremd in der Stadt. Auf uns allein gestellt, hätte uns jemand ein Ufergrundstück mit Meerblick am Grand Canyon verkaufen können, und wir würden noch heute auf die Flut warten. Wir brauchten jemanden, der die

Gegend kannte. Daher ließ ich mir von meinen Bekannten in der Young Presidents Organization einen Immobilienmakler empfehlen.

Unsere Maklerin hat ihr Honorar mehr als verdient. In den ersten anderthalb Jahren, nachdem wir das Haus gekauft hatten, stieg sein Wert um 35 Prozent. Außerdem stellte sie den Kontakt zu einer Bank und einem Notar her, die den Kauf abwickelten. Und das wichtigste war, daß sie uns in ihren lokalen Bekanntenkreis einführte. Mittlerweile fühlen wir uns dort ebenso zu Hause, als wären wir mitten in einer Schneewehe in Minnesota gelandet.

Und wenn Sie daran denken, ein neues Haus zu kaufen, vergessen Sie die Umzugsunternehmer nicht. Sie können wahre Barmixer sein. Ebenso wie Immobilienmakler können sie erheblich dazu beitragen, Ihnen leidvolle Erfahrungen zu ersparen – oder zuzufügen.

❷ Quellen für schwer erhältliche Eintrittskarten

Ihr bester Kunde ruft an. Die Chicago Bulls sind in der Stadt. Heute abend. Er braucht vier Eintrittskarten. Seitentribüne. So, und was machen Sie jetzt?

① Sie sagen ihm, er soll seine Geschäfte mit anderen machen?

② Sie sagen ihm, Sie wissen nicht, wie Sie an Eintrittskarten kommen sollen?

③ Sie sagen ihm, Sie werden es versuchen, machen sich bei minus 20 Grad auf zum Stadion, suchen einen Verkäufer, versuchen herauszubekommen, wo die Plätze sind, für die er Karten anzubieten hat, und melden sich rechtzeitig wieder bei Ihrem Kunden, um ihm zu sagen, was Sie – wenn überhaupt – erreicht haben. (Übrigens, das ist eine jener Gelegenheiten, bei der Sie Ihre Kreditkarte zu Hause lassen können. Nehmen Sie Bargeld mit, viel Bargeld.)

④ Sie sagen ihm, daß Sie sich darum kümmern, rufen Ihre Eintrittskartenquelle an und lassen Ihrem Kunden die Karten bringen.

Die richtige Antwort lautet (4), es sei denn, Sie hätten vor, vorzeitig in den Ruhestand zu treten.

Tatsächlich gibt es so etwas wie ein ausverkauftes Haus nicht. Für Geld bekommt man alles. Aber Sie müssen wissen, wen Sie fragen müssen.

Ich habe schon für jede Veranstaltung von den U.S. Open bis hin zur Olympiade in letzter Minute Eintrittskarten bekommen. Und nicht immer zu Wucherpreisen. Allerdings verlasse ich mich nicht auf einen einzelnen, sondern auf einen Kreis von Menschen, mit denen ich im Laufe der Jahre Kontakte gepflegt habe. Wer?

- Pförtner
- Veranstalter und Sponsoren
- Trainer, Sportler, Akteure, Personal, Eigentümer
- Medienvertreter
- Vorverkaufsstellen (aus der Tagespresse)
- Verleger

(Ja, setzen Sie sich mit meinem Verleger in Verbindung. Rufen Sie bei Doubleday in New York an, und fragen Sie nach Harriet. Bitten Sie sie, Ihnen Eintrittskarten für Broadway-Shows zu besorgen. Sie wird entzückt sein, nicht wahr, Harriet?)

❸ Reisebüros

Von hundert Passagieren eines Flugzeugs hat jeder einen anderen Preis für sein Ticket bezahlt. Können Sie es sich leisten, kein findiges Reisebüro zu haben?

❹ Führende Persönlichkeiten gesellschaftlicher Interessengruppen aller Art

Ob es sich um katholische, jüdische, protestantische, afro-amerikanische oder feministische Organisationen handelt, heutzutage kann man leicht mit jeder erdenklichen Interessengruppe in Konflikt geraten, ohne sich sonderlich Mühe zu geben. Wenn

Sie aber einen Verbündeten innerhalb dieser Gruppe haben, der sich für Sie einsetzt, haben Sie eine Grundlage, sich gegen ungerechtfertigte Vorwürfe zur Wehr zu setzen.

> *Wenn Sie eine dynamische Verstärkung Ihrer Belegschaft, Ihres Verwaltungsrates oder Ihres Beziehungsnetzes aus einer globalen, multikulturell zusammengesetzten Machtgruppe suchen, ist das die perfekte Quelle.*

Kaufen Sie Eintrittskarten für das jährliche Festessen. Schalten Sie eine Anzeige im Festprogramm. Stellen Sie ein. Helfen Sie. Leisten Sie Unterstützung. Zollen Sie Anerkennung. Knüpfen Sie Beziehungen, Beziehungen, Beziehungen.

❺ Headhunter

Die meisten Menschen sprechen nicht mit Headhuntern, bis sie eine Stelle brauchen. Mit diesem Vorgehen schränken sie ihren Bekanntenkreis unnötig ein. Beim nächsten Mal, wenn ein Headhunter – ein Kopfjäger, der Spitzenkräfte der Wirtschaft abwirbt – Sie anruft, legen Sie nicht gleich auf, egal, wie zufrieden Sie in Ihrer derzeitigen Stellung sind. Sagen Sie etwas wie: »Eigentlich bin ich nicht interessiert, aber ich fühle mich geschmeichelt, daß Sie mich anrufen. Gelegentlich könnten wir Ihre Dienste sogar brauchen, um qualifizierte Mitarbeiter zu finden. Geben Sie mir doch Ihre Telefonnummer, vielleicht können wir in ein paar Monaten mal zusammen essen und uns besser kennenlernen.«
Was haben Sie damit getan? Sie haben das Gespräch zu Ihrem Vorteil gewendet. Sie haben zwar bestimmt erklärt, daß Sie in Ihrer gegenwärtigen Stellung sehr zufrieden sind, aber die Möglichkeit zu Gesprächen offengehalten. Sie haben angefangen, den Grundstein zu einer Beziehung zu legen.
Hätten Sie verzweifelt eine neue Stelle gesucht und als Reaktion auf eine anonyme Stimme am Telefon durchblicken lassen, wie unzufrieden Sie in Ihrer derzeitigen Situation sind,

und hätten Sie die Gelegenheit zu einem Treffen sofort beim Schopf ergriffen, wären Sie – und damit auch Ihr Marktwert – in der Achtung des Headhunters gesunken.

Headhunter verstehen es in der Regel sehr gut, zwischen den Zeilen zu lesen. Sie wissen, daß der Satz »Es könnte sein, daß wir mal Hilfe brauchen« lediglich einen Weg darstellt, sich Gesprächsmöglichkeiten offenzuhalten. Aber Sie können sicher sein, daß sie Sie wieder anrufen, und dann können Sie sich mit ihnen treffen oder auch nicht. Wenigstens wissen Sie dann, wo Sie jemanden finden, der Ihnen helfen kann, eine neue Stelle zu finden, wenn Sie eine brauchen.

Gut, es hat Sie noch nie ein Headhunter angerufen, Sie möchten aber einen kennenlernen? Rufen Sie einen an, benutzen Sie die »Wir-suchen-vielleicht-jemanden-Masche« als Vorwand, und legen Sie los.

Headhunter wissen dann sicher, was Sie eigentlich im Hinterkopf haben, aber was soll's? Das kümmert sie nicht. Es geht hier um langfristige Kontakte, und hier handelt es sich tatsächlich um einen Fall, wo es sich lohnt, sich Freunde zu suchen, bevor man sie braucht, denn schließlich wollen Sie eine solche Bekanntschaft nicht erst suchen, wenn Sie bei Ihrer Firma schon die Sachen packen.

❻ Banken

Ebenso wie mit Headhuntern treffen sich die meisten Menschen auch mit ihren Bankfachleuten erst, wenn ihnen das Wasser bis zum Hals steht, meist in Form finanzieller Probleme. Ganz schlecht.

❼ Kommunalpolitiker

Wenn Sie nicht gerade eine Begnadigung oder einen Termin beim Bundesgerichtshof brauchen, nützt es Ihnen mehr, Ihren Stadtrat zu kennen als den Präsidenten.

Was können Kommunalpolitiker für Sie tun?
Fast alles: Sie können dafür sorgen, daß der Schneepflug durch
Ihre Straße fährt, die Schlaglöcher ausgebessert werden, der
Müll abgeholt wird, die Bürgersteige instand gesetzt werden, die
Bäume beschnitten werden, Ihre Grundsteuer gesenkt wird, die
Verkehrsregelung in Ihrem Wohnviertel geändert wird, sie kön-
nen sich um lästige Nachbarn kümmern, Nachbarschaftsfragen
regeln, streunende Tiere einfangen, Verordnungen erlassen,
Luft- und Wasserqualität überwachen, Lärmschutzvorschriften
durchsetzen, Gesetze gegen Diskriminierung ausführen.
Unter anderem.
Was sie nicht können und tun werden, ist, Ihrem heranwachsenden Kind einen Ferienjob bei der Straßenreinigung zu verschaffen.
Und sie sind so leicht zugänglich und ansprechbar! Sie brauchen nur ein bißchen Zeit und Geld. Versuchen Sie einmal, einen US-Senator ans Telefon zu bekommen. Das klappt vielleicht einmal im Leben. Versuchen Sie, mit einem lebendigen
Menschen bei Ihren Stadtwerken zu telefonieren. Nie im Leben. Und jetzt versuchen Sie es bei Ihrem Stadtrat. Sie haben
gute Chancen, daß Sie innerhalb eines Arbeitstages einen echten menschlichen Kontakt herstellen.
Allerdings schadet es nicht, wenn Sie ein Anhänger seiner Par-
tei sind. Außerdem kann es auch nicht schaden, wenn Sie ein
mögliches Wählerpotential repräsentieren wie einen Nachbar-
schaftsverein oder sämtliche Firmen im örtlichen Gewerbege-
biet.

❽ Hochrangige Polizeibeamte

Nein, nicht um Protokolle aus der Welt zu schaffen. Das ist
schäbig. Aber Sie fahren doch sicher schon mal für längere
Zeit weg, und Ihr Haus steht leer? Dann möchten Sie doch sicher sein, daß ein Streifenwagen des öfteren vorbeischaut.
Oder müssen Sie schon mal wissen, wem ein Fahrzeug mit einem bestimmten Kennzeichen gehört? Haben Sie einen lär-

menden Nachbarn, mit dem Sie keine direkte Konfrontation suchen? Möchten Sie gern mehr über die Jugendlichen wissen, mit denen Ihre Kinder herumziehen? Wen rufen Sie dann an?

❾ Feuerwehr

Sie wollen doch sicher sein, daß die für Ihr Haus oder Ihre Firma zuständigen Feuerwehrleute wissen, wo Sie wohnen, und bevorzugt zu Ihnen kommen, wenn Sie sie rufen müssen. Eine kleine Aufmerksamkeit zu Weihnachten wird dazu beitragen, daß sie sich das Jahr über an Sie erinnern.

❿ Prominente

Wieso? Weil man viele von diesen Menschen für ein Golfspiel zu viert oder für gesellige Veranstaltungen engagieren kann und sie bei Verhandlungen von unschätzbarem Wert sein können.

Der kürzlich verstorbene Steve Ross arbeitete sich aus einer armseligen Kindheit im Brooklyn der großen Depression bis ganz nach oben an die Spitze von Time Warner hinauf. Als Geschäftsmann war er eine Legende.

In *Master of the Game* schildert Connie Bruck eine zähe Verhandlung um den Kauf von Atari, bei der Ross gegen einen anderen Interessenten antrat. Er schickte den Firmenjet nach San Jose, um die Verkäufer zu einer Sitzung nach New York City zu holen. Als sie an Bord kamen, saßen dort bereits Clint Eastwood und seine damalige Partnerin, die Schauspielerin Sandra Locke. Der Pilot entschuldigte sich vielmals und erklärte, die Maschine müsse noch eine Zwischenlandung machen, um die Filmstars an ihren Drehort zu bringen. Den Verkäufern, die unversehens in die Gesellschaft dieser Stars geraten waren, war das keineswegs unangenehm. Letzten Endes verkauften sie Atari zu Bedingungen an Ross, die weitaus günstiger waren, als sie ursprünglich beabsichtigt hatten.

Die Verführung der Unschuldigen war Ross' charakteristische Verhandlungsstrategie. Er konnte selbst völlig übersättigte Hollywood-Stars mit extravaganten Gesten überwältigen, zum Beispiel als er das Firmenflugzeug quer über das ganze Land schickte, nur um Steven Spielbergs Hunde abzuholen, damit sie den Regisseur zu einem Wochenendausflug begleiteten.

Ich habe mit Ross meine eigene Geschichte erlebt. Ich spielte mit ihm Tennis auf der John-Gardiner-Tennis-Ranch in Phoenix. Wir spielten Doppel und wählten unsere Partner aus, indem wir die Tennisschläger drehten. Ross bekam einen Partner, den er nicht haben wollte.

»Zwei Gewinnsätze«, sagte Ross und grinste sein berühmtes Eine-Million-Dollar-Lächeln. Bei den weniger Harmlosen hieß es: Nimm, was du kriegen kannst.

Wie lernt man Prominente kennen?

Wissen Sie, da oben an der Spitze ist es einsam. Viele Berühmtheiten sind leichter zugänglich, als Sie denken.

Alle – auch Prominente – haben Anwälte, Ärzte, Zahnärzte, Steuerberater, Verwandte, Lieblingsrestaurants und Stammlokale.

Und berühmte Menschen haben Agenten, Promoter, Public-Relations-Spezialisten und Trainer.

Gehen Sie nach dem Schachzug der sechs Distanzstufen vor, und freunden Sie sich mit jemandem an, der den oder die Prominente kennt, die Sie kennenlernen möchten. Dann bitten Sie diesen Bekannten, für Sie ein Treffen zu arrangieren oder wenigstens in Ihrem Namen anzurufen. Wenn ich einen Anruf von jemandem bekomme, der mir sagt: »Joe Blow hat mir gesagt, ich soll Sie anrufen«, und Joe hat mir vorher nicht Bescheid gesagt, weiß ich, daß dieser Mensch dem guten alten Joe nicht sonderlich wichtig sein kann. Folglich ist auch der Anrufer nicht sonderlich wichtig für mich.

Die ersten Prominenten, die ich kennenlernte, waren Golfer. Schon im College spielte ich Golf, lief gern hinter den Profis her und stand in der Menge, sobald in der Stadt ein Turnier stattfand. Wenn ich den Veranstalter, ein großes Tier im Country Club oder einen Golfprofi nicht überreden konnte, mich vorzustellen, drückte ich mich einfach so lange in ihrer Nähe herum, bis sich der geeignete Augenblick ergab, streckte ihnen die Hand entgegen und sagte ihnen, wie froh ich sei, sie kennenzulernen. Wenn man mir lange genug Zeit ließ, draufloszuplappern, schaffte ich es meist, ein paar halbwegs zusammenhängende Worte über das Spiel und meine Kenntnisse der Leistungen des betreffenden Golfers zu sagen. Ein- oder zweimal gelang es mir sogar, einen so guten Kontakt herzustellen, daß wir uns schließlich beim Vornamen nannten.

Sicher, Sie brauchen schon eine gewisse Portion Unverfrorenheit, aber wenn Sie Ihre Hausaufgaben machen – das heißt, wenn Sie etwas über den Betreffenden, den Sie kennenlernen möchten, und über seine Interessen in Erfahrung bringen –, stehen Ihre Chancen gut, daß Sie es auch schaffen.

⓫ Tierarzt

Es geht zwar nicht um Ihr Leben und Ihren Tod, aber jeder, der einmal ein Haustier verloren hat, weil es in einem Notfall nicht die beste medizinische Versorgung bekommen hat, weiß, daß man sich in einem solchen Fall fast so fühlt, als ginge es um das eigene Leben.

⓬ Versicherungsexperten

Sicher, Sie können auch bis Montag morgen warten, um zu hören, ob Sie ausreichend versichert sind. Aber möchten Sie das wirklich? Und würden Sie dann gern erfahren, daß die Deckung nicht reicht, weil Sie nicht die richtige Police abgeschlossen haben? Diesen Punkt können Sie streichen, falls es Ihnen nichts ausmacht, Ihren Lebensabend mit der Rente aus Ihrer Sozialversicherung zu fristen.

⓭ Scheidungsanwälte

Wieso kein Strafverteidiger? Man braucht nicht lange zu suchen, um herauszufinden, wer die Stars in dieser Arena sind, weil die Namen der führenden Strafverteidiger Ihrer Stadt mit trauriger Regelmäßigkeit in der Zeitung stehen. Außerdem bestehen nur geringe Chancen, daß Sie je einen brauchen.

Denken Sie andererseits an die »50:50-Regel«: 50 Prozent aller Ehen enden mit einer Scheidung, und das kann Sie 50 Prozent Ihres Vermögens kosten.

Denken Sie auch an die Volksweisheit: Die größte Einzelinvestition, die Sie in Ihrem Leben je machen werden, ist Ihr Haus. Das gilt allerdings nicht, wenn Sie sich scheiden lassen. Dann ist es das Stück Papier mit dem Scheidungsurteil.

Scheidungsanwälten und Strafverteidigern ist eines gemeinsam, was sie von anderen Anwälten unterscheidet: Falls Sie mal einen brauchen, sind Sie wirklich auf ihn angewiesen. Also. Ist es sinnvoll, Ihr Leben in die Hand eines Menschen zu geben, dessen Namen Sie aus dem Telefonbuch haben?

Nein. Deshalb sollten Sie die juristischen Talente auf diesem Gebiet kritisch prüfen, lange bevor Sie den Gerichtssaal betreten.

(Nein, Carol Ann, ich kenne wirklich keine Scheidungsanwälte. Das ist das einzige Mal, daß ich meinen eigenen Rat nicht befolge.)

⓮ Automechaniker

Ein guter, ehrlicher Automechaniker ist sein Gewicht in Gold wert, weil ein schlechter, unehrlicher Sie sein Gewicht in Gold kostet.

⑮ Medienkontakte

Nehmen Sie diesen Rat vom Sohn eines Reporters an: Selbst wenn Sie diesen Kontakt nur ein einziges Mal in Ihrem Leben nutzen sollten, kann er Ihnen viel Leid ersparen.

Folgender Fall: Ein Reporter ruft Sie aus heiterem Himmel an und konfrontiert Sie mit einem äußerst negativen Gerücht – das Sie auf keinen Fall in den Abendnachrichten hören möchten. Wird Ihr Medienkumpel Sie vor dieser Peinlichkeit bewahren? Vermutlich nicht. Da Prinzen und Präsidenten solches Zeug über sich lesen und sehen müssen, werden Sie wahrscheinlich auch nicht völlig ungeschoren davonkommen. Aber Ihr Medienkontakt bietet Ihnen die beste Chance, der Geschichte Ihre eigene Wendung zu geben. Echte PR-Profis können in solchen Fällen ebenfalls helfen. Sie verdienen damit ihre Brötchen.

Was Sie jedoch wirklich brauchen, ist ein Insider, der sich für Sie einsetzt. Schwierige Aufgabe, aber eine große Bereicherung Ihres Beziehungsnetzes.

Wie machen Sie sich solche Leute zu Freunden? Indem Sie ihnen eine zuverlässige Quelle sind. Geben Sie ihnen, was sie brauchen, und sie geben Ihnen vielleicht – *vielleicht* –, was Sie brauchen.

⑯ Ein bester Freund oder eine beste Freundin

Der wichtigste Mensch von allen. Der einzige auf der Welt, mit dem Sie über *alles* reden können.

> **Mackays Maxime**
> *Sobald Sie Menschen schon einmal begegnet sind, sind sie keine Fremden mehr. Der Trick ist, sie kennenzulernen, bevor Sie ihre Hilfe brauchen.*

Kapitel 16

Knüpfen Sie Beziehungen, als hinge Ihr Leben davon ab – denn das tut es!

Wie kaufen Sie einen Wagen?

Wenn Sie ein vorsichtiger und umsichtiger Käufer sind, informieren Sie sich zunächst in einer oder mehreren renommierten Verbraucherzeitschriften, welche Marken und Modelle die beste Qualität bieten und den größten Wert darstellen; Sie hören sich in Ihrem Bekanntenkreis um; und Sie ziehen Ihre eigenen Erfahrungen mit verschiedenen Wagen in Erwägung.

Dann vergleichen Sie die Angebote unterschiedlicher Händler und wägen sie nach verschiedenen Faktoren ab wie Preis, Kundendienst, Bequemlichkeit, Ruf und Auswahl.

Schließlich feilschen Sie kräftig und fahren stolz mit Ihrer Neuerwerbung nach Hause, überzeugt, daß Sie alles menschenmögliche getan haben, den geeignetsten Wagen zum bestmöglichen Preis zu kaufen.

Wie kaufen Sie eine Operation?

Sie tun, was Ihr Arzt Ihnen sagt.

Mit anderen Worten, wenn es darum geht, ein paar Mark an einem Wagen zu sparen, setzen Sie Himmel und Hölle in Bewegung, um den besten Kauf zu tätigen. Aber wenn es um Ihr Leben geht, ergreifen Sie die Lösung, die Ihnen der erstbeste empfiehlt, mit dem Sie reden.

Hmmm.

Damit will ich keineswegs behaupten, Ärzte seien nicht anständig und fähig.

Aber Menschen sind eben Menschen.

Manche Ärzte sind einfach besser als andere.

Bei einem Wagen kann ein schlechter Kauf Sie Geld kosten.

Aber schlechte Ärzte können Sie das Leben kosten.

Vor einem Jahr erfuhr ich, daß Sam, einer unserer Mitarbeiter in der Produktion, sich einer Prostata-Operation unterziehen mußte. Für die meisten Männer ist das ein heikles Thema, aber ich fühlte mich verpflichtet, mit ihm darüber zu sprechen. Mir ist diese Situation durchaus nicht fremd. Ebensowenig wie vielen anderen Männern. Seit einigen Zeiten ist Prostatakrebs die zweithäufigste Todesursache bei Männern. Alljährlich sterben daran 34000 Amerikaner. Vor fünf Jahren hatte ich selbst eine Prostata-Operation. Seitdem habe ich in jeder Rede, die ich gehalten habe, Männer über fünfzig Jahren eindringlich ermahnt, alljährlich zur Vorsorgeuntersuchung zu gehen.

Das Gespräch verlief nicht ohne Tränen, obwohl Sam mir sagte, daß er den Test bestanden habe – den Test, der zeigt, ob der Krebs sich ausgebreitet hat.

Natürlich machte er sich Sorgen um seine Familie und um sein Leben.

Im Gegensatz zu vielen Männern, denen die Untersuchung zu peinlich ist, hatte Sam die Vorsorgeuntersuchungen in regelmäßigen, kurzen Abständen machen lassen; daher hatte man den Krebs bei ihm in einem frühen Stadium diagnostiziert. Ich versicherte ihm, daß seine Chancen gut stünden. (Glauben Sie mir, als ich in seiner Lage war, habe ich meine Hausaufgaben gemacht.)

Dann erzählte ich ihm, daß ich schon neun Tage nach dem Eingriff sieben Kilometer weit hatte gehen können und nach sechs Wochen bereits meinen gewohnten Sieben-Meilen-Lauf aufgenommen hatte.

Nein, die Operation war nicht gerade ein Ausflug nach Disneyland, aber man hält wesentlich mehr Schmerzen aus, solange man weiß, (1) daß sie wieder vorbeigehen und (2) daß das Ergebnis den Preis wert ist.

Meine nächste Frage und seine Antwort waren ebenso entscheidend wie das Ergebnis dieses Tests.

»Bei welchem Arzt sind Sie?«

»Doktor X.«

»Gut, möchten Sie, daß ich Erkundigungen über ihn einhole?«

An seiner verblüfften Miene sah ich, daß diese Idee auf Sams Festplatte nicht programmiert war. Sam war ein guter Briefumschlagexperte. Er hätte jederzeit eine Woche lang die Spezifikationen einer Sortiermaschine für 100 000 Dollar überprüft, aber als es um sein Leben ging, wäre es ihm nicht in den Sinn gekommen, den Menschen zu überprüfen, der für die Arbeit an seinem Ein-aus-Schalter verantwortlich war.

Weshalb ist das so wichtig? Nicht nur, weil Sam daran gelegen sein mußte, daß jedes krebsbefallene Gewebe restlos entfernt wurde. Ein Ausrutscher, und Sam bekäme Probleme mit Inkontinenz – oder sexuellen Funktionsstörungen – und all den belastenden Folgen, die damit verbunden sind. Sam mußte sich vergewissern, daß Dr. X als Chirurg auf Draht war.

»Sicher, erkundigen Sie sich über ihn!« meinte Sam.

Und das tat ich dann auch.

Nach ein paar Telefonaten fiel die Beurteilung des Mediziners eher mittelmäßig aus. Mit solchen Referenzen hätte ich niemanden eingestellt, um Briefumschläge herzustellen, geschweige denn, eine Operation an meinem Körper vorzunehmen.

Am nächsten Tag teilte ich Sam das Ergebnis meiner Erkundigungen mit, riet ihm, sich einen anderen Chirurgen zu suchen, und nannte ihm ein paar Namen – die Entscheidung lag natürlich bei ihm.

Und das Ergebnis? Sam suchte sich einen anderen Arzt – denselben, der mich operiert hatte.

Mittlerweile arbeitet er wieder, und seit dem Eingriff hat der Krebs sich nicht wieder gezeigt.

Es gibt keine Verbraucherzeitschrift, der man entnehmen könnte, welcher Arzt gut ist und welcher nicht. Sicher, es gibt einige Bücher und Zeitschriftenartikel à la »Die besten Ärzte«, aber danach würde ich mich nicht richten.

Ein Stück Papier kann Ihnen nichts sagen und keine Fragen beantworten. Ein Patient schon.

In solchen Büchern und Artikeln finden sich die großen Geschäftemacher. Dort stehen die Ärzte, die die besten Beziehungen zu anderen Ärzten haben und von ihnen empfohlen werden. Ärzte, die sich bei den Medien einzuschmeicheln verstehen. Mit anderen Worten, Ärzte, die die Kunst der Beziehungspflege am besten beherrschen. Aber das sind nicht unbedingt die besten Ärzte.

Wenn Sie den besten Arzt finden wollen, müssen Sie fragen. Wenn Ihr Arzt Ihnen sagt: »Sie sind alle gleich«, ist es an der Zeit, den Arzt zu wechseln.

Menschen, Ärzte eingeschlossen, sind ganz offenkundig nicht alle gleich.

Wenn Ihr Arzt Ihnen einen Namen nennt und Ihnen sagt, das sei der beste, antworten Sie: »Danke, Doktor, ich werde es mir merken.« – Es sei denn, er selbst oder einer seiner Angehörigen seien bei diesem Kollegen in Behandlung gewesen.

Würden Sie den Restaurantbesitzer, bei dem Sie gerade essen, nach dem besten Restaurant der Stadt fragen?

Würden Sie einen Autohändler nach dem besten Autohändler der Stadt fragen?

Aus diesem Grund sollten Sie sich nicht auf den Arzt verlassen.

Es gibt einen alten, aber nur allzu wahren Witz. Wie nennt man die Person, die als letzte den Abschluß beim Medizinstudium gemacht hat?

Doktor.

Ist das der Mensch, von dem Sie sich operieren lassen möchten?

Wenn Sie den besten haben wollen, erkundigen Sie sich bei den Operierten, nicht bei den Operateuren.

Bei welchen?

Bei Menschen, die sich vom besten Arzt der Stadt behandeln lassen würden, und zwar nur vom besten.

Wer sind diese Leute?

In der Regel sind es die Besten, Erfolgreichsten und Bekanntesten auf ihrem Gebiet.

Der oder die Besten (auf einem Gebiet Ihrer Wahl) der Stadt lassen sich nicht von einem grünen Jungen operieren, der gerade von der Uni kommt. Er oder sie läßt sich vom besten Arzt operieren, den es gibt.

Halten Sie sich an die Besten ihres Faches, um den Besten zu finden.

Und wenn Sie sich mit dem besten Arzt der Stadt nicht zufriedengeben, sondern den besten der Welt haben möchten, kommen Sie nach Minnesota, und gehen Sie in die Mayo Clinic, in der sich Ronald Reagan, Muhammad Ali, Barbara Bush, König Hussein, Arnold Palmer und viele der Prominentesten der Welt behandeln lassen.

Bevor Sie nun glauben, ich würde nur für das Team meiner Heimatstadt Reklame machen, lesen Sie folgendes:

Ein Zeitungsartikel berichtete kürzlich von einem Patienten der Mayo Clinic, Scheich Zâyid Bin Sultân al Nuhayân, dem Präsidenten der Vereinigten Arabischen Emirate. Der Scheich verbrachte einen Monat in der Mayo Clinic, wo er sich einer Halsoperation unterzog.

Die Schlagzeile lautete: *»Scheich verläßt das Land – mit ein paar Souvenirs.«*

»Der Scheich – und eine etwa hundertvierzigköpfige Entourage – reiste gestern vom Rochester International Airport mit annähernd 18 Lastwagenladungen Fracht ab, zu denen Möbel aus Minneapolis und Einkäufe bei Dayton's in Rochester gehörten. Die eingekauften Waren verließen in einer separaten Frachtmaschine bereits früher am Mittwoch das Land.

Der Scheich, einer der reichsten Männer der Welt, hatte mit seiner Entourage über 100 Zimmer in Hotels des Ortes belegt; sein Besuch erwies sich offenbar für verschiedene Einzelhändler, Autovermietungen von Edelkarossen und andere Geschäfte als unverhoffter Glücksfall.«

Glauben Sie, ein Scheich würde sich mit weniger als dem Besten zufriedengeben, selbst wenn er dafür um die halbe Welt fliegen muß?

Wenn Sie schlau sind, gibt es drei Bereiche, in denen Sie sich auf jeden Fall Freunde suchen, bevor Sie sie brauchen.

Zum einen unter den »besten Ärzten«.

Zum anderen unter den »besten Anwälten«. (Und zwar zusätzlich zu den besten Scheidungsanwälten, die bereits oben erwähnt sind.)

Und zum dritten unter den »besten Steuerberatern«.
Es mag sein, daß sie nicht ganz einfach zu finden sind.
Na und?
Und so wird es gemacht, ähnlich wie beim Malen nach Zahlen.

Arzt

Nehmen wir an, Sie sind neu in eine Stadt gezogen und suchen einen Internisten als Hausarzt.

Wenn es in Ihrer neuen Heimatstadt eine Uniklinik gibt, ist der Chefarzt der Inneren Abteilung der beste Allgemeinmediziner der Stadt. Er ist der Arzt, der die Ausbildung anderer Ärzte leitet, die in die Welt gehen, um Kranke zu heilen.

Wenn es auf Erden einen Herrn über Leben und Tod in Menschengestalt gibt, so ist er es. Und er weiß es. Es dürfte also nicht leicht werden, einen Termin bei ihm zu bekommen. Außerdem nimmt ein amerikanischer Chefarzt wahrscheinlich keine Privatpatienten.

Was nun?

Sechs Distanzstufen. Beschaffen Sie sich irgendwie einen Termin bei ihm. Sagen Sie ihm, Sie wissen, daß er dank seiner Position sowohl als Arzt wie auch als Lehrkraft für Ärzte besser qualifiziert ist, eine Empfehlung abzugeben, als jeder andere. Bitten Sie ihn, Ihnen einen Arzt zu empfehlen.

Das wird er nicht tun.

Ja, er kennt die Antwort auf Ihre Frage.

Macht nichts. Trotzdem wird er sie Ihnen nicht geben.

Er möchte unter den Hunderten Ärzten, die er ausgebildet hat, keinen bevorzugen. Er mag sie alle. Sie sind seine Studenten, sein Geschenk an die Welt, sein Vermächtnis. Doch wie in jeder Familie gibt es auch hier einige, die talentierter sind als andere.

Entscheidend ist, Ihre Frage so zu formulieren, daß er weiß, Sie werden ihn nicht in eine peinliche Lage bringen oder in seiner Position kompromittieren.

Schwierig.

Wenn Sie wirklich draufgängerisch sind, könnten Sie ihn fragen, wer sein Arzt ist.

Was immer Sie ihn auch fragen mögen, vermutlich bekommen Sie keine direkte Antwort, aber hören Sie trotzdem genau zu. Er könnte Sie an jemanden verweisen, der Sie wieder an einen anderen verweist.

Was immer er Ihnen auch sagt, wenn er ein paar Namen fallenläßt, gehen Sie dem nach, auch wenn es keine Ärzte sind. Und wenn Sie das tun, sorgen Sie natürlich dafür, daß der Betreffende weiß, wer Sie an ihn verwiesen hat.

Gut, in Ihrer Stadt gibt es keine Uniklinik. Als erstes rufen Sie Ihren Arzt in Ihrem letzten Wohnort an und fragen ihn, ob er den Namen des besten Allgemeinmediziners an Ihrem neuen Wohnort kennt. Auch in dieser Situation wird Ihnen niemand nur einen einzigen Namen nennen. Sie sind ein Außenstehender, und diese Bruderschaft/Schwesternschaft ist gegenüber Außenstehenden extrem abgeschottet.

Bitten Sie ihn oder sie nicht, Ihnen zu schreiben. Bitten Sie sie um einen Rückruf, damit Sie ein paar Fragen stellen können – und damit sie oder er freier sprechen kann. Wo hat der Arzt studiert? Welche Erfahrungen hat er? Welche Art von Patienten zieht er an? Wie lange praktiziert er schon? Mit welchem Krankenhaus arbeitet er zusammen? Welchen Ruf hat das Krankenhaus? Weshalb ist er so gut?

Bestenfalls erfahren Sie ein paar Namen, aber das ist schon mal ein Ausgangspunkt.

Als nächstes fragen Sie Ihren neuen Arbeitgeber oder Vorgesetzten nach seinem Arzt. Oder nach dem Arzt des Firmenchefs.

Wenn Sie bereits einen Anwalt haben, fragen Sie ihn nach dem Namen seines Arztes. (Allerdings nicht, wenn er auf Klagen wegen Körperverletzung spezialisiert ist, dann könnte es nämlich sein, daß er mit seinem Arzt gemeinsame Sache macht.)

Steuerberater. Hier gilt das gleiche.

Probieren Sie aus, wie andere auf diese Namen reagieren, vor allem besonders schwierige Menschen und solche, die sich die beste medizinische Versorgung leisten können. Bringen Sie in Erfahrung, wer deren Arzt ist.

Mittlerweile müßten ein paar Namen mehrfach genannt worden sein.

Damit sind Sie der Sache so nah, wie Sie ihr kommen können. Jetzt suchen Sie sich einen aus.

Und Sie haben Ihren Arzt.

Allerdings können Sie auch gleich zur Mayo Clinic gehen und sich nach dem Arzt erkundigen, der Scheich Zâyid Bin Sultân al Nuhayân behandelt hat.

Anwalt

In welchen Fragen brauchen Sie einen Rechtsbeistand? Vermögen. Zivilrecht. Immobilien. Verträge. Arbeitsrecht. Gesellschaftsrecht. Steuerrecht. Das alles brauchen Sie. Heutzutage beschäftigt sich kein Anwalt mehr mit all diesen Gebieten oder ist auf allen versiert.

Sie brauchen eine Anwaltskanzlei. Eine Anwaltskanzlei, die alle Gebiete abdeckt. Das ist einfacher als die Arztfrage, da Sie die Qualität einer Anwaltskanzlei in der Regel nach der Qualität ihrer Mandanten beurteilen können, und es ist wesentlich leichter, die Namen der Mandanten einer Anwaltskanzlei herauszufinden als die der Patienten eines Arztes.

Für die Vereinigten Staaten veröffentlicht Martindale & Hubbell ein Handbuch, in dem die führenden Anwaltskanzleien mit den Namen ihrer größten und renommiertesten Mandanten aufgeführt sind. Das Buch ist in jeder Bibliothek zu finden. Wenn es in der Stadt große, bedeutende Unternehmen gibt, sind die Anwaltskanzleien, die für sie tätig sind, meist recht kompetent auf allen obengenannten Gebieten. Häufig kümmern sich diese Kanzleien nicht nur um die Belange des Unternehmens, sondern auch um die seiner Führungskräfte. (Die manchmal wundersamerweise wesentlich niedrigere Gebührensätze als üblich zahlen, wenn sie die Kanzlei für persönliche Belange bemühen. Könnte das vielleicht etwas damit zu tun haben, wem sie die Aufträge des Unternehmens zukommen lassen?) Da die Mandanten dieser Kanzleien, soweit es sich um natürliche Personen handelt, im allgemeinen kluge, reiche und weltgewandte Menschen sind, die ein kompliziertes Leben führen, sind die Anwälte dieser Kanzleien ebenfalls hochkarätige Profis. Das heißt jedoch nicht, daß Sie zu der gleichen Kanzlei gehen sollten, die auch für Ihre Firma arbeitet.

Ganz im Gegenteil: Gehen Sie *nicht* zur gleichen Kanzlei wie Ihr Arbeitgeber. Aber habe ich denn nicht gerade gesagt, daß die Top-Manager der meisten Firmen das tun? Ja. Und es ist ein Fehler. Es bietet ein allzu großes Potential für Interessenkonflikte. Es könnte zuviel über Ihre persönlichen Angelegenheiten im Büro durchsickern.

Haben Anwälte denn keine Schweigepflicht? O doch, ebenso wie Ärzte, Priester, Zeitungen. Aber Menschen sind eben Menschen. Manches rutscht ihnen heraus.

Suchen Sie sich Ihren persönlichen Anwalt anderswo. Eine andere große Kanzlei, die renommierte Firmen zu ihren Mandanten zählt, ist für die meisten Zwecke ebenso gut. Allerdings sollten Sie sich in Scheidungs- und Strafsachen nicht an sie wenden. Auf diesen Gebieten sind solche Kanzleien meist am schwächsten. Hier sollten Sie Spezialisten bemühen.

Steuerberater und Wirtschaftsprüfer

Machen wir es zur Abwechslung einmal einfach. In den Vereinigten Staaten können Sie gar nichts falsch machen, wenn Sie sich an eine der sechs großen Firmen wenden: Arthur Andersen, Deloitte & Touche, KPMG Peat Marwick, Price Waterhouse, Coopers & Lybrand, Ernst & Young. Diese Firmen arbeiten für die größten Unternehmen des Landes und übernehmen auch Einzelklienten. Sie stellen ausschließlich die besten und versiertesten Mitarbeiter ein.

Da Steuerberater und Wirtschaftsprüfer Zugang zu den sensibelsten Finanzgeheimnissen ihrer Klienten haben und häufig auch als Unternehmensberater tätig werden, sind sie in der einzigartig guten Lage, das Vertrauen ihrer Klienten zu ihrem eigenen Vorteil zu nutzen.

Zur Warnung eine Geschichte, über die *Smart Money* kürzlich berichtete.

Eine Gruppe – verflixt: ein Beziehungsnetz – älterer, wohlhabender Geschäftsleute saß zusammen in einem Country Club in Long Island. Man kann sie wohl nicht gerade als naiv bezeichnen. Sie luden sich gegenseitig nach Hause ein; besuchten gegenseitig die Familienfeiern; besorgten ihren Kindern gegenseitig Jobs; und investierten ihr Geld allesamt beim Kopf der Gruppe, Sid Schwartz.

Um es kurz zu machen, Sid und sein Bruder Stuart Schwartz sollen angeblich 3,6 Millionen Dollar unterschlagen haben, und zwar von Ärzten, Zahnärzten, Managern eines Bekleidungshauses, Filmemachern und sogar, wer würde es glauben, von einem Steuerberater. (Die Schwartz-Brüder waren keine Steuerberater.)

Wenn es solchen Leuten passieren kann, kann es auch Ihnen passieren. Erkundigungen über die beiden einzuziehen hätte in diesem Fall nichts genützt. Sie waren angesehene Bürger. Die folgenden Warnsignale gelten für alle Investitionen, die man Ihnen anbietet:

① Ungewöhnlich hohe Renditen, die über dem Marktüblichen liegen. Die Brüder Schwartz versprachen ihren Klienten gewöhnlich jährliche Renditen von 14 bis 16 Prozent.

② Obskure Investitionsformen oder solche, die Sie nicht verstehen und/oder die man Ihnen nicht umfassend offenlegt oder erklärt. Zu den Geschäften, die die Brüder Schwartz anboten, gehörten »Überbrückungskredite« und »Pfandbriefe des Staates Pakistan« (Paki bonds).

③ Ein Geschäft, das nicht jedermann, sondern nur »speziellen Freunden« offensteht und kurz entschlossenes Handeln verlangt, um außergewöhnliche Umstände zu nutzen; so gaben die Brüder Schwartz vor, ein anderer Klient von ihnen sei in Geldnöten und bereit, exorbitante Zinsen zu zahlen.

④ Jede Art von Interessenkonflikt. Bei den Angeboten der Brüder Schwartz lag die Kontrolle über Unterlagen und die Renditen der Investitionen ausschließlich bei ihnen. Das gilt auch als Warnsignal für alle Geschäfte, bei denen der

Anlageberater eine Provision in nicht genannter Höhe oder über dem marktüblichen Satz erhält. Das große Geld zahlt ihnen niemand, wenn sie sichere Anlagen verkaufen.

⑤ Lassen Sie sich alles schriftlich geben. Jedes Angebot, jede Versprechung, jede Geschäftsbedingung, alle Fristen. Wenn Sie es nicht schriftlich bekommen, machen Sie es nicht, ganz gleich, wie lukrativ es klingen mag und wie hieb- und stichfest das mündliche Angebot sein mag.

⑥ Lassen Sie das Angebot von Ihrem Anwalt prüfen, bevor Sie sich darauf einlassen. Lassen Sie nicht nur die Vertragsbedingungen, sondern auch die Beteiligten von Ihrem Anwalt überprüfen. Prüfen Sie:
- Kreditrahmen
- Leumund
- Pfandrechte
- Strafregister

In manch einem 2000-Dollar-Anzug steckt ein Mensch, der zwei Jahre wegen Postbetrugs hinter Gittern verbracht hat. Ohne Bewährung.

Ärzte. Anwälte. Steuerberater. Schwierige Entscheidungen, aber wichtige. Lassen Sie sich nicht entmutigen. Machen Sie sich die Mühe.

Billig dürfte wohl keiner von ihnen sein. Aber was soll's. Manchmal erweist sich ein hoher Preis als niedrig.

Es mag durchaus sein, daß sie nicht unbedingt charmant oder leicht zugänglich sind, und sie möchten vielleicht auch nicht unbedingt mit Ihnen ins Geschäft kommen.

Na und? Diesmal geht es um rein berufliche Talente, die Sie engagieren, nicht um Beziehungen zu Kunden.

Wenn Sie neu am Ort sind, sollten Sie anfangen, sich diese Freunde zu suchen, sobald Sie ankommen. Fragen Sie Ihre Freunde, Bekannten und Kollegen, die für sich nur das Beste an Dienstleistungen, Beratung und Qualität gelten lassen, und stellen Sie fest, zu wem sie und ihre Freunde gehen.

Mackays Maxime
Ein schlechter Autokauf kann Sie ein paar Mark kosten, aber die Karre läuft ebenso gut, als hätten Sie das Geschäft des Jahrhunderts gemacht. Schlechte Anwälte und schlechte Wirtschaftsberater können Sie die gesamten Ersparnisse Ihres Lebens kosten. Ein schlechter Arzt kann Sie sogar das Leben kosten.

Kapitel 17
Warum die Ziele niedrig stecken?

Ein Rat für Arbeitssuchende: kleiner Fisch, großer Teich. Es gibt einige große Universitäten, die zu Recht im Ruf stehen, sich um die Ihren zu kümmern, weniger bekannt ist dagegen, daß es auch Firmen gibt, die diesen Ruf haben, und zwar sowohl was die Ausbildung angeht als auch was die Möglichkeiten betrifft, Beziehungsnetze aufzubauen – ohne daß es Ihnen zum Nachteil ausgelegt würde, wenn Sie dort zu Beginn Ihrer beruflichen Laufbahn nur kurze Zeit gearbeitet haben. Wenn Sie zum Beispiel eine Stelle in einer Werbeagentur anstreben, ist die beste Referenz nicht das Diplom einer Elite-Universität, sondern der Nachweis, daß Sie die ersten zwei Jahre nach der Schule bei Procter & Gamble gearbeitet haben, weil Sie dort lernen, wie man es macht.

Sie wollen ein Marketing-Genie werden? Einige Zeit bei PepsiCo oder einer ihrer Tochtergesellschaften – KFC, Pizza-Hut, Taco Bell, Frito-Lay, um nur einige zu nennen – zu arbeiten wird Eindruck machen.

Als Jurist erzielt man die gleiche Wirkung, wenn man als Referendar bei einem Richter am Appellationsgericht oder für den Distriktstaatsanwalt von Manhattan gearbeitet hat. Als Wirtschaftsprüfer sind es Erfahrungen, die man bei einer der sechs größten Firmen auf diesem Gebiet gemacht hat, vor allem eine Ausbildung bei Arthur Andersen.

Im Wirtschaftsmanagement gilt das gleiche für eine Tätigkeit bei der Consulting-Firma McKinsey & Co. So muß man sich nicht wundern, daß der Ehemaligen-Club von McKinsey, dem unter anderem Harvey Golub von American Express, Phil Purcell von Dean Witter, Lou Gerstner von IBM und Tom Peters angehören, ein Beziehungsnetz von Management-Assen ist, die sich als exzellente Unternehmensberater einen Namen gemacht haben.

All diese Firmen haben eines gemeinsam: Sie stehen für Unternehmen, in denen die Besten und Intelligentesten ihre Karriere begonnen haben – und gerade lange genug geblieben sind, um Kontakte zu knüpfen, die ein Leben lang halten. Denn ganz gleich, wie stark eine Rakete sein mag, sie ist immer nur so gut wie ihre Startrampe.

> *Es gibt unweigerlich immer eine Gruppe Ehemaliger.*

Sie mögen zwar nicht in Wharton studiert haben, im Dream Team in Barcelona oder Atlanta gespielt haben oder für McKinsey gearbeitet haben. Doch fast jeder, der die Dreißig erreicht hat, gehört mittlerweile drei bis vier »Ehemaligen-Clubs« an. Erinnern Sie sich an das Bürgerprojekt, bei dem Sie vor zwei Jahren Kassenwart waren? Damit sind Sie Gründungsmitglied des Ehemaligen-Clubs vom Projekt für den Bau des Oak-Street-Gemeindezentrums. Und wie ist es mit der Theatergruppe, die im vergangenen Jahr »State Fair« aufgeführt hat? Oder der kleinen Gruppe hochmotivierter leitender Angestellter, die geholfen haben, eine angeschlagene Software-Firma vor dem Ruin zu bewahren? Oder der Gruppe, die bei einem besonders schwierigen Jahresabschluß geholfen hat?
Sie sind nicht alle gleichermaßen nützlich, aber die Gelegenheit, einem Ehemaligen-Club anzugehören, besteht überall im Anschluß an eine außergewöhnliche Zusammenarbeit. Das Manhattan-Projekt, das die erste Atombombe entwickelte, hatte einen Ehemaligen-Club. Ebenso die Ingenieure in Silicon Valley, die neue Computer bauen. Und auch die Beteiligten an Watergate.

> **Mackays Maxime**
> *Wie Sie anfangen, kann darüber entscheiden, wo Sie enden. Und Sie können gar nicht zu früh anfangen. Denken Sie gut darüber nach, wo Sie (Ihr Kind oder Ihr Enkel) in diesem Sommer arbeiten sollten.*

Kapitel 18
Das Beziehungsnetz sind wir

Gut, Sie sind jung. Sie haben Ihre erste Arbeitsstelle. Ihr Beziehungsnetz ist noch ein bißchen dünn. Vor einem halben Jahr sind Sie in das Softball-Team der Firma eingetreten und sind immer noch nicht Vizepräsident. Das ist in Ordnung. Denken Sie daran, in Ihren zwanziger Jahren lernen Sie, in den dreißigern ernten Sie die Früchte.

Wenn Sie anfangen, sich ein Beziehungsnetz aufzubauen, sollten Sie – mindestens – folgende vier Dinge beachten:

① Nehmen Sie an jeder Veranstaltung Ihres Berufs- oder Industrieverbandes teil, die Sie finden können: Essen, Preisverleihungen, Jahresversammlungen, Wohltätigkeitsveranstaltungen, was auch immer. Sie bieten hervorragende Gelegenheiten, Ihren Werdegang zu gestalten und Kontakte zu knüpfen. Dort lernen Sie Menschen kennen, die für Ihre Konkurrenz arbeiten – Ihnen also höchstwahrscheinlich Ihre nächste Stelle geben werden. Es empfiehlt sich, solche Leute kennenzulernen, finden Sie nicht?

> *Legen Sie ab und zu einen Boxenstopp in der Stammkneipe ein, in der Leute Ihrer Branche verkehren. Heutzutage mögen das durchaus auch Restaurants sein, die Vollwertkost servieren, statt herkömmlicher Lokale. Aber was es auch sei, Sie können sicher sein, daß dort viel Branchenklatsch kursiert und viele Freundschaften und Schutzgemeinschaften entstehen. Mit anderen Worten, sie bieten glänzende Möglichkeiten, Beziehungen zu knüpfen.*

② Besuchen Sie die Fachmessen und Tagungen Ihrer Branche. Auf diese Weise können Sie Ihr Beziehungsnetz landes-

weit ausdehnen und mit Menschen aus weit entfernten Orten Kontakte knüpfen, die ein Leben lang halten mögen,
und wenn Sie an Seminaren und Workshops teilnehmen,
kommen Sie mit vielen guten Ideen zurück.

③ Gehen Sie wieder zur Schule. Besuchen Sie Kurse. Bilden
Sie sich weiter. Brauchen Sie eine gute Empfehlung für eine
neue Stelle? Ihr Hochschulprofessor aus der Zeit vor fünf
Jahren erinnert sich wahrscheinlich nicht einmal mehr an
Ihren Namen. Wenn Sie aber derzeit wieder eingeschrieben
sind, verfügen Sie über einen aktuellen Kontakt zu einem
Dozenten, der Ihren Fleiß, Ehrgeiz und Wissensdurst loben
kann. Sie haben Ihr Beziehungsnetz aufgewertet.

④ Suchen Sie sich eine Organisation aus, irgendeine, und werden Sie aktiv. Es muß nicht United Way, die Hilfe für Herz-
kranke oder die Krebshilfe sein. Sie brauchen nicht Mutter
Teresa zu werden oder Ihre gesamte Freizeit damit zu verbringen, Blinden vorzulesen. Es wäre schön, wenn wir alle
soviel Gemeinsinn besäßen, aber das ist nicht so. Also suchen Sie sich aus, was Sie möchten, obwohl es schon erstre-
benswert wäre, wenn man es als soziales Engagement einstufen könnte.

Treten Sie einem Club von Briefmarkensammlern bei. Treten Sie einem Verein zur Gesundheitsfürsorge bei. Engagieren Sie sich in einer politischen Kampagne. Engagieren Sie
sich *irgendwo*. Lernen Sie Menschen kennen. Bauen Sie Ihr
Beziehungsnetz auf.

Mackays Maxime
Beziehungsnetze mögen zwar nicht ausschließlich für Mit-
glieder bestimmt sein, aber sie sind mit Sicherheit in erster
Linie für Mitglieder da.

SCHRITT VIER

Bringen Sie Schwung in die Sache

Kapitel 19

Der beste Ausgangspunkt

Jede Organisation besitzt gewisse Schlüsselpositionen, die Sie mit allen Mächtigen Ihrer Umgebung in Berührung bringen. Diese Positionen sind mit einer ebenso großen Macht ausgestattet wie die der Führungskräfte, stehen im Gegensatz zu diesen aber auch Neulingen offen.

Hier gilt eine einfache Regel: Unterschätzen Sie die Möglichkeiten nicht, selbst gut voranzukommen, indem Sie Gutes tun. Freiwillige oder ehrenamtliche Tätigkeiten sind der einfachste Weg, Ihr Beziehungsnetz um neue Gesichter zu erweitern, und sie verleihen zudem ein gutes Gefühl.

Ich möchte Ihnen von einem Ehrenamt erzählen, das ich als Gelegenheit genutzt habe, Kontakte zu knüpfen.

Vor vielen Jahren rief mich der Vorsitzende einer unserer örtlichen Kunstinstitutionen an. Er fragte mich, ob ich Interesse hätte, drei Jahre lang im Verwaltungsrat der Einrichtung tätig zu werden.

Er wußte, daß ich keine Ahnung von Kunst hatte, und mir war klar, daß er es wußte. Meine Referenzen waren in erster Linie die eines übereifrigen jungen Geschäftsmanns.

Ich fühlte mich geschmeichelt. Und zögerte. Wie ich annahm, erwartete man von mir, daß ich aktiv im Verwaltungsrat mitarbeitete und nicht nur meinen Namen für den Briefkopf hergab. Das bedeutete, ich mußte mit anpacken, drücken konnte ich mich dann nicht mehr.

Um Zeit zu gewinnen, stellte ich Fragen.

Er antwortete höflich. Offenbar war er leicht überrascht, daß ich nicht sofort durch die Telefonleitung kroch, um die Ernennungsurkunde zu unterschreiben.

»Kann ich ein paar Tage Bedenkzeit haben?«

Widerwillig bejahte er. Er bereute schon, mich gefragt zu haben.

Als ich ihn zurückrief, sagte ich: »Es wäre mir eine Ehre, in Ihrem Verwaltungsrat mitzuarbeiten, aber bevor ich annehme, möchte ich gern noch ein paar Fragen stellen.«

»Selbstverständlich.« (Lag da eine Spur Sarkasmus in seinem Ton?)

»Wie viele Mitglieder hat Ihr Nominierungsausschuß?«

»Warten Sie, vier, glaube ich. Den Vorsitzenden und drei weitere.«

»Wie oft tagen Sie?«

»Zweimal im Jahr.«

»Hören Sie, ich weiß, daß Sie mich nicht wegen meines Kunstverstandes oder meiner Vorfahren von der ›Mayflower‹ um meine Mitarbeit bitten. Ich hoffe, Sie tun es, um eine breitere Unterstützung in der Stadt zu finden.«

»Das ist tatsächlich so, ja. Etwas in der Art.«

»Also, es gibt ein Gremium, und nur ein einziges, in dem ich das leisten kann. Und das ist der Nominierungsausschuß.«

»Ich verstehe nicht recht. Weshalb?«

»Weil der Nominierungsausschuß den Pulsschlag der Organisation kontrolliert. Ich nehme an, Ihr Nominierungssausschuß entscheidet über die Zahl der Verwaltungsratsmitglieder, die Zusammensetzung, die Bandbreite, die Auswahl der Mitglieder und vor allem über die Auswahl des Vorstands, der Direktoren und Führungskräfte – wie Sie.«

»Ich verstehe, worauf Sie hinauswollen, und sehe nichts, was dagegen spräche.«

Ich nahm an. Ich hatte schon genug verlangt. Aber es gab noch viel mehr, was ich ungesagt ließ.

Nachdem ich dem Verwaltungsrat beigetreten war, kamen wir monatlich zusammen, nicht mehr halbjährlich. Damals zogen ständig hochrangige Führungskräfte neu in unseren Bundesstaat. Ob es uns gefiel oder nicht, wir mußten mit anderen Wohltätigkeitsorganisationen und sozialen und kulturellen Einrichtungen um deren Mitarbeit wetteifern. Indem wir monatlich zusammenkamen, waren wir der Konkurrenz einen Schritt voraus, wenn ein neuer Top-Manager zu General Mills, 3M oder Pillsbury in die Stadt kam. So konnten wir uns viele

Führungskräfte großer Firmen für unseren Verwaltungsrat angeln.

Ich sorgte auch mit dafür, daß der Nominierungsausschuß von vier auf zehn Mitglieder erweitert wurde. Auch das war Bestandteil der Je-mehr-desto-besser-Strategie. Größere Bandbreite bedeutete mehr Menschen, die ein Interesse an unseren Entscheidungen hatten.

Ich bin stolz, sagen zu können, daß diese Veränderungen wesentlich dazu beigetragen haben, sowohl die Besucherzahlen als auch unsere Finanzmittel erheblich auszuweiten.

Dann kam der glückliche Zufall.

> *Als ich den Posten übernahm, war es mir zwar nicht klar, aber der Nominierungsausschuß stellte das beste Sprungbrett für den Ausbau meines Beziehungsnetzes dar, das ich je hatte.*

Jedesmal wenn unserem Ausschuß ein Name vorgelegt wurde, den wir zur Aufnahme in den Verwaltungsrat oder als Direktor oder Mitarbeiter in Betracht ziehen sollten, überprüften wir ihn.

Am Ende unserer Diskussion wußten wir mehr über die Kandidaten, als ich über viele Menschen, die ich ein Leben lang kenne, je erfahren werde. Wir kannten ihre Interessen, Herkunft, Freunde, Partner, berufliche Reputation, Mitgliedschaft in Organisationen, Einkommen, Spendenfreudigkeit, Arbeitskapazität, Hobbys, heikle Punkte.

Diese Sitzungen erbrachten mehr Informationen als die Sicherheitsüberprüfung des FBI für ein Regierungsamt.

Und jeder der Kandidaten gehörte per definitionem zu den Lokalhonoratioren.

Niemand brauchte mir zu sagen, was ich als nächstes zu tun hatte. Die Namen wanderten mitsamt den Informationen in meine Adreßkartei. Ich war gerüstet.

Wenn ich sie kennenlernte, wußte ich im voraus, wo unsere gemeinsamen Interessen lagen, worüber wir uns unterhalten konnten, worüber nicht – die Grundsteine, auf denen sich eine Beziehung aufbauen läßt.

Und das alles erwuchs aus der Tatsache, daß ich in etwas hineingestolpert war, das allem Anschein nach nichts weiter als eine obskure Bürokratie war, sich aber in Wirklichkeit als zugkräftigster Motor der Beziehungspflege erwies, den ich je gesehen habe.

Und die Moral? Sie brauchen kein Harvard-Diplom – manchmal auch als Mitgliedsausweis der Yuppie-Gewerkschaft bezeichnet –, um ein Netzwerk zu finden, das Ihnen Zugang zu wichtigen Leuten bietet. Der Nominierungsausschuß fast jeder sozialen oder kulturellen Organisation ist ein »Sesam, öffne dich!« zur Führungsschicht Ihrer Stadt.

> **Mackays Maxime**
> *Streben Sie ein Ehrenamt an, das Ihnen Gelegenheit gibt, zu zeigen, daß Sie etwas zu bieten haben, und stellen Sie fest, was man Ihnen zu bieten hat: Kontakte, eine exponierte Stellung, Erfahrung. Es ist alles da – gegen ein bißchen Arbeitsaufwand.*

Kapitel 20

Muhammad Ali erzählt: Wie ich lernte, meine Beziehungen auszubauen

Einleitung

Die Welt ist voller Exathleten, Exfilmstars und Expolitiker, die ihren Augenblick des Ruhms hatten und mittlerweile in Vergessenheit geraten sind.

Muhammad Ali gehört zu jener Handvoll Exstars, deren Berühmtheit sich nicht nur gehalten hat, sondern im Laufe der Jahre noch gewachsen ist.

1996 hielt er die Fackel, mit der das Olympische Feuer entzündet wurde. Und an dem Abend, als Präsident Clinton erneut zum Präsidentschaftskandidaten nominiert wurde, saß Muhammad Ali neben ihm und seiner Familie.

Und doch ist es schon über fünfzehn Jahre her, seit er zum letzten Mal in den Ring stieg.

Heute leidet er an der Parkinsonschen Krankheit, die sehr an seinen Kräften zehrt.

Dennoch hält er Kontakt zur Öffentlichkeit, die ihn zwar selten zu Gesicht bekommt, ihn aber immer noch bewundert. Wie schafft er das?

Am 2. Dezember 1975 sendete CBS-TV einen Bericht über einen Sozialdienst für ältere behinderte Menschen, der aus Geldmangel die Arbeit einstellen sollte. Am nächsten Tag tauchte ein Mann mit einem Scheck über 50 000 Dollar und einer Bürgschaft über weitere 50 000 Dollar auf. Er stand offensichtlich in keinerlei Verbindung zu der Einrichtung, sagte aber laut *New York Times* (3. Dezember 1975): *»Ich habe eine Schwäche für alte Menschen, vor allem für Behinderte. Vielleicht bin ich ja eines Tages selbst behindert.«*

Zehn Tage später erschien in der *New York Times* folgender Leserbrief:

Das Senior Citizen Center for the Physically Handicapped, 37 Hillside Avenue, Washington Heights, unter den Auspizien von Self Help (gegründet von Juden aus Deutschland), wird vorwiegend von Juden in Anspruch genommen. Wenn es geschlossen würde, hätten 54 Menschen keinen Ort mehr, an den sie gehen könnten, und wären ihrer Einsamkeit ausgesetzt. Wie durch ein Wunder wurde dieses Zentrum völlig unerwartet gerettet, und zwar weder von der U.J.A. Federation of Jewish Philanthropies noch von einer anderen jüdischen Organisation oder von wohlhabenden Juden, sondern von dem Schwergewichtsmeister Muhammad Ali, »The Greatest«. In seinem großen, gutaussehenden Körper schlägt ein großes, weiches Herz, das offenkundig in seiner Barmherzigkeit keine Diskriminierung kennt. Ali mußte diese Einrichtung weder retten, um Wählerstimmen oder Ruhm zu ernten, noch ist er auf die Gunst von Juden angewiesen. Und zu steuerlichen Zwecken kann er unter seinen schwarzen Brüdern sicher genügend Möglichkeiten zur Wohltätigkeit finden. Vielleicht möchte Ali schlicht Gutes tun. Vielleicht möchte er die großzügigen Zuwendungen vergelten, die jüdische Organisationen zu Projekten schwarzer Bürger geleistet haben.

Ali demonstriert, daß Minderheiten sich gegenseitig helfen sollten, daß wir einander brauchen. Ali ist ein wahrer Philanthrop.

Charlotte Wahle
New York

Als Muhammads Frau Lonnie mit mir einen Gesprächstermin mit ihm vereinbarte, lud sie mich in ihr Haus in Berrien Springs ein, einer winzigen Ortschaft in Michigan. Ich flog nach South Bend und mietete dort einen Wagen mit Fahrer für die lange Fahrt zu Alis Haus.

Was Lonnie am Telefon als »Zufluchtsort« bezeichnet hatte, erwies sich als 35 Hektar großes Grundstück in herrlicher Landschaft. Allein die Blumen hätten ausgereicht, alle Hochzeiten in Michigan zu schmücken.

Howard Bingham, seit dreißig Jahren ein enger Freund Muhammads, begrüßte mich. Er ist ein talentierter Fotograf, der einige der größten Augenblicke Muhammads festgehalten hat. Bingham führte mich in das Büro des Champions.

Muhammad stand von seinem Schreibtisch auf, um mir die Hand zu reichen.

»Hi«, flüsterte er. »Ich bin Joe Frazier.«

Das war der Auftakt zu einem sechsstündigen Gespräch, das eine reine Freude war – und ein Seminar in Beziehungspflege. Muhammad Ali versteht sein Fach immer noch, aber heute ist er ein Schauspieler, kein Athlet mehr.

Als privilegiertem Zuschauer bot er mir eine komplette Zaubervorstellung mit Taschenspielertricks, verschwindenden Münzen und Taschentüchern und optischen Illusionen.

Das war nichts Neues. Muhammad macht solche Zaubertricks seit Jahren. Und er macht sie gut.

»Schauen Sie auf meine Füße«, sagte er. Dann ging er drei Schritte zurück, kehrte mir den Rücken zu und erweckte den Anschein, als schwebe er eine Handbreit über dem Boden.

Muhammad mag zwar im Ring nicht mehr schweben wie ein Schmetterling, doch heute tut er es als Zauberer.

Einmal ein Showkünstler, immer ein Showkünstler. Nur die Bühne ist eine andere.

Noch immer besitzt er dieses Tausend-Megawatt-Strahlen, diesen Ich-habe-mehr-Spaß-als-jeder-andere-Blick und das umwerfend gute Aussehen, das ihn in seinem brutalen Gewerbe einmalig machte.

Darüber hinaus besitzt er noch etwas: eine angeborene Freundlichkeit.

Die Parkinsonsche Krankheit, an der er leidet, hat ihn weder verbittert noch seinen Geist in Mitleidenschaft gezogen. Einen Großteil des Tages verbringt er damit, die umfangreiche Fanpost zu beantworten und Fotos, Bücher und Boxhandschuhe für Wohltätigkeitsveranstaltungen auf der ganzen Welt zu signieren. Es ist durchaus nicht ungewöhnlich, daß solche Artikel zu Preisen bis zu 5000 Dollar versteigert werden.

Während er sich durch einen Stapel Post arbeitete, sorgsam jeden Brief las und jede Anfrage beantwortete, saß ich bei ihm und unterhielt mich mit ihm. Drei Stunden flogen dahin. Dann war es Zeit zum Mittagessen.

Muhammad hatte seinen weltweiten Bekanntenkreis um ein dauerhaftes Mitglied erweitert.

Bevor wir uns in meinen Wagen zwängten, machte Muhammad sich mit meinem Fahrer bekannt, der sich als Francis vorstellte. Dreißig Meilen weiter hielten wir vor einem Restaurant. Als wir ausstiegen, flüsterte Muhammad mir zu: »Sagen Sie Francis, er soll mit uns essen.«

Eines steht fest: Als Francis morgens aufstand und sah, daß in seinem Auftragsbuch eine Routinefahrt für einen Briefumschlaghändler aus Minnesota stand, hätte er sich niemals träumen lassen, von Muhammad Ali zum Mittagessen eingeladen zu werden.

Und damit beschäftigt sich Muhammad Ali tagtäglich von morgens bis abends:

- Er empfängt Besucher und unterhält sie nicht mit Geschichten aus der Vergangenheit, sondern mit neuen Talenten.
- Er belohnt seine Fans – nicht mit einer Abfuhr, wie es so viele Sportler heute tun, sondern indem er ihre Briefe mit echtem Vergnügen beantwortet.
- Er behandelt jeden mit Respekt und Rücksichtnahme – nicht nur hohe Tiere.
- Er ist über das erwartete Maß hinaus großzügig gegen Menschen anderer Hautfarbe und Religion.
- Er geht mit seinen körperlichen Grenzen gut gelaunt und optimistisch um – nicht verbittert und voller Selbstmitleid.

1975 fragte der Reporter der *New York Times* Muhammad, warum er dem Altenzentrum Geld gespendet habe. Ali antwortete: »Anderen zu dienen ist die Miete, die ich für mein Zimmer hier auf Erden bezahle.«

Diese Miete hat er mehr als bezahlt.

Muhammad Ali ist immer noch »The Greatest«.

Muhammad Ali erzählt

In der Anfangszeit meiner Profikarriere war ich in Las Vegas, um gegen Duke Sabelong zu kämpfen, einen großen, schweren, zähen Hawaiianer. Auch Gorgeous George, der Wrestler, war zu einem Kampf in der Stadt.

Ein paar Tage vor dem Kampf waren Gorgeous George und ich gemeinsam Gast in einer Rundfunksendung. Sie fragten mich, wie ich meine Chancen bei dem Kampf einschätzte. Ich war sicher, daß ich gewinnen würde, und sagte das auch, aber ich drückte es etwa so aus: »Ich kann diesen Mann besiegen.« Etwas in dieser Art. Nicht zu bombastisch. Ziemlich das Übliche.

Dann fragten sie Gorgeous George nach seinem Kampf. Er riß dem Moderator praktisch das Mikrophon aus der Hand. Er bezeichnete sich als den größten Wrestler der Welt.

Dann schrie er, er würde den Gegner auseinandernehmen, Knochen für Knochen.

Er würde ihn umbringen, und wenn der Gegner ihn doch besiegen sollte, würde er sich sein schönes blondes Haar abschneiden.

Im stillen dachte ich mir: »Mann, das wird ein Kampf. Den sehe ich mir bestimmt an.« Und das tat ich auch. Die Halle war voll besetzt. Tausende Menschen. Tausende Menschen, die dafür bezahlt hatten, diesen Wrestling-Kampf zu sehen.

Das war mir eine Lehre. Bis dahin war ich zwar auch nicht gerade schüchtern gewesen, wenn ich über mich gesprochen hatte, aber von da an sprach ich wesentlich mehr über mich. Ich begriff, daß ich mehr tun mußte, als nur zu boxen. Ich mußte die Menschen dazu bewegen, daß sie meinen Kampf mit ansehen wollten. Ich mußte dafür sorgen, daß es sie interessierte, was passieren würde. Dann würden sie mit ihren Freunden darüber reden und die wiederum mit ihren Freunden, und die Spannung würde wachsen. Heutzutage nennt man das Public Relations oder Öffentlichkeitsarbeit.

Ich habe es einfach Reden genannt. Sorge dafür, daß genug Leute über dich reden, und du hast ein Publikum.
Das habe ich gelernt. Ich lernte, mir ein Netz von Veranstaltern, Sponsoren und wichtigen Medien- und Showleuten aufzubauen.

> *Wenn man ein Beziehungsnetz aufbaut, muß man darauf achten, was die Leute wollen. Ich habe immer schnell gelernt.*

Lassen Sie mich anhand einer anderen Geschichte erklären, was ich meine.
Kurz nachdem ich Profisportler geworden war, machte die Zeitschrift *Sports Illustrated* eine Reportage über mich und schickte mir einen freischaffenden Fotografen, der Fotos machen sollte.
Ich kam mit ihm ins Gespräch und fragte ihn, für wen er sonst noch arbeite. Er antwortete: für *Life*. Damals die größte Zeitschrift des Landes.
Natürlich hätte ich gern etwas über mich in *Life* gelesen, aber der Fotograf meinte, da hätte ich keine Chance. Aber ich wußte, daß ich für meine Chance schon sorgen würde, wenn ich es nur schaffen könnte, mich aus der Menge abzuheben und etwas Denkwürdiges zu tun.
Ich ließ ein Weilchen verstreichen und fragte ihn dann, welche Art Fotos er mache. Alles mögliche, antwortete er, aber seine Spezialität sei die Unterwasserfotografie.
Also erklärte ich ihm: »Ich bin der einzige Boxer der Welt, der unter Wasser trainiert. Es ist, als trüge man beim Lauftraining schwere Schuhe, so daß die Füße sich leichter und schneller anfühlen, wenn man seine anderen Schuhe anzieht. Wenn man unter Wasser ein Schlagtraining macht, werden die Hände durch den starken Widerstand schneller. Deshalb bin ich der schnellste Boxer der Welt im Schwergewicht.«

Also, er war wirklich interessiert, und ich sagte ihm, ich würde *Life* ein Exklusivinterview geben, wenn sie eine Reportage darüber machen wollten.

Natürlich wollten sie. So stieg ich also bis zum Hals in den Swimmingpool, machte unter Wasser ein paar Schläge, und er machte viele Fotos.

Es war schon eine ungewöhnliche Erfahrung, weil ich überhaupt nicht schwimmen konnte und noch nie in meinem Leben einen Schlag unter Wasser ausgeführt hatte, aber sie nahmen die Sache sehr ernst und brachten eine große Reportage darüber in *Life*.

Wie gesagt, ich lerne schnell, und ich passe auf. Ich habe zugehört und erfahren, was die Leute wollten, und habe mir meine eigenen Beziehungen aufgebaut.

Mackays Maxime
Lernen Sie von Ali. Der Dienst an anderen ist die Miete, die jeder von uns für sein Zimmer hier auf Erden zahlen sollte.

Kapitel 21

Arbeiten Sie *an* Ihren Beziehungen, dann arbeiten Ihre Beziehungen *für* Sie!

Adreßkartei zur Kontaktpflege: Teil I

(Karteikarte, Vorderseite)

Name: _____

Telefonnummer (privat) _____ (Büro) _____

Fax/E-Mail/Internet: _____

Titel: _____

Firma: _____

_____

Adresse: _____

Geburtsdatum und -ort: _____

Verbindungen: _____

_____

Familie: _____

(Rückseite)

Schulischer Werdegang: _____

Mitgliedschaften: _____

Besondere Interessen: _____

_____

Beruflicher Werdegang: _____

_____

Besondere Leistungen: _____

_____

Besonderheiten: _____

Wenn Sie in Ihrem Hirn nicht gerade ein Gigabyte Speicherkapazität verfügbar haben und Informationen bei Bedarf von dort abrufen können, müssen Sie sich alles aufschreiben. Verblaßte Tinte ist besser als das beste Gedächtnis. Ich notiere mir die verschiedenen entscheidenden, lebenswichtigen Informationen über Menschen, die ich kennenlerne, immer auf Karteikarten. Dort finden sie in knappen Formulierungen ihren Niederschlag wie »ehemaliger Notre-Dame-Student«, »kocht gern«, »ißt nie zu Mittag«, »unterstützt das Orchester«, »mag Kinder«, »spendet vorzugsweise an Unicef«, »zweimal geschieden« und so weiter.

All diese Notizen sammeln sich als Berge von Zetteln in meinen Taschen, bis ich sie auf Karteikarten übertrage, die ich vor meinem nächsten Anruf oder Treffen verwenden kann. Es ist viel Arbeit, aber durchaus lohnend, und jeder gute Verkäufer, der heutzutage zu mir kommt, weiß, daß ich keine Hemden mit Monogrammen mag, Warten verabscheue, wöchentlich mit meinem besten Freund Lou Holtz spreche und keine Nüsse esse. Was hat das mit dem Geschäftsabschluß zu tun? So gut wie alles, wenn man es im gegebenen Augenblick einsetzt.

Aber was ist mit Menschen wie mir, die nicht mehr stationär in ihrem Büro sitzen, in dem der Karteikasten steht? Da wir in Autos oder Flugzeugen sitzen, von Hotels aus arbeiten und von zu Hause aus per Computer kommunizieren, brauchen wir heute neue Hilfsmittel.

Die Antwort auf dieses Problem ist natürlich Software. Und es gibt zahlreiche Produkte auf dem Markt, die hilfreich sein können. Vor kurzem berichtete *Business Week* in einem Artikel über drei verschiedene Programme: ACT!, Goldmine und Up-to-Date. Mit allen dreien lassen sich neben Grunddaten wie Name, Dienstrang und Kennummer auch der Reihe nach alle Fax-Mitteilungen und Anrufe verwalten, die Sie mit einem Bekannten führen. Solche Programme können Sie daran erinnern, wann es an der Zeit ist, wieder Kontakt aufzunehmen. Richtig programmiert, kann Goldmine sogar einem potentiellen Kunden nach einem Vertreterbesuch in regelmäßigen Abständen einen Brief, ein Fax oder ein E-Mail zusenden. Up-to-Date verbindet Sie mit dem Internet, wo Sie Informationen und Kontaktlisten austauschen können.

Solche Programme warten nur darauf, Ihr Leben zu revolutionieren. Aber nehmen Sie Ihre mangelnden Computerkenntnisse nicht als Vorwand, die Sache hinauszuzögern. Ich habe schon Teilnehmer des globalen Investment-Pokerspiels erlebt, die ihr gesamtes Versicherungsimperium mit einem kleinen »schwarzen Büchlein« verwalteten, in das sie handgeschriebene Notizen kritzelten.

Was Organisationen angeht, ist das jedoch leichter gesagt als getan. Für sie war und ist die Arbeit im Netzwerk immer ein riesiges Problem des Informationsmanagements. Sicher, Ihr Top-Verkäufer oder Verkaufsleiter mag zwar die Schuhgröße eines jeden Kunden kennen, der je sein Büro betreten hat. Aber was ist mit den anderen Mitarbeitern im Büro, die mit ihm zusammenarbeiten müssen? Da wir nicht über die vulkanischgeistige Verschmelzung aus Star Trek verfügen, fehlt es uns unweigerlich an einer Möglichkeit, Informationen aus dem Kopf eines Menschen bequem in den eines anderen zu übertragen.

Auch hier liegt die Antwort in Bits und Bytes, die den Verkauf als Teamarbeit wesentlich erleichtern. So gibt es auch unterschiedliche Datenbank-Software, die es Firmen ermöglicht, Vertreter und Team-Mitarbeiter an weit entfernten Orten über Laptops mit den Informationen zu versorgen, die sie für ihre Arbeit brauchen.

Ob Sie Ihre Daten von Hand oder per Computer verwalten, das Wichtigste ist, das Konzept umzusetzen. Und da Sie dieses Buch nicht gekauft haben, um zu lesen, daß Sie noch etwas anderes kaufen sollen, fangen wir an und gestalten uns ein eigenes Programm.

Beginnen wir mit den Informationen, die Sie bereits haben. Die erste Karte ist Ihre eigene.

Nehmen Sie Ihre Brieftasche zur Hand.

Holen Sie alle Visitenkarten heraus, die Sie gesammelt haben. Da drin nützen Sie Ihnen nichts, also stapeln Sie sie fein säuberlich vor sich, wir kommen später auf sie zurück.

Dann nehmen Sie alle Mitgliedskarten und legen sie auf eine Seite.

Wir kommen auf sie zurück, sobald wir sie brauchen.

Fangen wir einfach mit Namen und Adressen an. Sie sind zwar

offenkundig, haben aber ihre Tücken. Vergewissern Sie sich, daß Schreibweise und Aussprache korrekt sind. Bei schwierigen Namen notieren Sie beides: Schreibweise/Aussprache, zum Beispiel Bernsteen/Berns-tien.

Außerdem sollten Sie sich Spitznamen oder Kurzformen notieren, die Sie benutzen.

Wenden wir uns zunächst den Eintragungen zu, die auf der Hand liegen.

Ihre Familie. Ihre Verwandten. *Alle* Verwandten. Alle Verwandten Ihrer Frau/Ihres Mannes. Falls Sie verheiratete Kinder haben, alle Namen Ihrer angeheirateten Familie. Sehr bald haben wir es nicht mehr mit einer Familie zu tun, sondern mit einer ganzen Sippe. Selbst wenn Sie nur zehn Namen auf Ihrer Liste haben und jeder davon nur zehn Freunde und Bekannte besitzt, haben Sie schon 100 Menschen in Ihrem Beziehungsnetz.

Stellen wir nun die Liste Ihrer persönlichen Geschäftskontakte zusammen: Ihr Friseur, Steuerberater, Kundenberater der Bank, Einzelhändler, Reinigung, Versicherungsagent.

Falls Sie einem von ihnen Aufträge vermittelt haben, machen Sie ein Häkchen hinter den Namen.

Wer seinen Kopf ein bißchen trainieren möchte, kann seine Kontoauszüge und Kreditkartenabrechnungen des letzten Jahres durchsehen und überschlagen, wieviel Geld er bei jedem einzelnen ausgegeben hat; die Summe notieren Sie neben dem Namen. Vielleicht überrascht es Sie, wie hoch der Betrag ist. Bei manchen könnten Sie durchaus zu den besseren Kunden gehören.

Falls Sie meinen, daß Sie ein besonders guter Kunde sind, machen Sie ein Zeichen neben den betreffenden Namen. Keine Regel verbietet es Ihnen, die Tatsache zu erwähnen, wenn Sie das nächste Mal dort vorbeischauen.

»Ich habe gerade meine Kontoauszüge durchgesehen und festgestellt, daß ich im letzten Jahr über 1500 Dollar bei Ihnen ausgegeben habe. Ich schätze, wir sind wesentlich stärker aufeinander angewiesen, als mir klar war.«

Schon jetzt wird die Liste länger, als Sie gedacht haben,

stimmt's? Hier verbergen sich Potentiale, die nur darauf warten, entdeckt zu werden.

Kommen wir zur Liste der persönlichen Bekannten, also der Freunde, Nachbarn, ehemaligen Schulkameraden, Club- oder Vereinsmitglieder oder Angehörigen der gleichen Kirchengemeinde – also zu allen Bekannten, mit denen Sie nicht beruflich zu tun haben. Vermerken Sie, was Sie mit ihnen verbindet; gibt es mehr als eine Verbindung, machen Sie ein Häkchen neben dem Namen. Mehr als zwei? Machen Sie zwei Häkchen. Ich denke, mittlerweile ist Ihnen klar, worauf die Sache hinausläuft. Sie stellen nicht nur eine Liste zusammen, sondern gliedern sie auch.

Sie haben die gesamte Liste, und Sie haben eine »A-Liste«. Bei jeder größeren Spendenaktion werden mögliche Förderer nach ihrem Spendenpotential eingestuft. Warum? Weil das Spendenaufkommen sich nach der gleichen 80:20-Regel verteilt, die für jedes Unternehmen gilt: 80 Prozent Ihres Umsatzes machen Sie mit den oberen 20 Prozent Ihrer Kunden.

> *Wenn Sie wissen, wer die oberen 20 Prozent Ihrer Kunden sind, haben Sie immer eine gute Vorstellung, wie Sie die Prioritäten Ihrer Zeiteinteilung zu setzen haben.*

Die meistversprechenden Kontakte bilden die »A-Liste«. Je mehr Kontakt Sie mit ihnen haben, je näher Sie ihnen stehen, je mehr Sie mit ihnen zu tun haben, je mehr Sie für sie getan haben, je aktiver und aktueller Ihre Beziehung zu ihnen ist, um so mehr Häkchen machen Sie neben ihren Namen. Je mehr Häkchen, um so wahrscheinlicher ist es, daß sie auf die »A-Liste« Ihrer Beziehungen gehören.

In Computernetzwerken ist heute viel die Rede davon, Netzwerke um Knotenpunkte zu organisieren. Auch menschliche Netzwerke oder Beziehungen haben ihre Knotenpunkte – Menschen, die offenbar die »Schaltstellen« für Rat oder Zugang zu anderen bilden. Stellen Sie fest, wer in Ihrem Bekanntenkreis und den Beziehungsnetzen Ihrer wichtigsten Freunde

und Bekannten die Knotenpunkte sind. Sie gehören unbedingt
auf die »A-Liste«.

Es mag eine Weile dauern, diese Liste zu gliedern, aber es ist
nicht sonderlich schwierig, und wenn Sie gewissenhaft vorgehen, ist es die Mühe wert.

Die letzte Gruppe besteht aus Ihren beruflichen Kontakten.
Da ist natürlich Ihr Chef. Und sein Vorgesetzter.

Haben Sie Untergebene? Nehmen Sie auch sie in die Liste auf.

Kommen wir nun zu Ihren Kollegen. Sie sind noch wichtiger
als Ihr Chef.

Warum? Die folgende Geschichte sollte Ihnen zur Warnung
dienen: Kürzlich berichtete die *New York Times*, daß Stephen
H. Waters, ein Manager von Morgan Stanley, der größten In-
vestmentfirma, zurückgetreten war. Waters hatte seine Vorgesetzten in den acht Jahren, die er bei dem Unternehmen war,
mit einer »glanzvollen Liste von Titeln« geblendet, die er sammelte, während er den rutschigen Pfosten des Erfolgs er-
klomm.

Offenbar hatten seine Kollegen ihn jedoch in einem anderen
Licht gesehen.

Nachdem Waters die europäischen Investment-Bankgeschäf-
te von Morgan Stanley geleitet hatte, kehrte er nach New York
in die Hauptverwaltung zurück. Unmittelbar bevor er seinen
neuen Tätigkeitsbereich übernehmen sollte, erschien in einer
Fachzeitschrift ein Artikel über ihn, in dem folgende Äußerung
von ihm zitiert wurde: Er werde »*die Verantwortung für die In-
vestment-Bankgeschäfte der Firma übernehmen*«. Hoppla? War
für diesen Bereich nicht einer seiner Kollegen zuständig?

Und war Waters nicht vorher schon zu weit gegangen, als er
eine potentielle Neuerwerbung in einer für Morgan Stanley
durchaus unüblichen Weise verunglimpfte, nachdem das Geschäft nicht zustande gekommen war?

Ohne Zeit zu verlieren, zückten seine Kollegen die Messer. Einer erklärte: »Er ignorierte das System und handelte sehr unabhängig.« Ein anderer fügte hinzu: »Vielleicht deckte sich
seine Ansicht darüber, wie seine Aufgaben aussehen, nicht mit
der der Firma.« Wieder ein anderer ließ sich aus: »Das war ab-

solut das Totengeläut für ihn. Die Leute gingen in die Luft. Sie
waren hinter ihm her.«

Abgang für Mr. Waters, der vermutlich ganze Bilanzen auswendig kannte, es aber versäumt hatte, Wert auf das »Wohlwollen« – die Meinung – seiner Kollegen zu legen.

In der Regel besteht unser Beziehungsnetz zu einem Großteil
aus wirtschaftlich, gesellschaftlich, beruflich und persönlich
Gleichgestellten. Gefreite verkehren mit Gefreiten, nicht mit
Generälen. In Hollywood würde man keinen Produzenten in
Gesellschaft eines unbedeutenden Autors finden. Autoren besuchen Autorenpartys und so weiter die ganze Stufenleiter
hinauf und hinunter.

> *Ihre Stellung unter Ihresgleichen ist wohl der genaueste
> Einzelindikator für den Wert Ihres Beziehungsnetzes.*

Eines meiner Lieblingszitate zu diesem Thema stammt von Conrad Hilton, dem Hotelmogul. In *Be my Guest* schrieb er: *»Den Wert
von Kameraden lernte man in der Armee kennen, wo das Leben davon abhing, wie gut hundert Männer ihre Aufgaben erfüllten.«*

In der Armee war man immer nur so gut wie seine Kameraden.
Sobald Sie die Liste der Kontakte in Ihrer Firma fertig haben,
setzen Sie Kunden, Lieferanten, Mitglieder von Berufs- oder
Fachverbänden, denen Sie angehören, und natürlich den Stapel Visitenkarten hinzu, den wir vorher beiseite gelegt haben.

Die nächste Gruppe bilden Ihre Gegner, Konkurrenten und
ehemaligen Freunde.

Die Menschen, über die Sie am meisten wissen müssen, sind
solche, die Ihnen am meisten schaden können und die Ihnen,
wenn die Dinge anders lägen, am meisten nützen könnten.

Gut, die Dinge können sich ständig ändern.

Diese Menschen können einen wertvollen Bestandteil Ihres
Beziehungsnetzes bilden. Sie brauchen Kontakt zu ihnen.

Wer wird Sie einstellen, wenn Sie auf der Straße stehen? Die
besten Chancen haben Sie bei Menschen, die wissen, wie gut
Sie sind, weil Sie sie die ganzen Jahre geschlagen haben.

Ich steckte einmal in zähen Verhandlungen um eine Neuerwerbung. Wir machten das Geschäft, obwohl der Anwalt der anderen Seite das zu verhindern suchte, wo er nur konnte. Beim nächsten Mal engagierte ich den Mann, der mich bei dem letzten Geschäftsabschluß so viele Nerven gekostet hatte.

Und wenn Sie Ihre Liste zusammenstellen, vergessen Sie nicht die ehemaligen Kunden.

Randy war im Verkauf eines führenden Rundfunksenders der Stadt tätig. Sein Hauptkunde war ein Nobelkaufhaus in der Innenstadt, mit dessen Werbeleiter, Glen, er ein gutes Verhältnis hatte. Als der Rundfunksender sein Musikprogramm auf Punkrock umstellte, mußte Glen Randy mitteilen, daß seine Kunden nichts für Tätowierungen und orangefarbige Haare übrig hatten und er daher nicht länger Werbung bei ihm schalten werde.

Natürlich war Randy nicht sonderlich begeistert, seinen besten Kunden zu verlieren, aber er war zu clever, alle Brücken zu ihm abzubrechen. Er blieb mit Glen in Kontakt, obwohl er wußte, daß er ihm nichts verkaufen konnte.

Einige von Randys Kollegen hielten ihn für bescheuert, weiter Werbegeschenke an einen Mann zu schicken, der nie wieder einen Werbespot schalten würde, solange Bankangestellte nicht mit einem Ring durch die Nase zur Arbeit erschienen.

Doch Randy war derjenige, der zuletzt lachte. Glen rief ihn eines Tages an und sagte ihm, daß er bei dem Kaufhaus gekündigt hatte und morgen als Werbeleiter einer großen Brauerei anfinge. Trinken Rocker Bier? Dieser Bursche gehört dir, Randy. Soviel zu den Namen.

Wir haben es zur Hälfte geschafft. Das war doch gar nicht so schwierig.

Mackays (geborgte) Maxime
»Mein Leben lang war ich immer nur so gut wie meine Mitarbeiter, mit ihnen habe ich mein Glück gefunden, mein Vermögen gemacht.«
Conrad Hilton

Kapitel 22

Wir sind nicht bei der Armee – Sie brauchen mehr als Name, Rang und Kennummer

Adreßkartei zur Kontaktpflege: Teil II

Und nun zu den restlichen Informationen, die Sie für die Eintragungen in Ihrer Kontaktkarte brauchen.

Datum

Sie sollten wissen, wann Sie die jeweiligen Eintragungen gemacht haben, damit Sie einschätzen können, wie alt die jeweilige Information ist. Jedesmal wenn Sie die Kartei auf den neuesten Stand bringen, streichen Sie das alte Datum durch und setzen das neue ein.

Wenn Sie die Eintragungen anläßlich einer besonderen Gelegenheit aufgefrischt haben, sollten Sie auch das notieren.

Telefon/Fax/E-Mail/Internet

Die Telefonnummer allein genügt nicht mehr. Ich kenne Führungskräfte, die nie ans Telefon gehen, aber alle On-line-Nachrichten unverzüglich beantworten.

Titel

Halten Sie diesen Punkt für Korrespondenzen auf dem neuesten Stand. Würdigen Sie Beförderungen und berufliche Veränderungen, sobald Sie davon erfahren. Man klopft sich wieder gegenseitig auf die Schulter.

Firma

Da bei jeder Korrespondenz Name/Titel/Firma/Adresse ganz oben stehen, ist das auch das erste, was dem Adressaten ins Auge fällt. Ich wundere mich immer wieder, wieviel Post mit fehlerhafter Anschrift ich bekomme. Nachlässigkeit in diesen

Kleinigkeiten vermittelt einen sehr schlechten ersten Eindruck und verringert die Wirkung des Inhalts Ihrer Mitteilung
erheblich.

Adresse

Halten Sie sie auf dem neuesten Stand. Wenn sich bei einer
Firma die Adresse ändert, bietet ein kurzer »Glückwunsch zu
Ihren neuen Firmenräumen« eine hervorragende Gelegenheit,
in Kontakt zu bleiben; außerdem zeigen Sie damit, wie gut organisiert Sie sind.

Geburtsdatum und -ort

Wir bemühen uns besonders, am Geburtstag unserer Kunden
bei ihnen vorbeizuschauen. Sie glauben gar nicht, wie viele
Aufträge wir an solchen Tagen schreiben!
Ich lege großen Wert auf Geburtstage, doch das gilt für viele
Menschen ebenso. Daher füge ich außerdem den Geburtsort
hinzu.
Jahrelang kannte ich einen überaus erfolgreichen Mann vom
Sehen, den ich gern näher kennengelernt hätte, aber es war of-
fenbar kein Herankommen an ihn. Dann fand ich heraus, daß
er aus einem kleinen Dorf mit 800 Einwohnern stammte, das
ganz in der Nähe der Geburtsstadt meiner Mutter im Iron
Range, dem Eisenbergbaugebiet in Minnesota, lag.
Wieder einmal erwies sich die Verbindung zum Eisenbergbaugebiet als wahre Goldgrube.
Wie es für kleine Ortschaften typisch ist, herrschte zwischen
den beiden Gemeinden große Rivalität.
Als ich ihn das nächste Mal sah, sagte ich: »Es ist mir ganz
egal, was Sie glauben, Cal, aber meine Mutter sagte mir immer, daß Virginia gegen Orr jederzeit jedes Spiel gewinnen
konnte.«
Ich beobachtete, wie seine Miene von seiner üblichen Frostig-
keit in Verblüffung und dann in ein breites Grinsen umschlug.
»Sie Teufelskerl«, sagte er. »Ich weiß über Sie Bescheid. Sie
haben mal wieder in diesem verdammten Who's Who gelesen.« Stimmt genau. Es ist eine hervorragende Informations-

quelle, wenn der Mensch, für den Sie sich interessieren, eine gewisse Prominenz erlangt hat.

Verbindungen

An dieser Stelle frischen Sie Ihr Gedächtnis auf, wo Sie jemanden kennengelernt haben, wer Sie bekannt gemacht hat, welche gemeinsamen Bekannten Sie haben, was Sie gemeinsam unternommen haben und wann Sie sich zuletzt gesehen haben.

Familie

Die Namen der Familienangehörigen und Informationen über Menschen Ihres Bekanntenkreises sind für Sie wichtig, weil sie für diese Menschen wichtig sind. Sie sollten deren Namen kennen, aber äußerst vorsichtig damit umgehen. Ich weiß, das habe ich bereits gesagt, aber ich denke, man kann das gar nicht oft genug betonen. Da so viele Ehen in einer Scheidung enden, gibt es nichts Peinlicheres, als mit seinen vermeintlichen persönlichen Kenntnissen anzugeben, indem man sich namentlich nach einer Ehefrau erkundigt, nur um jenes lange, frostige Schweigen zu hören, das dem Satz »Muffy und ich sind nicht mehr verheiratet« vorausgeht.

Fast ebenso peinlich ist die Feststellung, daß ein Mensch mittlerweile verstorben ist und man nichts davon erfahren hat, also gehen Sie behutsam vor.

Schulischer Werdegang

Viele Menschen fühlen sich den Schulen, die sie besucht haben, und besonders ihrem College zutiefst verbunden, auch Jahrzehnte nach dem Schulabschluß noch. Hier hat ihr Erwachsenenleben begonnen, und vielleicht haben sie dort auch ihren Ehegatten gefunden. Aus diesem Grund erhält der »schulische Werdegang« gesonderten Raum, obwohl es sich zugleich um eine »Mitgliedschaft« handelt.

Mitgliedschaften

Hierzu gehört die Mitgliedschaft zu Berufsverbänden, Religionsgemeinschaften, Clubs und politischen Gruppierungen.

Ich habe Menschen aus aller Welt kennengelernt und mit einigen wunderbare Freundschaften und Kontakte geschlossen, die auf der gemeinsamen Mitgliedschaft in einer Organisation beruhten. Das bietet einen hervorragenden Anknüpfungspunkt für Gespräche und einen Grund, in Verbindung zu bleiben, der ein Leben lang währen kann.

Besondere Interessen

> *Nichts bringt mehr Leben in ein Beziehungsnetz, als genau zu wissen, wie man anderen Menschen wirklich Freude macht.*

Auch wenn Sie die Interessen bereits unter einer anderen Rubrik eingetragen haben, führen Sie sie hier noch einmal auf, weil Sie auf diese Zeile immer wieder zurückgreifen werden.

Beruflicher Werdegang

Hierher gehören kurze Notizen zu wichtigen Schritten auf der Karriereleiter, sowohl nach oben als auch nach unten, und Namen ehemaliger Arbeitgeber.

Besondere Leistungen

Ich verfolge gern Ehrungen, Veröffentlichungen und besondere Leistungen anderer, weil ich weiß, wieviel Mühe sie gekostet haben und wieviel sie dem Betreffenden bedeuten.

Besonderheiten

Hier vermerken Sie Dinge, an die sonst nie jemand denken würde, die aber unvergeßlich sind, wenn Sie sie ausgraben können. Ich habe einen Bekannten namens Shapiro, der jeden Tag auf dem Weg zur Arbeit an einer Reinigung vorbeikommt. Im Inneren hängt, von der Straße aus sichtbar, eine Tafel, auf der Terry, die Geschäftsführerin, ihren Angestellten verschiedene Anweisungen erteilt. Eines Tages schrieb sie: »Achten Sie darauf, alle Fussel zu entfernen. Denken Sie daran, das gehört zu Ihrer Aufgabe.«
Shapiro fand das äußerst amüsant, und als er eines Tages ein

paar Hemden zur Reinigung brachte, zog er Terry damit auf: »Denken Sie daran, alle Fussel zu entfernen. Das gehört zu Ihrer Aufgabe.«

Als er am nächsten Tag an der Reinigung vorbeikam, hatte sich die Aufschrift auf der Tafel geändert. Terry hatte ein großes rundes Smiley-Face gemalt und daruntergeschrieben: »Guten Morgen, Mr. Shapiro.«

Tagelang prangte der Gruß, der Shapiro den Tag freundlicher gestaltete, für alle Welt sichtbar im Fenster. Ihm gefiel es. Es gab seinem Gang etwas Beschwingtes und brachte ihn zum Lächeln. Schließlich ließ Shapiro einen großen Blumenstrauß mit dem Gruß schicken: »Für Terry – die meinen Tag mit Sonnenschein beginnen läßt.«

Sicher wird es zwischen Terry und Shapiro nie zu einem großen Geschäftsabschluß kommen; Shapiro braucht wohl kaum mehr als ein Hemd täglich waschen zu lassen; die Blumen werden welken, und Terry wird die Aufschrift auf der Tafel ändern müssen. Aber was soll's? Sie haben einander das Leben ein bißchen fröhlicher, wärmer und angenehmer gestaltet, als es war, bevor sie sich gegenseitig mit einer besonderen Aufmerksamkeit überraschten. Und auch wenn diese Bekanntschaft nie andere Früchte tragen sollte, hat sie sich doch sehr gelohnt.

Mackays (zweite geborgte) Maxime

»Der Lebenskünstler macht keinen Unterschied zwischen Arbeit und Spiel, Mühe und Muße, Körper und Geist, Information und Erholung, Leben und Religion. Er kann kaum unterscheiden, was was ist. Er lebt einfach seine Vision der Vortrefflichkeit in allem, was er tut, und überläßt es anderen zu entscheiden, ob er gerade arbeitet oder spielt. Er tut immer beides zugleich.«
James Michener

Kapitel 23

Es muß Ihnen entsprechen, sonst funktioniert es nicht

Damit ist die mühselige Kleinarbeit erledigt. Jetzt brauchen Sie nur noch ein System, die Kartei gut in Schuß zu halten. Hier einige Beispiele:

Ein junger Unternehmensberater hat die eiserne Regel, abends das Büro erst zu verlassen, wenn er sich alles zurechtgelegt hat, was er am nächsten Tag in seine Adreßkartei eintragen muß.

Eine junge Frau wirft alles, was sich im Laufe der Woche ansammelt, in einen Schuhkarton in der Nähe der Tür und leert ihn montags morgens als erstes aus.

Eine langjährige Mitarbeiterin im Verkauf der Mackay Envelope Corporation hat ein anderes System. Sie sucht die Karten aller Leute heraus, mit denen sie im Laufe der Woche Kontakt aufnehmen möchte, und legt sie in kleinen Stapeln auf ihren Schreibtisch. Ein Stapel ist für jene, die sie persönlich besuchen möchte. Ein anderer für alle, die sie anrufen will. Den dritten gibt sie an ihre Sekretärin weiter, die Briefumschläge fertigmacht, und wenn sie während der Woche etwas Zeit hat, schreibt sie selbst dazu eine handschriftliche Mitteilung.

Meine eigene Adreßkartei ist mittlerweile so umfangreich geworden, daß ich eine zweite angelegt habe, die nur Geburtstage enthält. So kann ich jeweils den kommenden Monat aufschlagen und dafür sorgen, daß ich eine Geburtstagskarte schicke oder die Betreffenden anrufe.

Einmal im Monat mache ich es mir sonntags zu Hause in meinem Arbeitszimmer gemütlich und sehe meine Kartei durch. Das Telefon auf dem Schoß, den Karteikasten neben mir, telefoniere ich, was das Zeug hält, bis es heißläuft wie ein Flipper am Samstagabend. An einem langen Sonntagnachmittag kann ich bis zu fünfzig Bekannte anrufen.

Fernsehsender führen periodisch Zuschauererhebungen durch, um festzustellen, wer welche Sendungen sieht. Etwa einmal im Jahr findet im Mackay-Adreßkartei-Beziehungsnetz Großreinemachen statt. Ebenso wie die Einschaltquoten der Fernsehsender dient diese Überprüfung unter anderem dazu, alles aus der Kartei zu nehmen, was nicht funktioniert. Aufgrund von Abnutzung, Vernachlässigung oder einfach von Fehleinschätzungen gibt es immer ein paar Karten, bei denen man denkt, was hat dieser Mensch denn hier zu suchen? Dann ist es an der Zeit, den Stecker zu ziehen oder einen flüchtigen Wie-geht's-Gruß zu schreiben und die Sache abzuhaken. Aus und vorbei.

Das heißt jedoch nicht, daß Sie die Karte wegwerfen. Sie wandert lediglich in eine ruhende Kartei. Es kann alles passieren, auch daß Sie ausrangierte Karten wieder aktivieren.

Wenn Sie andererseits den Kontakt nicht abreißen lassen möchten, sondern ihn nur ein bißchen haben einschlafen lassen, dann laden Sie den Betreffenden zu einem Auffrischungs-Mittagessen ein. Was haben Sie schon zu verlieren?

Darüber hinaus sollten Sie bei diesen Gelegenheiten feststellen, wo Ihr Beziehungsnetz Lücken aufweist. Die Dinge ändern sich. Neue Situationen erfordern neue Kontakte.

Wenn meine geschäftliche Planung verlangt, mehr Briefumschläge in Madison, Wisconsin, zu verkaufen, sollte ich am besten ein paar Leute in Madison kennenlernen.

Hier noch ein Kniff: farbige Karteikarten oder Trennblätter, die Sie nach Funktion gliedern. Kunden stehen alphabetisch in der roten Rubrik, potentielle Kunden in der grünen, persönliche Freunde und Verwandte in der blauen und so weiter. Zu diesem Zweck gibt es im Fachhandel farbige Karteikarten, Trennblätter oder Reiter.

Oder Sie speichern sie einfach mit einer entsprechenden Codierung in Ihrem Computer ab.

Noch ein letzter Vorschlag, der ganz nützlich sein kann: Ich mache jedesmal, wenn ich mit jemandem Kontakt hatte, einen Vermerk auf der Karteikarte und notiere mir das Datum. Das ist besonders praktisch, wenn ich die Kartei flüchtig durchblättere und sofort sehe, mit wem ich gesprochen habe und mit wem nicht.

Außerdem führe ich meine vollständige Adreßkartei in zweifacher Ausfertigung, eine steht in meinem Büro, die andere zu Hause. Wenn ich eine neue Karte anlege, schreibe ich sie gleich in drei Ausfertigungen, je eine für die beiden Karteien und eine für den Geburtstagskalender.

Aber all das sind nur kleine Anregungen aus meiner Erfahrung. Sie haben Ihre eigene Methode. Das wichtigste Organisationsprinzip ist, die Sache so einfach zu gestalten, daß Sie sie auch durchhalten, und gründlich genug, daß sie funktioniert.

Gut, damit haben wir es fast geschafft. Die Kleinarbeit wäre getan. Wenn Sie Ihrem Einfallsreichtum freien Lauf lassen, während Sie diese Arbeiten erledigen, werden Sie überrascht feststellen, wie viele Ideen Ihnen einfallen, Ihr Beziehungsnetz zu erweitern und zu pflegen. Und Sie werden schockiert sein, bei wie vielen Bekannten ein Gruß, ein Besuch oder ein Anruf längst überfällig ist.

> *Nachdem die Informationen im Computer oder auf Papier organisiert sind, können Sie sie nutzen. Sie können die Grundlage zu Ihrem Erfolg bilden. Täglich bieten sich viele Gelegenheiten, in der Kartei nachzuschlagen. Sie ist ein lebendiges Dokument, das ständig erweitert und aktualisiert wird.*

Wenn Sie zum Beispiel einen Ihrer Bekannten weiterempfehlen, sollten Sie es den Betreffenden wissen lassen. »Ich weiß nicht, ob Ihr Sohn schon eine Stelle hat, Mary, aber ich habe Paul bei der Bank von ihm erzählt, als er mir gesagt hat, daß er einen jungen Mitarbeiter sucht.«

Oder: »Der Chef hat mit mir über die Stelle des neuen stellvertretenden Direktors gesprochen, und ich habe Sie genannt. Ich weiß nicht, ob Sie interessiert sind, aber als ich Sie erwähnte, fand er offenbar, daß Sie ein guter Kandidat wären.«

Gewinnen, verlieren oder eine neue Karte ziehen, wer reagiert schon frostig, wenn er so etwas hört?

Wenn Sie über jemanden etwas Gutes zu sagen haben, tun Sie es. Und machen Sie sich eine Notiz.

Sie brauchen als Wohltäter nicht anonym zu bleiben. Sie wollen zwar Gutes tun, aber selbst auch gut abschneiden. Beziehungspflege ist Beziehungspflege. Stellen Sie Ihr Licht nicht unter den Scheffel. Wenn Sie sich nicht ins rechte Licht rükken, tut es niemand. Sie haben soeben den Grundstein dafür gelegt, daß Ihnen jemand einen Gefallen schuldet.

Elmer verkaufte Bauholz. Sein Bauholz war vorgetrocknet und abgelagert und daher immer teurer als das der Konkurrenz. Dennoch machte Elmer immer mehr Umsatz als seine Konkurrenz, weil er ebenso viel Zeit darauf verwendete, Werbung für seine Kunden, die Bauunternehmer, zu machen wie für seine eigenen Produkte. Und das wußten sie genau. Elmer war für ihren Erfolg so wichtig, daß ein paar der Bauunternehmer und ein Architekt, der für sie arbeitete, fast Bankrott machten, als er starb.

> **Mackays Maxime**
> *Eine Adreßkartei zu führen hat viel Ähnlichkeit damit, sich morgens anzuziehen. Es kommt weniger darauf an,* wie *Sie es machen, wichtig ist nur, daß* Sie es tun.

Kapitel 24

Vernetzen Sie Ihr Beziehungsnetz

Ihr Bekanntenkreis ist nicht das einzige Beziehungsnetz, das Sie in- und auswendig kennen sollten. Lernen Sie auch den engen Bekanntenkreis Ihres Chefs kennen.

Jeder hat sein eigenes Küchenkabinett. Wenn die Menschen, auf deren Rat Ihr Chef hört, Teil Ihres Beziehungsnetzes werden, eröffnet sich Ihnen ein neuer Weg, Ihrem Chef Informationen zukommen zu lassen, die er oder sie Ihrer Ansicht nach haben sollte.

Dieser Ansatz funktioniert auch bei Vorgesetzten, die meist nur auf sich selbst hören. Wenn Sie herausfinden, welche Interessen sie haben, vermittelt Ihnen das nicht nur Einblick in ihre Persönlichkeit, sondern gibt Ihnen auch ein Mittel an die Hand, mit ihnen auf einer anderen Ebene ins Gespräch zu kommen.

Das ist der richtige Weg. Nun ein Beispiel zum falschen Vorgehen.

In seinem Buch »Mean Business: How I Save Bad Companies and Make Good Companies Great« schreibt »Chain Saw Al« Dunlap: *»Ich bin ein Superstar auf meinem Gebiet wie Michael Jordan im Basketball und Bruce Springsteen im Rock 'n' Roll.«*

Drei Tage nachdem Dunlap die in Schwierigkeiten geratene Firma Sunbeam übernommen hatte, wo er sehr bald die Hälfte der Belegschaft feuerte, ließ er sämtliche Führungskräfte antreten und riet ihnen, wenn sie mehr über seine Management-Methoden erfahren wollten, sollten sie sich sein Buch kaufen.

Einer der Angestellten fragte, wieviel es koste.

Ich würde sagen, dieser Mann (1) sollte seine Art der Beziehungspflege aufpolieren und (2) dürfte wohl kaum noch bei Sunbeam arbeiten.

Mackays Maxime
Regel 1: Hören Sie auf Ihren Chef. Regel 2: Finden Sie heraus, auf wen Ihr Chef hört.

Kapitel 25

Zeige mir deins, dann zeige ich dir meins

Der effektivste Weg, sein Beziehungsnetz zu erweitern, besteht darin, seine Beziehungen mit anderen auszutauschen. Wie groß ist Ihr Beziehungsnetz? Wenn Sie darauf antworten, unendlich, so haben Sie recht. Grenzen sind Ihnen in dieser Hinsicht lediglich durch die begrenzte Anzahl von Menschen auf dieser Erde gesetzt. Das heißt, wenn man Haustiere nicht mitzählt. Ich kenne einige Tierärzte, die ein recht gutes Auskommen hatten, weil sie besonders nett zu den richtigen Hunden waren.

Aber selbst wenn Sie sich auf Menschen beschränken, besteht Ihr Beziehungsnetz potentiell aus Ihren sämtlichen Kontakten plus den Kontakten Ihrer Verwandten, Freunde, Geschäftspartner und so weiter.

Nehmen wir an, Sie müßten Einladungen zu einer Wohltätigkeitsveranstaltung oder Informationen über eine neue Dienstleistung verschicken, die Sie anzubieten haben. Beschränken Sie sich auf die Liste der Namen, die Sie zusammenkratzen konnten? Sicher nicht. Sie bitten mich um meine Adressenliste, und wenn mir das Angebot gefällt, könnte ich sogar ein paar andere Leute nach ihren Adressenlisten fragen. Statt einiger hundert Namen hätten Sie dann einige tausend.

Ein Wort zur Warnung. Achten Sie darauf, die Bekannten eines jeden mit äußerstem Respekt zu behandeln. Ebenso wie ein Seiltanz basiert auch dieses System auf Ausgewogenheit und Vertrauen. Wenn man in Ungnade fällt, erholt man sich davon möglicherweise ebenso schwer wie nach einem Sturz vom Hochseil.

Mackays Maxime
Wenn zwei Menschen einen Dollarschein austauschen, hat jeder nur einen Dollar. Wenn zwei Menschen ihre Beziehungsnetze austauschen, hat jeder zwei Beziehungsnetze.

Kapitel 26

Maximaler Einsatz – maximale Ergebnisse

Ray Kroc verkaufte Ende der vierziger Jahre Malzmilchmaschinen in Südkalifornien. Seine besten Kunden waren zwei Brüder, die einen Drive-in betrieben, damals ein relativ neues Konzept. Während die meisten Drive-ins recht schäbige Spelunken waren, war dieses Lokal hell und sauber, hatte etwas ansprechend Familiäres, bot gleichbleibende Qualität zu angemessenen Preisen und machte wesentlich mehr Umsatz als Krocs übrige Kunden.

Kroc war ehrgeizig. Er wußte, daß die beiden Brüder auf dem richtigen Weg waren, und wollte daran teilhaben. Er versuchte, sie zur Expansion zu überreden, um seine eigenen Umsätze mit ihnen zu vergrößern, aber sie waren mit dem zufrieden, was sie hatten. Schließlich brachte er sie dazu, ihm ihr Konzept zu verkaufen, und benannte sein Unternehmen nach ihnen: McDonald's.

Kroc entdeckte ein Zitat von Calvin Coolidge, das seine Geschäftsphilosophie zum Ausdruck brachte, und hängte es in jedem McDonald's an die Wand:

> »Bleib hartnäckig. Nichts auf der Welt kann Hartnäckigkeit ersetzen. Kein Talent; nichts ist verbreiteter als erfolglose Männer mit Talent. Kein Genie; erfolglose Genies sind fast schon sprichwörtlich. Bildung allein nicht; die Welt ist voller gebildeter Versager. Nur Hartnäckigkeit und Entschlossenheit sind allmächtig.«

Vor einigen Jahren lernte ich Dennis P. Kimbro kennen, einen Mann, neben dem Ray Kroc hoffnungslos abgeschlagen wirkt. Stellen Sie sich vor, ich wäre wie die »Gebrüder McDonald«, mühte mich ab, wäre ganz zufrieden mit dem, was ich hätte, viel zu beschäftigt und nicht annähernd so interessiert, meinen Bekanntenkreis zu erweitern oder auszubauen, wie ich es sein könnte.

Da ich mehr als 150 Tage im Jahr unterwegs bin, kann man mich nicht immer erreichen. Das brauchen Sie Dennis gar nicht erst zu erzählen. Er hat es am eigenen Leib erfahren. Über drei Monate hinweg versuchte Dennis, mich telefonisch zu erreichen. Er rief fünfzehnmal an. Und erreichte mich nicht ein Mal. Er bekam jede Menge guter Ausreden, aber niemals Harvey. Beim sechzehnten Versuch reichte es Dennis. Er probierte es mit einer neuen Taktik. Er rief meine Assistentin an und »legte einen ernsthaften Wutanfall hin«.

»Was muß ich tun, um mit Mr. Mackay zu sprechen?«

Meine Assistentin war darauf trainiert, solchen Angriffen standzuhalten. Sie wankt und weicht nicht. Allerdings erklärte sie, daß ich in den nächsten fünf Tagen in fünf verschiedenen Flugzeugen sitzen würde. »Wie Sie sehen, dürfte es nahezu unmöglich werden, ihn zu erreichen, Mr. Kimbro.«

»Nahezu unmöglich« ist nicht »unmöglich«, jedenfalls nicht für Dennis P. Kimbro.

»Geben Sie mir bitte die Flugnummern«, sagte Kimbro. »Nur die Flugnummern, den Sitzplatz brauche ich nicht mal. Ich werde bei diesem Flug neben Mr. Mackay sitzen. Das verspreche ich Ihnen, ich werde nur 300 Sekunden mit ihm sprechen (eine Taktik, die er aus einem meiner früheren Bücher hatte). Ich werde ihn nicht belästigen. Ich werde ihn nicht nerven. Er kann seine Arbeit erledigen.«

Drei Tage später saß der rätselhafte Mensch, der beharrlich versucht hatte, mich zu erreichen, auf dem Flug 569 der Northwest Airlines von New York nach Denver neben mir und sah aus wie die Katze, die den Kanarienvogel gefressen hat.

Er stellte sich mir vor, zückte einen Block mit Notizen, drückte auf einen Knopf an seiner Armbanduhr und hielt sie mir so hin, daß ich sie sehen konnte. Während die Sekunden verstrichen, sagte er: »Ich habe 300 – sagen wir 295 – Sekunden, Sie um Ihre Hilfe zu bitten, und dann lasse ich Sie in Ruhe.

Ich habe ein Buch mit dem Titel ›Think and Grow Rich: A Black Choice‹ geschrieben. Vor Jahren hatte Napoleon Hill, der Autor von ›Think and Grow Rich‹ ein Manuskript zu der Frage begonnen, wie schwarze Amerikaner, die arm geboren werden, ihr Potential voll ausschöpfen können. Unabhängig von Hill hatte ich bereits umfangreiche Recherchen zu dem Thema gemacht – ich habe einen Doktortitel von der Northwest University – und erhielt den Auftrag, das Manuskript zu aktualisieren, auszuarbeiten und abzuschließen. Es zeigt, wie erfolgreiche schwarze Amerikaner ihre Träume verwirklicht haben und wie andere schwarze Amerikaner die gleichen Prinzipien auf ihr eigenes Leben anwenden können. Seit vier Jahren versuche ich …«

»Entschuldigen Sie«, warf ich ein. »Sie können die Uhr erst einmal anhalten. Ich habe eine Frage. Gehört zu diesen Prinzipien auch ›Hartnäckigkeit und Entschlossenheit‹?«

»Ja, wieso?« meinte Dennis grinsend. Ich nehme an, er wußte, was als nächstes kommen sollte.

»Ich habe Ihr Buch offensichtlich nicht gelesen, aber mir ist recht klar, daß Sie wissen, wovon Sie reden.«

Dennis hatte seine Hausaufgaben gemacht. Er verstand es, einen meiner eigenen Schachzüge einzusetzen, um an mich heranzukommen, und wußte zudem, daß er einen Agenten brauchte. Unbekannte Autoren schaffen es selten, ihre Manuskripte zu einem Lektor durchzuschleusen, wenn sie keinen Agenten haben. Macht sich aber ein Agent für sie stark, weiß der Verlag, daß dieses Manuskript Beachtung verdient.

»Ich wollte Sie außerdem bitten, es zu lesen und mir Ihre Meinung dazu zu sagen, und falls Sie glauben, daß es Wert hat, möchte ich Sie bitten, mir bei einer Strategie zu helfen, wie ich ein paar Empfehlungen und Meinungen für den Umschlagtext bekomme.«

Mittlerweile wußte ich, daß das Buch ein Erfolg würde, falls es auch nur annähernd so gut war wie seine Marketingstrategie. Ich half ihm, einen Agenten zu finden – meinen, Jonathan Lazear – und einige Kritiken, die er bei der Vermarktung verwenden konnte, darunter auch meine.

»Think and Grow Rich: A Black Choice« wurde ein großer Erfolg. Die gebundene Ausgabe erschien in zehn Auflagen und erreichte 100 000 verkaufte Exemplare. Dennis war Gast in der »Today Show«, bei Larry King, CNN und CNBC. Die Zeitschrift *Ebony* brachte eine Reportage über ihn, und er wurde von vielen großen Tageszeitungen interviewt und zitiert.

Heute ist er Leiter des Center for Entrepreneurship an der Clark Atlanta University, dem landesweit einzigen Projekt dieser Art, das seinen Sitz in einer traditionell von Schwarzen besuchten Hochschule hat.

Während ich dieses Buch schreibe, arbeitet er an seinem zweiten Buch mit dem Titel »What Makes the Great Great«.

Dennis P. Kimbro, Ph. D., hat als Experte für die Verhaltensweisen äußerst erfolgreicher Menschen Karriere gemacht. Er ist ein lebendiges Beispiel für sein eigenes Lieblingsthema.

Ich bin stolz, zu Dennis Kimbros Bekanntenkreis zu zählen, und stolz, daß er zu meinem gehört. Ich habe aus unserer Verbindung ebensoviel Nutzen gezogen wie er, oder mehr.

Der erste, den ich anrief, als ich während der Olympiade nach Atlanta fuhr, war Dennis.

Und der erste, von dem ich wußte, daß ich über ihn schreiben würde, als ich dieses Buch begann, war Dennis P. Kimbro.

Es gibt nur einen Grund, weshalb ich je mit Dennis in Kontakt gekommen bin: seine Hartnäckigkeit und Entschlossenheit. Auf die gleiche Weise können Sie auch Ihr Beziehungsnetz aufbauen.

Tun Sie es. Selbst wenn es mehr als sechzehn Anrufe erfordert.

Mackays Maxime
Sahne kommt nicht von selbst nach oben, sie arbeitet sich hoch.

SCHRITT FÜNF

Entdecken Sie Ihre speziellen Fähigkeiten!

Kapitel 27

Es gibt nichts Schlimmeres als den Anblick eines im Scheinwerferlicht gebannten Rehs

Tun Sie, was Ihnen ein angenehmes Gefühl gibt, und dann steigern Sie dies ein wenig, vor allem, wenn Sie gerade erst anfangen, Beziehungen zu knüpfen und zu pflegen.

> *Jeder sollte lernen, die Grenzen seiner Behaglichkeit zu erweitern.*

Aber zwingen Sie sich nicht soweit, daß alle nur noch Ihren kalten Angstschweiß und Ihr eingefrorenes Lächeln sehen – und in Erinnerung behalten.

Erzwungene Auftritte sind schlimmer als gar kein Kontakt.

Ich erinnere mich, wie ich die Tochter des Präsidenten der Vereinigten Staaten bei einer Wohltätigkeitsveranstaltung kennenlernte. Ich sage nicht, welche Tochter welches Präsidenten es war, weil ich sie nicht in Verlegenheit bringen möchte; und ich erinnere daran, daß Roosevelt, Truman, Kennedy, Johnson, Nixon, Ford, Carter, Reagan, Bush und Clinton alle mindestens eine Tochter haben, Sie also nicht wissen können, um welche es geht.

Jedenfalls begegnete ich der jungen Frau vielleicht fünf Sekunden lang beim Begrüßungsdefilee, und sie ist mir nur in Erinnerung geblieben, weil ich in meinem ganzen Leben noch nie einen Menschen gesehen habe, der sich so elend fühlte. Obwohl ich zur Wahl ihres Vaters beigetragen hatte, stimmte ich bei der nächsten Wahl gegen ihn, weil jemand, der sein Kind einer solchen Tortur auszusetzen vermochte, auch bereit wäre, mein Kind wesentlich Schlimmerem auszusetzen.

Genau diesen Eindruck möchten Sie schließlich nicht hinterlassen.

Mackays Maxime
Ein Grund, weshalb Menschen Angst vor Beziehungen haben, ist, daß sie kein »Nein« hören möchten. Aber »Nein« ist die zweitbeste Antwort, die es gibt. Zumindest wissen Sie, woran Sie sind.

Kapitel 28
Bäcker, Banker, Buchautor

Wenn Sie keine Persönlichkeit des öffentlichen Lebens sind, kommt unweigerlich der Moment, wo die Frage auftaucht: »Und was machen Sie?«

Mein Vorteil ist, daß ich mehrere Antworten zur Auswahl habe und so meinem Gegenüber verschiedene Anknüpfungspunkte biete. Meist sage ich etwa: »Zum einen verkaufe ich Briefumschläge. Zum zweiten schreibe ich Selbsthilfebücher. Und zum dritten jogge ich. Ich bin ständig auf der Suche nach Ideen für eins und zwei und nach einer Möglichkeit, mit Nummer drei Geld zu verdienen.«

> *Was immer Sie auch machen, legen Sie etwas Pep in Ihre Antwort auf die Frage: »Und was machen Sie?«*

Und bereiten Sie die Antwort sorgfältig vor, auch wenn Sie sie letzten Endes ganz beiläufig fallenlassen wollen, ohne zu klingen, als rasselten Sie Name, Dienstgrad und Kennummer herunter.

Da man Ihnen diese Frage mit einiger Sicherheit stellen wird und die Antwort neben Ihrem Namen das einzige ist, was Menschen von Ihnen in Erinnerung behalten, sollten Sie sie nutzen, um effektiv zum Ausbau Ihres Beziehungsnetzes beizutragen.

> **Mackays Maxime**
> *Es hat einen Grund, weshalb man von »Verbindungen« spricht. Sie müssen eine Verbindung herstellen.*

Kapitel 29

Heben Sie sich von anderen ab …

Die Beziehungspflege dient unter anderem dem Zweck, sich aus der Menge herauszuheben. Wenn Sie erfolgreich Beziehungen knüpfen und pflegen, kennt man Sie als denjenigen, der an Geburtstage denkt, seinen Klienten sicher zur Beförderung gratuliert und immer nur einen Telefonanruf entfernt ist. Aber was passiert, wenn alle anfangen, es so zu machen? Dann heben Sie sich nicht mehr von ihnen ab.

Das ist ein Problem, zumal, wenn immer mehr Menschen die Bedeutung der Beziehungspflege begreifen oder, wie ich hoffe, dieses Buch lesen.

Was machen Sie also, um sich mit Sicherheit abzuheben?

Sie müssen Ihre Phantasie anstrengen. Und Sie müssen einen Schritt darüber hinaus tun.

Lassen Sie mich das anhand von drei kurzen Beispielen erläutern.

❶ Schicken Sie nie wieder eine Firmen-Weihnachtskarte!

Sicher, sie sind reizend. Karten zu schicken ist eine nette Geste, und alle machen es. Aber genau das ist der Punkt. Alle tun es. Und weil es alle tun, erinnert sich keiner daran. Möchten Sie einen Beweis?

Fragen Sie sich selbst: Wann kam die letzte Weihnachtskarte in Ihr Büro, an die Sie sich erinnern?

> *Gehen Sie nicht in der Menge unter. Schicken Sie statt Weihnachtskarten Thanksgivingkarten oder Nikolauskarten. (Auch da gibt es sehr schöne.) Vermutlich ist Ihre Karte dann die erste, die jemand zu den Feiertagen bekommt.*

Verwenden Sie immer eine schöne Sondermarke. Und schreiben Sie von Hand einen kurzen persönlichen Gruß hinzu.
Und für einfallsreiche Leser: Schreiben Sie Geburtstagskarten.

❷ Seien Sie höflich!

Sie glauben nicht, daß Sie das aus der Menge heraushebt? Sie irren sich. Wir alle stehen ständig unter Zeitdruck. Wir schaffen es nie, alles zu erledigen. Heutzutage hebt sich ein Mensch, der einen Anruf oder eine schriftliche Mitteilung rasch beantwortet, wirklich von anderen ab.
Eine Anekdote, die man sich über Billy Graham erzählt, betrifft ein Vorkommnis in einem Restaurant, in dem er mit einigen Mitarbeitern saß. Als die Kellnerin, die die Gruppe bediente, Billy erkannte, ließ sie ihr Tablett fallen, und das Geschirr flog durch die Gegend. Sofort stand Graham auf und half ihr als erster, das Chaos zu beseitigen.
Wie viele von uns würden wohl einem anderen Menschen zur Seite stehen und ihm aus einer peinlichen Lage helfen? Billy Grahams Verhalten zeugte von guten Manieren: von Rücksicht auf die Gefühle anderer.

❸ Schicken Sie ein originelles Geschenk – für die Kinder!

Mal ehrlich, was können Sie der großen Chefin schon schenken, das wirklich Eindruck auf sie machte? Wenn Sie ihrem zehnjährigen Sohn aber einen Baseball mit Autogramm seines

Lieblingsspielers mitbringen oder ihrer Tochter eine handschriftliche Widmung eines Stars schenken, dürften Sie wohl mit großer Sicherheit damit rechnen, daß sie Ihre Anrufe beantwortet.

Geraldine Layborne von Nickelodeon Television saß vergangenes Jahr bei den Playoff-Spielen der National Basketball Association zufällig neben dem legendären Hollywood-Mogul Michael Ovitz. Obwohl sie Ovitz nie begegnet war, kam sie mit seinem Begleiter ins Gespräch, seinem neunjährigen Sohn Eric.

»Vater Ovitz war beeindruckt«, berichtete die Zeitschrift *Leadership*. Sechs Monate später rief Ovitz, damals Präsident von Walt Disney, Geraldine Layborne an und überredete sie, Nikkelodeon zu verlassen, um Präsidentin von Disney/ABC Cable Network zu werden. »*In ihrer neuen Position wird Laybourne die weibliche Führungskraft in Rundfunk und Fernsehen sein, die an exponiertester Stelle steht«,* meinte *Leadership*.

Schon jetzt hat sie bewiesen, daß sie eine der besten Netzwerkerinnen im Network-Geschäft ist.

Mackays Maxime
Was haben Sie zu bieten, damit andere Sie in Erinnerung behalten? Was verbindet Sie mit dem Menschen, dem Sie unbedingt in Erinnerung bleiben möchten?

Kapitel 30

... und man wird Sie nie vergessen

Manches ist so selbstverständlich, daß wir es leicht übersehen. Zum Beispiel haben Sie kein Beziehungsnetz, wenn man
sich nicht an Ihren Namen erinnert.

Armand Bucci hat eine Möglichkeit gefunden, damit umzugehen, die ihn von allen anderen unterscheidet.

»Oft werde ich Fremden vorgestellt, die Schwierigkeiten haben, sich meinen Namen zu merken. Meist werde ich zu Car-
men, Herman oder Arnold. Ich gebe ihnen meine Karte. Auf
der Rückseite stehen die verschiedenen Aussprachemöglich-
keiten meines Namens. Das nächste Mal mögen sie sich zwar
nicht an meinen Namen erinnern, aber sie erinnern sich, daß
ich der Mann mit der Karte bin.«

Als er auf Stellensuche war, legte er seinen Unterlagen ein
Blatt bei:

Wenn wir mit einem 99,9prozentigen Einsatz leben müßten,
hätten wir:

jeden Monat eine Stunde gesundheitlich bedenkliches Trink-
wasser,

jeden Tag zwei gefährliche Flugzeuglandungen auf O'Hare,

jede Stunde 16 000 verlorengegangene Postsendungen,

jede Woche 22 000 Schecks, die vom falschen Konto abgebucht
wurden,

jede Woche 500 fehlerhafte chirurgische Eingriffe,

12 Babys, die den falschen Eltern übergeben werden,

jedes Jahr 20 000 fehlerhafte Rezepte für Arzneimittel,

800 000 Kreditkarten mit fehlerhaften Daten ...

Ein hundertprozentiger Einsatz ist sinnvoll!

Armand Bucci.

Armand erklärt: »Das half mir, meine derzeitige Stellung zu bekommen, obwohl meine Referenzen vielleicht nicht so eindrucksvoll waren wie die der anderen 150 Bewerber.«

Mackays Maxime
Wenn andere Sie immer wieder nach Ihrem Namen fragen, heißt das entweder, daß Sie (a) nuscheln oder (b) nicht genug dafür tun, Eindruck zu machen.

Kapitel 31

Die Rückkehr des einarmigen Mannes

Philosophen glauben, daß weltweite Online-Netze die Art, wie wir einander sehen, grundlegend ändern werden. Beziehungsnetze, die sich im Internet bilden, basieren nicht mehr zwangsläufig auf Hautfarbe, Schichtzugehörigkeit oder Religion. Behinderungen verschwinden. Es entstehen neue Möglichkeiten.

Manche Menschen meinen, sie hätten schlechte Karten. Mike Brewer kann nicht einmal die Karten mischen – er hat nur einen gesunden Arm. Doch als seine Behinderung seine Laufbahn in einem Beruf zu beenden drohte, schaffte er es, das Internet als Brücke zu einem anderen Beruf zu nutzen.

Als ich Mike Brewer in meinem letzten Buch, »Sharkproof«, beschrieb, schlug er sich als Fotograf auf Hawaii damit durch, für Immobilienmakler die schicken Häuser am Hang des Kauai zu fotografieren. Die dramatischsten und begehrtesten Aufnahmen – und die schwierigsten und gefährlichsten – sind Luftaufnahmen. Dazu fliegt ein Pilot mit dem Hubschrauber über das Grundstück, während der Fotograf sich zu einer offenen Tür hinaushängt und fotografiert.

Nicht viele Fotografen mit zwei gesunden Armen waren zu solchen Aufnahmen bereit.

Mike Brewer schon.

Brewer schlang die Beine um einen Pfosten in der Türöffnung des Hubschraubers, hängte sich kopfüber nach draußen und machte seine Aufnahmen mit dem einen gesunden Arm.

Nachdem der Hurrikan Eva über Hawaii hinweggefegt war, stieg Brewer wieder mit dem Hubschrauber auf. Diesmal fotografierte er die Verwüstungen. Er machte seine Aufnahmen, bevor die National Guard den Schutt wegräumen und die Beweise für den Hochwasserstand beseitigen konnte, der für

viele Versicherungen den ausschlaggebenden Faktor für die
Entscheidung bildet, ob sie zahlt oder nicht.

Als endlich die Zuständigen für Schadensregulierung von den
Versicherungen eintrafen, war Brewer der einzige weit und
breit, der genau das besaß, was sie brauchten, nämlich Fotos
von »vorher und nachher«, die exakt erkennen ließen, welche
Verwüstungen der Hurrikan angerichtet hatte.

Brewer war sich durchaus darüber im klaren, was er da besaß
und was es wert war. Im Laufe der nächsten Wochen verdiente
er mehr Geld als bis dahin im ganzen Jahr.

Doch schließlich war auch dieses Geld verbraucht, und auch
sein »gesunder« Arm, der ursprünglich nicht von der Kinder-
lähmung in Mitleidenschaft gezogen war, wurde schwächer. Er
wußte, daß er nicht den Rest seines Lebens auf Wirbelstürme
warten konnte.

Brewer besaß eine Satellitenschüssel für den Fernsehempf-
fang, und unter den Hunderten Fernsehsendern, die er emp-
fangen konnte, war auch Boise TV, ein Schulungssender, der
von einer Universität in Idaho gesponsert wurde.

Über Internet nahm er Verbindung mit der Universität auf
und erfuhr, daß sie von der National Science Foundation einen
großen Zuschuß erhalten hatte. Für einen Teil des Geldes
hatte sie Computer angeschafft, sich mit High-Schools im gesamten Nordwesten vernetzt und lehrte nun auf diesem Wege
Physik und das Anfertigen einfacher Computergraphiken. Da
sie auch Fotografien über das Computernetz sendete, brauchte sie einen Fotografen, der bei der Entwicklung der Graphi-
ken und der Programmgestaltung half.

Brewer fuhr von Hawaii nach Boise und unterschrieb einen
Vertrag mit dem Fernsehsender. Er mußte sich erst von Grund
auf mit Computergraphik und ähnlichen Schulungsprogram-
men anderer Bundesstaaten befassen, wenn er zur Entwicklung eines Programms für Idaho – und zur Erlangung weiterer
Fördermittel – beitragen wollte.

Statt sich aus Hubschraubern hinauszuhängen, tummelte er
sich jetzt im Internet.

Der erste große Interneterfolg: ein Anschluß an ein Computer-

Trainingsprogramm für Körperbehinderte des US-Bildungs-
ministeriums.

Zweiter großer Interneterfolg: Fördermittel der National Endowment of the Humanities für die Sendung »The First Story
Tellers«. Durch den Tip einer Waldfeuerwache hatte Brewer
von prähistorischen Höhlenmalereien in einer völlig abgelege-
nen Gegend von Idaho erfahren. Von Zuschüssen konnte er die
Kosten dafür bestreiten, an diese kaum bekannten Orte zu
fliegen, mit dem Floß in die Höhlen gelangen und die Male-
reien zu filmen. Jetzt brauchte er nur noch die nötigen Genehmigungen.

Dritter großer Interneterfolg: Genehmigungen des US-Bun-
desforstamtes, an diesen schwer zugänglichen Orten zu filmen
und Aufnahmen für deren Archive zu machen.

Mittlerweile hat Brewer die Dreharbeiten abgeschlossen
und befaßt sich mit Höhlenmalereien, die in anderen Teilen des amerikanischen Westens entdeckt wurden. Bald wird
jeder seine Arbeit auf CD-Rom oder im Internet sehen können.

Mikes Projekt zur prähistorischen Kunst im Internet stellt
eine einmalige Kombination dar, die mit einem Fuß in der Vergangenheit und mit dem anderen in der Zukunft steht.

Obwohl Brewer allmählich auch seinen zweiten Arm immer
weniger gebrauchen kann, hat er den Sprung vom wagemuti-
gen Fotografen zum Computer-Programmgestalter und Inter-
netspezialisten geschafft.

Über das Netzwerk des Internet hat er sich Zugang zu Förder-
mitteln, Fortbildungs- und Arbeitsmöglichkeiten verschafft
und Möglichkeiten erschlossen, seine bemerkenswerte berufliche Laufbahn fortzusetzen. Derzeit nutzt er das Internet zur
Suche nach »heißen Verbindungen«, um Aufträge im Bereich
Graphikdesign und Gestaltung von Web-Seiten zu bekommen.
Während ich dies schreibe, nimmt er gerade an einer Federal-
Webmasters-Tagung in Washington, D.C., teil – und zwar, wen
wundert's, dank eines Zuschusses, den er sich über seine Beziehungen im Internet an Land gezogen hat.

Natürlich hat er eine eigene Web-Seite. Sie können Mike über

Internet ein E-Mail schicken unter mbrewer-a-cyberhighway.
net.

> **Mackays Maxime**
> *Ein guter Kopf ist besser als zwei gesunde Arme.*

Kapitel 32

Es kommt nicht darauf an, wo Sie anfangen, es kommt darauf an, wo Sie aufhören

Mein erster Job, bei dem ich in Charlie Wards »Goldgrube« den Besen schwang, war nicht gerade die Erfüllung meiner Lebensträume. Zwar hatte ich nicht sonderlich viel Erfahrung im Geschäftsleben, aber irgendwo unterwegs hatte ich mir die Lebensweisheit angeeignet, daß es so etwas wie einen guten Job am Besen einfach nicht gibt.

Nun, ich hatte unrecht. Und das gilt auch für die heutige Version dieser Lehre, bei der Sie den Besen durch »Hinter der Fast-food-Theke Hamburger wenden« ersetzen können.

Hinter Charlies Besen habe ich manches gelernt, was mir in Fleisch und Blut übergegangen ist. Zum Beispiel Pünktlichkeit. Sich ordentlich anzuziehen. Anderen Respekt zu erweisen. Meine Arbeit zu tun. Die Bereitschaft, mehr zu tun, als man von mir erwartete.

Damals hätte ich ein Beziehungsnetz nicht einmal erkannt, wenn ich darüber gestolpert wäre. Aber mein Instinkt sagte mir, daß ich sehr bald den Besen aus der Hand legen könnte, wenn ich herausfände, wen ich mit meinen bescheidenen neuerworbenen kaufmännischen Qualitäten beeindrucken müßte. Und innerhalb einiger Monate hatte man mich aus der Fabrikation in die Verkaufsabteilung geholt. Dazu waren nur drei Dinge notwendig: Erstens mußte ich der beste Kehrer meiner Altersstufe sein; zweitens mußte ich dafür sorgen, daß der stellvertretende Betriebsleiter es wußte; und drittens mußte ich das Glück haben, einen Schutzengel zu finden – jemanden, der ebenso darauf brannte, der »Goldgrube« zu entkommen, und mich mitnahm, wenn er sich den Weg in die Verkaufsabteilung bahnte.

Erst vor einem Jahr erfuhr ich in meiner eigenen Firma, Makkay Envelope Corporation, daß der Handel, den der stellvertretende Betriebsleiter und ich vor vierzig Jahren abgeschlossen hatten und bei dem die Mitwirkenden austauschbar sind, einen Namen hat: »Die Würstchen-Theorie«. Wenn einer in der Befehlskette aufsteigt, rückt mindestens ein weiterer mit nach oben.

Als ich 1993 bereits ein Jahr lang landesweit nach einem Präsidenten für Mackay Envelope gesucht hatte, standen mir zwar ein paar Kandidaten zur Auswahl, die neun von zehn möglichen Punkten aufzuweisen hatten, aber keiner mit zehn Punkten. Wir fingen noch einmal ganz von vorn an. Wir hatten uns im falschen Land umgesehen.

Unseren 10-Punkte-Kandidaten, Scott Mitchell, fanden wir als Direktor der Tochtergesellschaft eines kanadischen Unternehmens, Moore Business Forms.

Als wir Scott ein Angebot unterbreiteten, äußerte er sich besorgt um die Mitarbeiter, die mit ihm bei Moore die Karriereleiter erklommen hatten. Bei seiner letzten Beförderung, die ihn vom stellvertretenden Verkaufsleiter zum Direktor gemacht hatte, waren der stellvertretende Marketingleiter, der stellvertretende Betriebsleiter und sein eigener Stellvertreter mit ihm aufgerückt.

Die Würstchen-Theorie am Werk. Wenn sich ein Glied der Kette bewegt, rücken die anderen nach.

Als Scott zu Mackay Envelope kam, passierte es wieder. Sein ehemaliger Stellvertreter rückte auf Scotts freiwerdenden Direktorenposten nach. Mittlerweile ist er – dank Scott – Präsident einer Firma, die zu unseren größten Abnehmern zählt. Gute Plazierung, finden Sie nicht?

Scotts frühere Untergebene im Personalwesen, der Marketingabteilung und der Produktion sind gleichfalls in verantwortlichere Positionen aufgerückt. Sie alle sind zufällig Kunden von Mackay Envelope.

Das ist die Wurst von ihrer besten Seite!

Sie können Ihre Karriere mit der anderer verknüpfen. Wenn Ihre Mentoren aufsteigen, können auch Sie aufsteigen, vor allem, wenn Sie an ihrer Beförderung oder ihrem Erfolg wesentlich beteiligt waren.

> *Es spielt keine Rolle, wie weit unten Sie in der Nahrungs-*
> *kette stehen, wenn Sie anfangen; Beziehungspflege kann*
> *viel wettmachen.*

In manchen Branchen wie der Filmindustrie muß man sich hochdienen. Man läßt Sie ganz unten anfangen und schaut zu, ob Sie es schaffen, sich hochzuarbeiten. Es gibt keine Führungskraft, die diese Bezeichnung verdient und nicht in der Poststelle angefangen hätte – sie ist beim Film das Äquivalent zum Besen. Es ist wie bei der Grundausbildung beim Militär. Manche schaffen es, andere nicht.

> **Mackays Maxime**
> *Es gibt keine aussichtslosen Jobs. Es gibt nur aussichtslose*
> *Menschen. Wenn Sie sich ein Beziehungsnetz schaffen, ha-*
> *ben Sie eine Brücke, die Sie führt, wohin Sie wollen.*

Kapitel 33
Bitte nehmen Sie doch mein Beziehungsnetz …

Aus der Kategorie »Leben imitiert Kunst«:
Vor zehn Jahren war ich in New York, um einen Fernsehspot für mein erstes Buch aufzunehmen.
Von meinem Status als Halbberühmtheit des mittleren Westens in Kreisen der Briefumschlagbranche einmal abgesehen, war ich völlig unbekannt, ein Erstlingsautor und ein Neuling als Fernsehwerbefritze.
Ich kam eine halbe Stunde zu früh ins Studio.
Da stand Larry King lebensecht auf dem Set und hielt für seinen eigenen Werbespot sein neuestes Buch in die Kamera. Um die Sache ins rechte Licht zu rücken, sei gesagt, daß ein Auftritt in der »Larry-King-Show« für Autoren das gleiche ist wie für Jongleure ein Auftritt im »Palace«.
Er war gerade fertig. Man machte uns miteinander bekannt, und ich ging an die Arbeit. Er ging telefonieren.
Zehn Minuten später klopfte der Regisseur mir auf die Schulter und sagte, wir seien fertig; ich machte mich auf den Weg zum Aufzug.
King verließ das Gebäude gleichzeitig mit mir.
Auf dem Weg nach unten machten wir ein bißchen Small talk. Als wir vor den Eingang traten, wartete seine überlange Limousine an der Bordsteinkante. Ich hob die Hand, um ein Taxi heranzuwinken.
Etwas verlegen winkte er mich heran und fragte: »Wohin müssen Sie denn?«
Mir schossen Bilder aus »The King of Comedy« – einem Film, der kurz zuvor in die Kinos gekommen war – durch den Kopf. Darin spielt Robert De Niro einen durch und durch gräßlichen, untalentierten Kerl mit dem wunderbaren Namen Rupert Pupkin, der von dem Gedanken besessen ist, als Gast in

die Talk-Show seines Vorbilds, gespielt von Jerry Lewis, zu kommen. Sie lernen sich kennen, als der ahnungslose Lewis anbietet, De Niro in seiner Limousine mitzunehmen.

»Ins Park Lane Hotel«, antwortete ich nach Pupkin-Manier.

»Steigen Sie ein«, meinte King.

Es lag nur ein paar Häuserblocks weiter. Ein paar Blocks Zeit, Eindruck zu machen. Ein paar Blocks Zeit, sich aus der Menge abzuheben. Ein paar Blocks Zeit, weitere Anklänge an Rupert Pupkin zu vermeiden.

> *Wenn es überhaupt eine Regel gibt, wie man sich unter solchen Umständen verhalten sollte, dann ist es nicht: »Wie bringe ich den anderen dazu, mir zu helfen?«, sondern: »Wie kann ich etwas für den anderen tun?«*

Ich wußte nichts über Kings Herkunft. Ich wußte nichts über seine Vorlieben und Abneigungen. Ich wußte nichts über Organisationen, denen er angehören mochte. Ich kannte die Namen seiner Kinder nicht. Ich kannte keine einzige Eigenschaft, kein Interesse und keine Zielsetzung, die er und ich gemeinsam haben könnten.

Mittlerweile war der Wagen bereits auf die Hotelzufahrt gebogen.

Und dann ging mir ein Licht auf.

Wir hatten nichts gemeinsam – bis auf eins. Der Grund, der uns ins Studio geführt hatte.

Beide hatten wir ein Buch geschrieben und wollten es verkaufen.

»Mr. King, ich hoffe, ich gehe nicht zu weit, aber ich nehme an, daß Sie ebenso wie ich im Studio waren, weil wir beide gern unsere Bücher tonnenweise verkaufen würden.«

»Stimmt. Deshalb schreibe ich sie ja.«

Kings Wagen hatte inzwischen mit laufendem Motor vor dem Hoteleingang gehalten.

Über Larry King mochte ich zwar nichts wissen, aber was das Verlagswesen anging, hatte ich meine Hausaufgaben gemacht.

Ich fing an, mein angelerntes Wissen erschöpfend auszubrei-
ten. Mein selbstentworfener Autodidaktenkursus hatte mich
fast sechs Monate gekostet. Ich hatte mit mehr als dreißig
Autoren, einer Menge Literaturagenten, einem Dutzend Ver-
legern, ein paar Werbeagenturen und sechs Anwälten gesprochen.

Nun erzählte ich Larry King, daß ich immer wieder die gleiche
Warnung gehört hatte: »Viele, viele gute Bücher erblicken nie
das Tageslicht, weil sie schlecht beworben werden, aber alles
Geld der Welt kann nicht bewirken, daß sich ein schlechtes
Buch verkauft.«

»Ach, wirklich?«

»Haben Sie je von Ingram gehört«, fragte ich.

»Nein.«

»Das gilt für viele Menschen, obwohl Ingram der größte Großhändler für Bücher im Land ist. Die meisten Leute wissen
nicht einmal, daß es Großhändler für Bücher gibt. Sie glauben,
ein Buchhändler braucht nur zum Telefon zu greifen, den Verlag anzurufen und die Bücher zu bestellen. Aber da gibt es ein
Problem. Der Verlag braucht drei bis fünf Tage, bis die Bücher
beim Buchhändler eintreffen – wenn sie nicht vergriffen sind
und erst neu gedruckt werden müssen, was bis zu zwei Wochen
und länger dauern kann. Wenn es sich um ein gefragtes Buch
handelt, ist das eine Ewigkeit«, fuhr ich fort. »Sie würden auch
nicht gern drei bis fünf Tage warten, bis Sie eine Zeitschrift
oder eine Zeitung bekommen, die Sie haben möchten. Sie wollen sie sofort. Bei Büchern ist das ähnlich. Ein bißchen wie mit
Fisch. Entweder Sie bekommen ihn frisch, oder Sie wollen ihn
gar nicht. Großhändler haben an strategischen Orten im ganzen Land Auslieferungslager. Wenn ein neues Buch einschlägt
und der Buchhändler es ausverkauft hat, ruft er den Großhändler an, der es ihm sofort liefert, manchmal noch am selben Tag, in jedem Fall aber innerhalb von 24 Stunden. Zufällig
ist Phil Pfeiffer, der Präsident von Ingram, ein guter Freund
von mir. Kennengelernt habe ich ihn …«

»Edgar, stellen Sie doch bitte den Motor ab«, sagte Larry
King.

»... vor zehn Jahren bei einer Tagung, und seitdem sind wir in Verbindung geblieben. Ich habe mir Ingram angesehen. Sie haben über hundert talentierte Verkäufer, die Tag und Nacht an den Telefonen sitzen und Bestellungen entgegennehmen.
Und genau da liegt die Chance. Wenn ein Buchhändler aus Kokomo, Indiana, anruft und sagt: ›Uns ist das neue Buch von Stephen King ausgegangen, bitte schicken Sie uns noch fünfzig‹, nimmt der geschickte Telefonverkäufer die Bestellung auf und könnte dann beiläufig erwähnen: ›Sagen Sie, wo wir gerade von King sprechen, wir haben gerade ein neues Buch hereinbekommen. Es ist das neueste von Larry King. Wie wäre es, wenn ich gleich ein Dutzend davon mit dazupacke? Ich habe den Autor vergangene Woche getroffen. Er war hier, und er ist mit Sicherheit ein guter Erzähler, der viel zu sagen hat. Ich wette, es wird Ihren Kunden gefallen.‹«
King saß mittlerweile gespannt auf der Kante seines Sitzes und starrte mich nur an. Selbst Edgar hatte sich umgedreht, um zuzuhören.
Für meinen nächsten Schritt brauchte ich nicht erst eine Aufforderung von King.
»Vor einem Monat hat Phil Pfeiffer mich in seine Hauptverwaltung in Nashville eingeladen. Ich habe ein paar aufmunternde Worte an sein Verkaufspersonal gerichtet und Bücher signiert. Mein Verleger hatte mir hundert Bücher gratis überlassen, um sie an die Ingram-Vertreter weiterzugeben.
Wenn Sie möchten, bin ich gern bereit, Phil für Sie anzurufen, falls Sie sich die Mühe machen wollen, nach Nashville zu fahren. Die Leute da wären begeistert, wenn Sie zu ihnen kämen, Sie könnten eine kurze Ansprache halten und Bücher signieren.«
»Übrigens, habe ich Len Rizzio schon erwähnt? Er ist der Chef von Barnes & Nobel/B. Dalton?«
»Nein, Len Rizzio haben Sie nicht erwähnt«, meinte King trocken.
»Als ich ihn aufsuchte, kannten wir uns noch nicht. Seine Einkäufer hatten eine recht kleine Vorbestellung für mein Buch gemacht. Ich wollte ihm eine Vorstellung vermitteln, was ich

als Werbung für das Buch zu tun gedachte, und hoffte, daß er seine Vorbestellung erhöhen würde.«

»Und?«

»Ich sagte ihm, daß ich eine Rundreise durch 45 Städte machen würde – Rundfunk, Fernsehen, Zeitungen, die ganze Palette – und daß ich gern bereit wäre, in jeder Sendung, bei jedem Presseinterview *immer* zu erwähnen, daß die Zuschauer oder Leser das Buch bei ihrem Buchhändler bekämen ... aber Len wußte natürlich, daß ich B. Dalton meinte. Also sagte ich, wenn seine Mitarbeiter ihre Bestellung noch einmal überdenken und von 1500 vielleicht auf 15000 Exemplare erhöhen könnten, würden sie sicher nicht enttäuscht.

›Und außerdem, Mr. Rizzio‹, sagte ich, ›habe ich ein gutes Gedächtnis und werde B. Dalton auch weiterhin lobend erwähnen, wenn ich je ein weiteres Buch schreibe oder auch zwei oder drei.‹

Sieben Tage später bestellte B. Dalton 15000 gebundene Exemplare bei meinem Verlag.

Natürlich ging ich sofort zu Waldenbooks und Crown und fragte, wieso sie nur eine gewisse Menge Bücher bestellt hatten, wo B. Dalton 15000 bestellt hatte.

Eine Woche später ging von Waldenbooks eine Bestellung über 15000 Exemplare ein, und Crown bestellte statt null gleich 10000.«

King starrte mich nur an. Ich schickte mich an, aus dem Wagen zu steigen.

»Übrigens, kennen Sie zufällig Rupert Pupkin?« fragte ich.

»Pupkin? Kommt mir bekannt vor. Wer ist das?«

»Nur so ein Bursche. Eine echte Plage. Ich glaube, Sie sollten ihm aus dem Weg gehen.«

Ich denke, es wird niemanden überraschen, daß ich sechsmal Gast in der »Larry-King-Show« war.

Wir sprachen über Bücher, die ich geschrieben habe.

Wir sprachen über die Vermarktung von Büchern.

Rupert Pupkin erwähnte ich nie wieder.

Mackays Maxime
Das beste Networking-Talent ist nur so gut wie das, was es weitergibt.

Kapitel 34
Die Spiele sind eröffnet

Ah ja, Sie sind auf einer Cocktailparty, Spendenaktion, einem Wohltätigkeitsball oder stecken mit zehn der seltsamsten Menschen, die Sie je gesehen haben, in einem Aufzug fest. Wenn Sie nicht gerade zu der Abteilung des Geheimdienstes gehören, die den Präsidenten bewacht, dürften Sie wohl kaum zu jedem gesellschaftlichen Ereignis, das Sie besuchen, eine Gästeliste bekommen; so bieten sich Ihnen zahlreiche Gelegenheiten zu improvisieren.

Wie bei den meisten kleineren Momenten des Lebens gibt es auch hier eine richtige und eine falsche Herangehensweise.

Falsch: »Das Dreißig-Sekunden-Kontakt-Manöver«.

Der Täter meint, Sie in diesen dreißig Sekunden davon überzeugen zu können, daß er oder sie sich völlig ernsthaft für alles über Sie interessiert. Ach, was sagten Sie noch, wie Sie heißen?

Solche Typen finden Sie überall. Sie sprechen zwar mit Ihnen, aber ihr Blick ist ständig auf der Suche nach ihrem nächsten, übernächsten und überübernächsten Opfer. Diese Herangehensweise nennt man auch »gesehen werden«, aber diesen Verlierern ist gar nicht klar, wie viele Leute darauf aus sind. Am schlimmsten sind Politiker.

> *Die meisten Menschen haben sich nie klargemacht, daß es besser ist, auf einer einstündigen Cocktailparty weniger Gästen Zeit zu widmen und mit ihnen in einen gehaltvollen Dialog zu kommen, als ständig den Blick schweifen zu lassen und den Respekt der meisten Menschen zu verlieren, denen sie begegnen.*

Die richtige Herangehensweise habe ich gelernt, als ich zwei der populärsten und beständigsten Persönlichkeiten des öffentlichen Lebens beobachtete, Billy Graham und den kürzlich verstorbenen Norman Vincent Peale.

Wenn Graham oder Peale jemandem zum erstenmal begegneten, vermittelten sie diesem Menschen das Gefühl, die wichtigste Person im Raum zu sein.

Sie sahen ihm in die Augen.

Sie lächelten.

Sie hörten zu.

Und wenn sie sprachen, stellten sie Fragen oder gaben Kommentare, die zeigten, daß sie zuhörten und sich für das interessierten, was der oder die andere zu sagen hatte.

Wenn es sich nur um höfliches Geplauder handelte, hatten sie einen passenden Scherz oder ein Wortspiel parat – meist ein ziemlich gutes.

Wenn es um Wesentlicheres ging, gaben sie ihrem Gegenüber die Chance, seine Meinung darzulegen, ohne ihn zu unterbrechen.

Und wenn sie das Gespräch abbrechen mußten, taten sie es mit Anstand, indem sie anboten, Visitenkarten auszutauschen und ihren Gesprächspartner baten, sie anzurufen oder ihnen zu schreiben.

Ist es da ein Wunder, daß diese beiden Männer zwei der effektivsten Beziehungsnetze der Welt aufgebaut haben?

Mackays Maxime
Kontakte zu knüpfen ist kein Zahlenspiel. Es geht nicht darum, zu sehen, wie viele Menschen Sie treffen können; es geht darum, Menschen zu gewinnen, auf die Sie zählen können.

Kapitel 35

Frage: Wie öffnen Sie eine Tür?
Antwort: Sie kennen den Türhüter

Alle Vertreter, die ihre Spesen wert sind, bemühen sich, so weit wie möglich in die oberen Etagen eines Unternehmens vorzudringen, gemäß der – meist zutreffenden – Theorie, daß Anweisungen von oben in der Regel ihre Wirkung tun. Denn wenn die Leute im Einkauf hören: »Der Boß möchte, daß Sie drei Wagenladungen dies und das kaufen«, können Sie davon ausgehen, daß der Zuständige im Einkauf sich daran halten wird. Aber alle, die diese Taktik anwenden, haben auch die Erfahrung gemacht, daß der Entscheidungsträger, den wir zu erreichen versuchen, genau weiß, was wir im Schilde führen – und je weiter wir nach oben kommen, desto eher weiß er Bescheid. Und deshalb hat dieses hohe Tier eine zuverlässige Assistentin oder Sekretärin, die uns den Weg versperrt.

In solchen Fällen müssen Sie wissen, wie Sie zu ihm durchkommen.

Wenn ich Briefumschläge verkaufe, rufe ich den potentiellen Kunden nie an, ohne vorher den Namen seiner Assistentin oder Sekretärin in Erfahrung zu bringen. Das ist leicht herauszubekommen. Sie fragen einfach die Telefonistin in der Zentrale, wer im Vorzimmer des Chefs sitzt. Wenn ich dann verbunden werde, ist alles für ein nettes Gespräch von Mensch zu Mensch vorbereitet, weil ich die Türhüterin gleich mit Namen anreden kann.

In letzter Zeit habe ich sogar noch bessere Erfolge erzielt, indem ich nicht einmal versucht habe, direkt mit Herrn/Frau Oberboß zu sprechen.

Ich sage der Assistentin: »Ich würde gern direkt mit Ihnen in der Sache ... zusammenarbeiten«, ob es nun um einen Termin, ein karitatives Anliegen, eine Studie, einen Bericht oder was auch immer geht.

> *Wenn ich mit der Assistentin spreche, habe ich genau die Gesprächspartnerin, die ich brauche. Wenn der Big Boss genug Vertrauen in diesen Menschen hat, ihm diese Position anzuvertrauen, ist das auch für mich gut genug.*

Bei dieser Herangehensweise bitte ich die Assistentin lediglich um ihre Einschätzung, ob mein Ansinnen angebracht ist. Wenn ja, gehe ich davon aus, daß sie sich nach besten Kräften bemühen wird, für die Erledigung meiner Bitte zu sorgen.

Im Laufe der Jahre hatte ich mit dieser Art der Zusammenarbeit wesentlich mehr Erfolg, als wenn ich versucht hätte, diese Menschen zu über- oder umgehen.

Behandeln Sie die Türhüter mit Achtung. Respektieren Sie ihre Macht. Und zollen Sie ihnen *unbedingt* Anerkennung für ihre Hilfe. Nicht mit üppigen Geschenken. Das ist taktlos. Nur mit kleinen Aufmerksamkeiten. Ein einfallsreicher handschriftlicher Gruß. Eine humorvolle Karte. Eine Topfpflanze oder ein Blumenstrauß. Ein Buch. Ein Besuch, der ihnen gilt, nicht ihrem Chef.

Kleinigkeiten bedeuten nicht viel. Sie bedeuten alles.

> **Mackays Maxime**
> *Durch den Zaun zum Platzhirsch durchzukommen ist einfach, wenn Sie den Türhüter kennen.*

Kapitel 36
Sie sind, was Sie lesen

Sie können mit niemandem Kontakt knüpfen, wenn Sie keine Gesprächsthemen haben.

Dazu habe ich einen ganz simplen Rat, mit dem Sie nie um ein Thema verlegen sind: Abonnieren Sie die Sonntagsausgabe der *New York Times* oder eine andere anspruchsvolle Wochenzeitung.

Für einen schüchternen Menschen oder jemanden, der befürchtet, daß ihm der Gesprächsstoff ausgeht, gibt es keine bessere Quelle als eine anspruchsvolle Wochenzeitung.

- Sie ist eine Enzyklopädie der Ereignisse der Woche.
- Allein die Film- und Buchbesprechungen sind den Preis der Zeitung wert.
- Wenn Sie sich je intelligent über Wissenschaft, Reisen, Sport, Politik oder was auch immer unterhalten müssen – dort finden Sie alles.

Ach ja, die Sache mit den Beziehungen.

Wie man mir sagte, stehen alle Yuppies, die den Sommer in Martha's Vineyard verbringen, jeden Sonntagmorgen an der Anlegestelle Schlange und warten auf die Fähre, die die wertvolle Zeitungsfracht bringt. Sie könnten sich in wesentlich schlechterer Gesellschaft befinden.

Mackays Maxime
Die Sunday Times *zu lesen ist Ihre Eintrittskarte für jede Art von Gespräch.*

Kapitel 37
Die Zwei-Minuten-Übung

Ganze Bände könnte ich mit Geschichten über Zufallsbegegnungen füllen, die das Leben eines Menschen verändern, Jobs, Geschäftsmöglichkeiten, Partnerschaften, neue Ideen eröffnet haben, und all das nur, weil Menschen andere mit ähnlichen Interessen gesucht haben.

Das Geheimnis liegt jedoch gerade darin, sie zu finden.

Hier kann die Zwei-Minuten-Übung helfen.

Zum ersten Mal habe ich dieses Training vor etwa einem Jahr in meiner Heimatstadt Minneapolis mit 1000 Zuhörern praktiziert. Innerhalb von zwei Wochen bekam ich über 35 Briefe und Postkarten, auf denen mir Teilnehmer erklärten, daß sie dank dieser Übung mittlerweile mit dem Menschen, den sie dort kennengelernt haben, Geschäfte machen oder höchstwahrscheinlich ins Geschäft kommen. 35 Karten. Und ich wette, daß viele andere, die ebenfalls dort fündig geworden sind, sich nicht die Mühe gemacht haben, mir zu schreiben. Diese Übung ist sinnvoll, weil sie tatsächlich, wie mir die Zuschriften zeigen, fast ausnahmslos als »Starthilfe« zur Kontaktfreudigkeit wirkt.

Und so funktioniert es:

Ich bitte das Publikum, sich umzusehen und jemanden, den sie nicht kennen, als Partner auszusuchen. Nach dem Pfeifton haben sie zwei Minuten Zeit, diesem Menschen alles über sich zu erzählen, was sie für erzählenswert halten. Insgesamt zwei Minuten für Herkunft, Erreichtes, Hoffnungen, Träume, Ziele, Hobbys, Ehe, Kinder, Frustration über die schlechten Siegchancen ihres Sportvereins – alles, was ihnen einfällt.

Wenn die zwei Minuten vorbei sind, ertönt wieder die Trillerpfeife, und der Partner ist an der Reihe. Es ist erstaunlich, was man in nur zwei Minuten alles über einen anderen erfahren kann.

Noch ehe der Tag vorüber ist, bin ich wieder aus ihrem Leben verschwunden und sitze zu Hause. Aber der Mensch, den sie gerade kennengelernt haben, könnte einen dauerhaften Platz in ihrem Leben einnehmen.

> *Versäumen Sie nie, niemals eine Gelegenheit, neue Menschen kennenzulernen. Ihr Leben lang sollten Sie Ihre Fühler ausstrecken.*

Erinnern Sie sich noch an die Zeit, als Sie auf der Suche nach einem Freund oder einer Freundin waren? Sie sind herumgezogen. Sie haben geplaudert. Sie haben sich umgesehen. Sie haben Sport getrieben. Sie waren am Strand, bei Sportveranstaltungen, Konzerten und in »Single-Bars«. Sie waren an Orten, an denen Sie heute nicht einmal begraben sein möchten. Warum? Um neue Menschen kennenzulernen.

Warum sollten Sie jetzt damit aufhören? Ich bin sicher, Ihr Partner oder Ihre Partnerin ist wirklich wunderbar, aber er oder sie – und seine oder ihre vielen ebenso wunderbaren Freunde, Kollegen und Verwandten – sind schließlich nicht die letzten Menschen auf der Welt, die Sie treffen möchten.

Sie wissen doch, wie es geht. Sie haben es bewiesen. Sie haben es früher schon gemacht und Erfolg gehabt. Machen Sie weiter. Schalten Sie die Glotze aus. Gehen Sie unter Menschen. Es kann Ihr Leben verändern.

Ehrenamtliche Tätigkeit. Politische Organisationen. Hobby-Clubs. Vereine. Kirchliche Gruppen. Fachverbände. Fortbildungsveranstaltungen. Online im Internet. Offline im Außennetz ... ganz gleich was.

Und wenn Sie das nächste Mal ein Seminar besuchen oder einen Vortrag hören, denken Sie dran: Die Person neben, vor oder hinter Ihnen ist wesentlich wichtiger als die Person, die vorne steht.

Wichtig ist, nie – wirklich niemals – eine Gelegenheit zu versäumen, neue Menschen kennenzulernen. Wenn Sie einmal am Tag Ihre eigene »Zwei-Minuten-Übung« trainieren, knüpfen Sie in nur einem Jahr mindestens 365 neue Kontakte. Ist das nicht eine Investition von zwei Minuten wert?

Mackays Maxime
Es läuft alles auf folgendes hinaus:
Wenn Sie ein Jahr Glück wollen, säen Sie Korn.
Wenn Sie 10 Jahre Glück wollen, pflanzen Sie Bäume.
Wenn Sie 100 Jahre Glück wollen, säen Sie Kontakt zu Menschen.

Kapitel 38
Der Hai, der durchs Netz ging

Wenn Sie beim Football die Zwei-Minuten-Übung vermasseln, ist das Risiko hoch, daß Sie das Spiel verlieren.
Wenn Sie bei der Kontaktpflege die Zwei-Minuten-Übung vermasseln, ist das Risiko hoch, daß Sie eine gute Gelegenheit verpassen.
Das habe ich kürzlich bei einem Flug selbst erfahren.

> *Ich flog erster Klasse, allerdings war mir schon seit langem klar, daß beide Enden des Flugzeugs gleichzeitig ankommen. Nein, ich tue das nicht, weil ich anderen imponieren will. Ich tue es wegen der Menschen, die Eindruck auf mich machen könnten.*

Ich war auf dem Weg zu einem Vortrag, auf den ich nicht so gut vorbereitet war, wie ich es sein wollte, und hatte daher vor, die Flugzeit für eine Überarbeitung zu nutzen statt für Kontakte. Als die Dame neben mir versuchte, ein Gespräch anzufangen, lächelte ich also und erklärte ihr, ich hätte dringend zu arbeiten. Ebenso reagierte ich, als das Essen serviert wurde und sie mir ihr Dessert anbot.
Zehn Minuten vor der Landung war meine Arbeit beendet. Ich stellte meine Aktentasche fort, reichte meiner Nachbarin die Hand, stellte mich vor und sah sie mir zum ersten Mal genauer an.
Hmmm. Sie kam mir bekannt vor.
Hmmmmmmmmm. Sie kam mir sehr bekannt vor.
Sie sah Diane Sawyer von ABC News sehr ähnlich.
Sie war Diane Sawyer.
Ich hatte meine »Prime Time« mit Diane Sawyer verpaßt.

Es wird eine Weile dauern, bis ich eine zweite Chance bekomme.
Wenn überhaupt.

Mackays Maxime
Kontaktpflege ist wie Sport. Selbst eine kleine Regelverlet-
zung kann Sie das Spiel kosten.

SCHRITT SECHS
Baggern Sie weiter

Kapitel 39
Eine Klasse für sich

Dies ist eine der besten Geschichten über Hartnäckigkeit, Findigkeit und Kreativität, die Sie je lesen werden.

Bis zu ihrem Tod 1995 war Erma Bombeck über mehrere Jahrzehnte hinweg eine der erfolgreichsten, meistgelesenen und beliebtesten Kolumnistinnen Amerikas.

Sie traf eine Ader amerikanischer Lebenserfahrung, deren Existenz sonst niemand auch nur geahnt hatte.

Erma Bombeck schrieb über die amerikanische Durchschnittshausfrau, die wenig glamouröse, kaum anerkannte und unbemerkte amerikanische Mom, die ihr Leben lang Kinder, Haustiere und Einkäufe herumschleppte, den Müll hinaustrug, kochte, putzte, sich um ihr Gewicht Sorgen machte, gelegentlich Toilettenpapier am Absatz kleben hatte und bei alledem versuchte, sich ein paar weibliche Reize zu bewahren.

Als Erma anfangs den Drang verspürte, über diese Erfahrungen zu schreiben, wußte sie, daß sie vor einem Problem stand. Nicht, daß sie nichts von ihrem Gebiet verstanden hätte. Dreißig Jahre lang war sie Hausfrau in Dayton, Ohio, und hatte drei Kinder aufgezogen. Ihr Problem war, die überwiegend männlichen Entscheidungsträger, die die Machtstrukturen der Zeitungen beherrschten, davon zu überzeugen, daß das, was sie zu sagen hatte, die Leser interessieren könnte.

Genauer gesagt, sie wußte, daß die Männer, die den *Dayton Journal Herald* leiteten, keine Ahnung hatten.

Warum sollten die Leser des Blattes am Leben einer durchschnittlichen Hausfrau, die sich beklagte, etwas interessant oder humorvoll finden?

Erma Bombeck wußte, daß sie die Redakteure und Verleger über ihr Umfeld erreichen mußte, wenn sie Erfolg haben wollte. Aber wie?

Ihr war klar, daß die ausschließlich männlichen Verleger und Redakteure wohl kaum je zu ihren größten Fans zählen würden. Aber deren Frauen. Die Frage war, wie sie sie erreichen konnte.

Sie brachte in Erfahrung, wo die Redakteure der Zeitung wohnten. Es war ein Vorort, in dem es eine jener kleinen Wochenzeitungen gab, die immer nach »Füllmaterial« suchen. Sie überredete diese kleine Wochenzeitung, ihre Kolumne zu drucken. Nicht die Redakteure des *Herald* sahen ihre Beiträge, sondern deren Frauen, und sie waren begeistert von Erma und überzeugten ihre mächtigen Ehemänner, die Kolumne in ihr Blatt aufzunehmen.

Innerhalb von zwei Jahren schrieb Erma Bombeck für verschiedene Zeitungen des ganzen Landes.

»Sie hatte ihr Glück gemacht.«

Das schrieb ihre langjährige Freundin, Ann Stephenson, in einem Artikel in *The Arizona Republic* über Bombecks journalistische Anfänge. Sie schaffte es, weil sie ihre Hausaufgaben gemacht und ihre Erkenntnisse genutzt hatte, um die Menschen zu erreichen, die sie für ihren Erfolg in ihr Beziehungsnetz einbinden mußte.

Glück mit ihren Kontakten haben nur jene, die Tag und Nacht daran arbeiten, ihr Beziehungsnetz erfolgreich aufzubauen.

Es wäre ihr ein leichtes gewesen, in der ihr zugewiesenen Nische als anerkannt geistreiche Bereicherung der wöchentlichen Bridgerunde zu bleiben und nie über ihren engen Kreis hinaus bekannt zu werden.

Aber das tat sie nicht. Sie brach aus. Und obwohl sie Jahre dazu brauchte, über Nacht erfolgreich zu werden, schaffte sie es und stellte eine Verbindung zu einer ganzen Generation amerikanischer Frauen her, die in ihr zugleich ein Vorbild und einen Menschen sahen, der sie wirklich verstand und den Sinn ihres eigenen Lebens auszudrücken vermochte.

Erma Bombeck begriff, daß Frauen sich mit ihr identifizieren und eine Verbindung zu ihr herstellen würden, sobald es ihr gelingen würde, ihre Beiträge zu veröffentlichen – und sei es auch in einem wöchentlichen Anzeigenblättchen. Identifikation? Verbindung? Genau darum geht es bei einem Beziehungsnetz.

Bombeck nutzte ihr Beziehungsnetz kreativ, um an ein anderes Beziehungsnetz anzuknüpfen, das für sie unerreichbar war. Es war eine brillante Strategie – und sie hat funktioniert.

> **Mackays Maxime**
> *Es braucht Jahre, über Nacht Erfolg zu haben.*

Kapitel 40
Bringen Sie etwas mit

Als mein Vorgesetzter bei Quality Park Envelope mich mit in die Verkaufsabteilung nahm, wußte er, daß ich nicht nur nutzloser Ballast war, der einen Besen schwang. Ich hatte alles in meiner Macht Stehende getan, um ihn zu überzeugen, daß ich ein Macher war. Ein Macher, der zwar sicher nicht viel Erfahrung hatte, den er aber brauchte.

Ebenso schleppte Scott Mitchell seine Leute nicht einfach hinter sich her, als sie aufrückten. Sie hatten ihren Wert schon unter Beweis gestellt und ihre Schulden schon lange bezahlt, bevor es zu dieser Beförderung kam.

Lou Holtz, der Football-Trainer von Notre Dame, wollte schon in der High-School Football spielen. Allerdings gab es ein Problem: Er wog nur 59 Kilogramm und trug Brillengläser so dick wie Colaflaschen.

Holtz bekam nicht viel Gelegenheit zu spielen. Er war dritter Ersatzmann für den Guard (eine Verteidigungsposition). Der Trainer setzte ihn nur ein, wenn die anderen drei Guards ausfielen oder das Spiel hoffnungslos verloren war. Also lernte Holtz, auch auf den anderen Positionen zu spielen. Er war zwar nach wie vor auf jeder der elf Positionen nur dritter Auswechselspieler, aber erstens, indem er dem Trainer etwas bot, das dieser brauchen konnte, erhöhte Holtz seinen Wert um das Elffache; und zweitens, er verelffachte auch seine eigene Chance, das zu bekommen, was er wollte.

> *Die meisten Menschen glauben, sie könnten mit Charme allein auskommen. Ich würde es ihnen nicht raten.*

Ein anderer, den ich hier »Wade« nennen möchte, ist Assistent des Football-Trainers an einer Universität im mittleren Westen Amerikas, deren Football-Mannschaft in der ersten Liga spielt. Wade ist kein allzu großes Licht. Er hat diese Stelle, weil er die Fähigkeit besitzt, High-School-Spieler aus der Umgebung von Chicago anzuwerben.

Da Chicago eine wahre Fundgrube für talentierte Sportler ist, durchkämmen viele Möchtegern-Wades ständig die Spielerlisten nach möglichen Kandidaten. Fast jede große Football-Mannschaft hat einen Anwerber, der für Chicago zuständig ist. Sie alle haben ihre Beziehungen, und die Konkurrenz ist hart. Dort sind sicher mehr Kämpfe ausgefochten worden als in manch einem Krieg.

Etwa zwanzigmal im Jahr fliegt Wade nach Chicago, um sich mit den wichtigsten Leuten seines Beziehungsnetzes zu treffen, den Football-Trainern der dortigen High-Schools. Er verläßt sich darauf, daß sie ihm sagen, welche Spieler aussichtsreiche Kandidaten für die erste Liga sind. Wenn er zu dem Trainer eine gute Beziehung hat, kann er bei der Anwerbung des Spielers mit seiner Hilfe rechnen.

Bis hierhin stimmt Wades Anwerbemethode mit der anderer überein. Sie alle halten Kontakt zu den High-School-Trainern und Schulleitern ihrer Umgebung und suchen Ausnahmespieler. Aber was macht Wade, das die anderen nicht tun?

Er geht noch einen Schritt weiter.

Wades Geheimnis liegt in der Art, wie er mit einem anderen Teil seines Beziehungsnetzes umgeht: mit den Eltern.

Oft sind herausragende High-School-Sportler die ersten ihrer Familie, die je ein College besuchen oder auch nur für längere Zeit von zu Hause fortgehen.

Wade leiht den Eltern Augen und Ohren, wenn ihr Sohn in der Schule ist. Er hält sie auf dem laufenden, wie der junge Mann sich schulisch, sportlich und persönlich macht. Und falls es ein Problem gibt, sagt Wade den Eltern Bescheid. Wenn Wade nun mit einem anderen Anwerber um einen Kandidaten konkurriert, hat er daher einen Trumpf in der Hand: die Eltern anderer Spieler, die er angeworben hat.

Er bittet sie, die Eltern seines neuen Kandidaten anzurufen. Meist sind sie froh, Wade einen Gefallen tun zu können. Manchmal kennen die beiden Elternpaare sich ohnehin. »Wade ruft uns jede Woche an«, erzählen sie den besorgten Eltern. »Er ruft uns öfter an als unser Sohn.«

Das mag zwar nicht ganz so wirkungsvoll sein, als stünde Lou Holtz in Ihrem Wohnzimmer, hielte Ihrem Sohn ein Trikot von Notre Dame an die Schultern und sagte, er sei wie geschaffen dafür. Aber wenn Lou Holtz nicht da ist – und mit ihm kann Wade nicht aufwarten –, dann hilft es sicher auch.

Wade hat seinen Job sicher, weil er imstande ist, ein Beziehungsnetz zu bieten, das anderen sehr viel wert ist. Wenn trotzdem etwas mit seinem Job schiefgeht, wird ihn sofort eine andere Hochschule wegschnappen.

Mackays Maxime

Es ist toll, gemocht zu werden. Damit haben Sie ein Beziehungsnetz, das Sie immer nutzen können. Einmal. Noch toller ist es, gebraucht zu werden. Dann haben Sie ein Beziehungsnetz, das Sie immer nutzen können. Immer wieder.

Kapitel 41
Schaffen Sie Vielfalt

Bauen Sie sich kein Beziehungsnetz nach Ihrem Ebenbild auf. Die Macht liegt in der Vielfalt, also schaffen Sie sie – und fangen Sie bei der Alterszusammensetzung an. Wenn Sie gerade erst am Anfang stehen, sind ältere Menschen Ihres Bekanntenkreises wahrscheinlich besser in der Lage, Ihnen weiterzuhelfen, als Gleichaltrige.

Und wenn Sie ein alter Kauz geworden sind, brauchen Sie Jüngere, die Ihnen Einblick verschaffen, was »in« ist und was »out«. Und diesen Einblick bekommen Sie sicher nicht von der Guy-Lombardo-Generation (Sie fragen: »Wer ist das denn?«*).

Das gleiche gilt für Unterschiede in Geschlecht, Religionszugehörigkeit, Bildungsweg, ethnischer Zugehörigkeit und Einkommensstufen, die Ihren Bekanntenkreis interessanter gestalten und Ihnen von Nutzen sein können.

Ihr Beziehungsnetz dürfte Ihre Reichweite wohl kaum sonderlich ausweiten, wenn es lediglich »Klone« Ihrer selbst aufweist.

Mackays Maxime
Wenn alle Ihre Bekannten so sind wie Sie, bilden Sie kein Beziehungsnetz, sondern einen Ameisenhaufen.

---

* Guy Lombardo: Bekannter Leiter einer Tanzband, deren Sylvesterkonzert ab 1927 traditionell 48 Jahre lang landesweit im amerikanischen Rundfunk und später im Fernsehen übertragen wurde – Anm. d. Übers.

Kapitel 42

Du sollst Freunde und Bekannte deines Ehepartners lieben, ehren und ihnen gehorchen

Meine beste Freundin ist meine Frau Carol Ann.
Ich will hier nicht ins Schwärmen geraten. Diskutieren, miteinander sprechen, sich lieben, umeinander kümmern und verstehen heißt keineswegs, immer einer Meinung sein.
Wir haben völlig unterschiedliche Arten, mit Dingen umzugehen.
Ich will Ihnen ein Beispiel erzählen:
Wir saßen in einem überfüllten Sportstadion und sahen uns ein spannendes Tennisspiel der US-Open an.
Zwanzigtausend Zuschauer auf den Tribünen konzentrierten sich auf das Spiel. Carol Ann hatte andere Prioritäten. Sie unterhielt sich angeregt mit ihrer Nachbarin.
Ich bedachte meine Frau mit ein paar eindringlichen Blicken. Keinerlei Reaktion. Dann ein lautes »Schhhh«. Nichts. Mittlerweile war ich so abgelenkt, daß ich den Satzball verpaßte. Und was noch viel schlimmer war, Carol Ann verpaßte ihn keineswegs.
»Das war nicht nur der entscheidende Punkt, das war der bestgespielte Ball des ganzen Matchs«, erklärte sie. Dann wandte sie sich wieder ihrer Nachbarin zu.
Da ich offenbar nicht imstande war, dem Ballwechsel zu folgen, lauschte ich dem Gespräch meiner Frau. Carol Ann erzählte gerade, daß wir in New York City unsere Tochter Mimi besucht hatten, die vor kurzem ihre Ausbildung in der Werbebranche abgeschlossen hatte und nun hergezogen war, um den Arbeitsmarkt zu erobern.
Was für ein Zufall! Die geheimnisvolle Dame erzählte Carol Ann, daß sie zufällig für eine Werbeagentur arbeitete. Sie gab meiner Frau alle möglichen Tips, bei welchen Firmen man gut arbeiten konnte, welche Knochenschinder waren, wer Leute

einstellte, wer nicht, wer bei Einstellungen wirklich das Sagen hatte, welche Erwartungen sie an Bewerber stellten – kurz, pures 24karätiges Gold, genau die Informationen, für die ein Arbeitssuchender einen Mord begehen würde.

Spielte Mimi, diese Tochter einer tennisbegeisterten Familie, selbst gern Tennis?

Was für eine Frage! Mimi war auf dem College Kapitän der Tennismannschaft.

Bilanz: Kurze Zeit später bekam Mimi bei eben dieser Agentur eine Stelle.

Tja, so was kann passieren. Deshalb knüpfen Sie ja auch ständig Beziehungen, besonders wenn Sie zwei Dinge auf einmal tun können, was Carol Ann kann, ich aber nicht.

> *Etwas verallgemeinernd würde ich sagen, daß es in der Art der Beziehungspflege erkennbare Unterschiede zwischen Männern und Frauen gibt.*

Männer sind in ihrer Beziehungspflege weniger »freundschaftsgebunden« und stärker arbeitsorientiert. Wir suchen unsere sozialen Kontakte ebensosehr nach beruflichen wie nach persönlichen Kriterien aus und haben kaum Bedenken, sie unseren Ehefrauen aufzudrängen.

Frauen knüpfen ihre Beziehungsnetze dagegen nach weniger offenkundigen Kriterien und neigen mehr dazu, sich auf persönliche Verträglichkeit als auf nüchterne, neutrale Fakten zu verlassen.

Wenn eine berufstätige Frau eine andere berufstätige Frau einladen möchte, wird sie sie tendenziell eher zum Mittagessen einladen, ohne Ehemänner. Der Stil des berufstätigen Mannes wäre, daraus ein Abendessen zu viert mit beiden Ehefrauen zu machen.

Männer nutzen tendenziell den Sport als Mittel der Beziehungspflege. Frauen nicht.

Frauen neigen eher dazu, Persönliches zu erzählen, vor allem über ihre Ehemänner. Männer nicht.

Wenn verheiratete Frauen mit Kindern Kontakte knüpfen, sprechen sie über ihre Kinder. Ausführlich. Wenn verheiratete Männer mit Kindern Kontakte knüpfen, sprechen sie über ihre Kinder nur selten, wenn überhaupt.

Frauen sind in ihrer Beziehungspflege subtiler, aufmerksamer und oft effektiver als Männer. Welcher Mann könnte schon sagen, welche Kleidung das Paar trug, mit dem man am Abend zuvor gegessen hatte, und was diese über sie besagte? Welche Frau könnte das nicht?

Achten Sie auf die Unterschiede. Und verwechseln Sie sie nicht mit Schwächen.

Entscheidend ist, daß es keinen »besten« Stil für solche Dinge gibt. Beziehungspflege ist ein lebenslanger Lernprozeß. Wenn Sie einen Ehegatten oder einen Partner beziehungsweise eine Partnerin haben, der oder die einen anderen Stil hat als Sie, ist das nur gut für Sie. Machen Sie Augen und Ohren auf, Sie können noch etwas lernen.

Mackays Maxime
Vive la différence! Profitieren Sie davon.

Kapitel 43

Eine hilfreiche Hand finden Sie am besten am Ende Ihres eigenen Armes

Das Aufkommen des Internet als Kommunikationsmittel und die Entstehung nichttraditioneller Netzwerke, vor allem für Minderheiten und Frauen, stellten die beiden bedeutsamsten Entwicklungen der letzten Jahre auf dem Gebiet der Beziehungsnetze dar.

> *Die neuen Netzwerke sind Teil der fortschreitenden Demokratisierung unserer nationalen Machtstrukturen. Zwar hat das Beziehungsnetz der »old boys« immer noch alles fest im Griff, aber mehr und mehr Menschen, die nicht dem Prototyp entsprechen, strecken die Hand nach dem Ruder aus, indem sie eigene Netzwerke entwickeln.*

Kürzlich erschien in der *New York Times* ein Artikel über geschäftliche Netzwerke schwarzer Amerikaner. Dazu gehören unter anderem die National Black MBA Association, der National Minority Supplier Development Council, die National Association of Black Architects. Mittlerweile gibt es 150 solcher Gruppen, fast doppelt so viele wie 1981.

Jacqueline Dickens, die gemeinsam mit ihrem Mann eine Consultingfirma betreibt, meint: »Da das System nicht benutzerfreundlich ist, können Afroamerikaner und andere Farbige es sich nicht leisten zu warten, bis jemand sie aufnimmt. Sie müssen selbst aktiv und initiativ werden. Sie müssen hochrangige weiße, männliche Manager, die Beziehungen zu Leuten in hohen Positionen haben, dazu bringen, sie zu fördern und zu sponsern.«

Ein kluger Mentor nahm einen jungen afroamerikanischen Vizepräsidenten bei J. P. Morgan unter seine Fittiche und

wollte ihm helfen, die kulturellen Rituale der weißen Machtstruktur zu erlernen. Er drängte ihn, Golf zu spielen. Allerdings berichtet der Artikel nicht, ob er ihm auch den Rat gab,
der altbewährten Regel zu folgen: Schlage niemals deinen
Boß.

Für Menschen jeder ethnischen Herkunft, Religion, Bildung,
jeden Geschlechts und Berufs gibt es Gruppen, die auf Gemeinsamkeiten aufbauen. So gäbe es meiner Ansicht nach für
eine Bauingenieurin spanischer Abstammung mit einem Abschluß der Universität Purdue vier bereits fertige Beziehungsnetze, die sich auf »spanische Abstammung«, »Frauen«, »Bau-
ingenieure« und »Purdue-Studenten« stützen.

Allerdings gibt es keinerlei Grund, sich zu beschränken. Wenn
Sie zudem noch Jazz mögen, Gedichte schreiben, Gartenarbeit
lieben und joggen, stehen Ihnen vier weitere Beziehungsnetze
zur Verfügung, die sich nicht auf Herkunft und beruflichen
Werdegang, sondern strikt auf Interessen gründen.

Mackays Maxime
*Sicher ist Beziehungspflege Arbeit, aber niemand hat ge-
sagt, daß sie nicht auch Spaß machen kann.*

Kapitel 44

Kontakte über den Gartenzaun

Nachbarn bilden eine Interessengruppe, die in unserer schnellebigen Zeit nur allzuoft übersehen wird. Sie wissen schon, diese Leute, die rechts und links von Ihnen in derselben Straße wohnen.

Nachbarn gehören zu Ihrem Beziehungsnetz. Und wenn Sie nicht gerade der Tüftler sind, der isoliert und abgeschnitten in seiner Hütte sitzt und Bomben baut, haben Sie zwangsläufig mit ihnen Kontakt, ob es Ihnen gefällt oder nicht.

Und Sie haben gewisse Interessen gemeinsam:

Schulen

Straßen

Lärm

Steuern

Kriminalität

Verkehrsregelung

Haustiere

usw.

Die meisten Probleme, die aus diesen Bereichen erwachsen, überfallen den neuen Hausbesitzer als dicke, fette Überraschung.

> *Obwohl schon der gesunde Menschenverstand gebietet, die nötige Sorgfalt walten zu lassen, bevor man die wichtigste Anschaffung seines Lebens tätigt, möchte ich gar nicht erst schätzen, wie viele Menschen sich Hals über Kopf in dieses Abenteuer stürzen, statt sich vorher umzusehen.*

»Ach, Ihr Makler hat Ihnen nichts von dem Reha-Zentrum für Drogenkriminelle gesagt, das gleich neben Ihrem Haus eingerichtet wird?«

Wie merkwürdig.

Warten Sie nicht bis zu Ihrer Einweihungsparty, ehe Sie Ihre neuen Nachbarn kennenlernen. Knüpfen Sie Kontakte, bevor Sie den Kaufvertrag unterschreiben.

Im Laufe von dreißig Jahren haben Carol Ann und ich ein halbes Dutzend Häuser gekauft oder gemietet. Jedesmal sind wir vor dem Kauf gemeinsam in der Nachbarschaft von Haus zu Haus gegangen.

Nach den üblichen Höflichkeiten oder – den noch aufschlußreicheren – Unhöflichkeiten stellten wir unsere Fragen. Ich bin überzeugt, Sie kennen sie.

»Wie sind die Schulen?«

»Gibt es genügend gleichaltrige Kinder, mit denen unsere spielen können?«

»Probleme mit Kriminalität?«

»Wie ist die Nachbarschaft?«

»Sind Projekte geplant, die die Wohngegend betreffen, zum Beispiel eine Änderung der Verkehrsregelung?«

Und die entscheidende Frage: »Was würde Sie veranlassen, hier fortzuziehen?«

Wir haben viele Häuser nicht gekauft wegen einiger Nachteile, auf die wir erst durch unsere Fragen gestoßen sind: eine Eisenbahnlinie, die zwar einige Blocks entfernt verlief, aber dennoch um vier Uhr morgens eine Lärmbelästigung darstellte; eine Grundschule, in der es heftige Auseinandersetzungen um den Lehrplan gab; und ein handgreiflich streitendes Ehepaar, dessen Zwistigkeiten sich oft bis in den Vorgarten erstreckten.

Solche häßlichen Kleinigkeiten schnappen Sie nicht auf, wenn Sie an einem Sonntagnachmittag durch die Straßen von Happy Valley fahren.

Ein bißchen Beinarbeit kann Ihnen sehr viel Kummer ersparen.

Dieses Vorgehen hat noch einen weiteren Vorzug. Ganz gleich, wo Sie sich schließlich zum Kauf Ihres Hauses entschließen, Sie haben bereits anfängliche Kontakte zur Nachbarschaft geknüpft.

Sie brauchen nicht erst *nach* dem Kauf von Tür zu Tür zu ge-

hen und sich vorzustellen. Sie waren schon mal da. Das ist erledigt.

Allerdings gibt es eine sichere Methode, Ihre Beziehungen zur
Nachbarschaft nachhaltig zu beeinträchtigen (und möglicherweise Ihre Zugehörigkeit zur Nachbarschaft zu beenden).

Nämlich der Abend, nachdem Ihr Kind den High-School-Ab-
schluß geschafft hat und Sie eine Party geben. Falls Sie nach
psychiatrischer Untersuchung als hinreichend gesund eingestuft worden sind, Ihre Funktionen innerhalb der Gesellschaft
zu erfüllen, gibt es zwei Dinge, die Sie unbedingt tun müssen.
Müssen.

MÜSSEN.

Engagieren Sie einen Sicherheitsdienst. (An dieser Stelle rufen Sie Ihren Bekannten bei der Polizei an und engagieren ein
paar Ex-Polizisten.)

Sorgen Sie um Himmels willen dafür, daß Sie alle Nachbarn
einladen. Wenn sie ohnehin die ganze Nacht aufbleiben müssen, können sie ebensogut einen Platz in der ersten Reihe bekommen. Lärm von der Band. Lärm von den Jugendlichen.
Verstopfte Straßen. Wagen, die auf dem Rasen parken. Un-
wahrscheinlicher Betrieb und ungebührliches Benehmen. Und
noch andere, schreckliche Dinge, Dinge, die Sie in Happy Valley nie für möglich gehalten hätten.

Keine Sorge, Ihre Nachbarn werden sich revanchieren. Sobald
deren Kinder den Schulabschluß machen.

> **Mackays Maxime**
> *Graben Sie Ihren Brunnen tief genug. Es könnte sein, daß*
> *Sie darin abtauchen müssen.*

Kapitel 45
Hereinspaziert, heute sind keine Haie in Sicht

Unter Freunden ein offenes Verhältnis von Geben und Nehmen zu entwickeln ist relativ einfach; schwieriger ist das unter
Bekannten. Aber wie ist es mit Kunden? Auch sie gehören zu
Ihrem Beziehungsnetz und verdienen es, daß man Ihnen Ge-
hör schenkt – und auf sie hört.

Vor einigen Jahren sollte ich als Hauptredner auf einer Veranstaltung sprechen, die die Glaswarenfabrik Corning für 500 ihrer besten Kunden organisiert hatte. Corning ist ein Unternehmen mit stolzer Firmengeschichte und einem Umsatz von
4,8 Milliarden Dollar. Alljährlich besuchen mehr Touristen das
Corning-Glass-Museum als die Niagarafälle, die gute 200 Kilometer weiter nördlich liegen.

Eine Viertelstunde, bevor ich das Rednerpult betreten sollte,
ergriff der Verkaufsmanager das Wort.

Er bat die Zuschauer, unter ihre Sitze zu greifen, wo sie eine
Fernbedienung finden würden. Das Licht wurde gedämpft,
und hinter ihm fuhr eine Leinwand herunter, auf der Fragen
mit mehreren Antwortmöglichkeiten erschienen.

Anhand dieser Fragen wollte das Unternehmen feststellen,
was die Kunden von Corning und seinen Produkten hielten.
Man befragte die Kunden zu Preis, Service, Qualität, Leistung,
Vielfalt, Eigenschaften – praktisch zu allem, was sich auf die
Kaufentscheidung auswirken könnte.

»Wir sichern Ihnen völlige Anonymität und Vertraulichkeit
zu«, erklärte der Sales Manager. »Wir sind hier nicht auf einem Love-in. Wir möchten Ihre ehrliche Meinung erfahren.«
Die Fragen wurden abgespult. Zu jeder konnten die Kunden
über Knopfdruck eine Benotung abgeben, die zwischen eins
und zehn lag, soweit ich mich erinnere.

Jetzt kommt das Erstaunliche.

Als alle Fragen beantwortet waren, zeigte Corning dem Publikum die Resultate.

Sie waren nicht sonderlich erfreulich. Manche Antworten mußten dem Unternehmen eher peinlich sein. Viele andere waren recht positiv. Dennoch bedurfte es einer gehörigen Portion Mutes seitens der Firma, hier die schmutzige Wäsche vor ihren Kunden – ihren besten Kunden – zum Trocknen aufzuhängen.

Und dennoch bedankte sich der Sales Manager überschwenglich.

»Sie haben uns genau das gegeben, worum wir Sie gebeten haben und was wir brauchten«, erklärte er. »Ehrlichkeit. Wir haben vor, mit Ihnen ebenso ehrlich zu sein. Wir wollen versuchen, die Dinge, die Sie betreffen, zu korrigieren. Nie in dem Bemühen zu erlahmen, es besser zu machen. Alles in unserer Macht Stehende zu tun, Ihre Zustimmung zu gewinnen und mit Ihnen im Geschäft zu bleiben. Ohne Sie können wir nicht überleben, und der einzige Weg, mit Ihnen zu überleben, ist, Ihren Anforderungen gerecht zu werden.

Wir danken Ihnen für Ihre Ansichten, Ihre Einblicke und Ihre Bereitschaft, sie uns ungeschminkt mitzuteilen. Wir hören auf Sie. Und jetzt würde ich gern unseren angekündigten Redner vorstellen ...«

Glauben Sie mir, das war der beeindruckendste Auftritt, nach dem ich je eine Rede halten mußte. Ich bin Kaufmann, seit die Schlange Eva den Apfel verkauft hat, aber es war das erste Mal, daß ich Kunden erlebt habe, die bereit waren, über Stühle zu klettern, um ihre Bestellungen zu machen.

Was ist Beziehungspflege? Meist ist sie recht prosaisch – hilfst du mir, helfe ich dir. In allzu vielen Fällen erreicht sie jedoch nie die Ebene eines ehrlichen Austauschs. Und ist Ehrlichkeit nicht das, was wir alle am dringendsten brauchen?

Mackays Maxime
Alle Reichtümer der Welt verblassen gegenüber dem Wert einer ehrlichen Meinung.

Kapitel 46

Marilyn Nelson erzählt: Wie wir den Zuschlag als Austragungsort der Spiele um den Super Bowl bekamen

Einleitung

Was hat Marilyn Nelson nicht schon alles gemacht?
Zur Zeit versieht sie ein Dutzend Ehrenämter. Und im Laufe der Jahre hat es derer viele gegeben. Marilyn ist auch im Verwaltungsrat so bekannter Unternehmen wie Exxon, First Bank System und U.S. West.
In der langen Liste ihrer Ehrungen finden sich immer wieder Begriffe wie »Engagement«, »Dienst«, »Führung« und »Gemeinsinn«. Vom König von Schweden ist sie sogar in den Adelsrang erhoben worden, und eine ähnliche Auszeichnung hat sie vom Präsidenten Finnlands erhalten. In ihrer wahrhaft großzügigen, hingebungsvollen und unermüdlichen ehrenamtlichen Tätigkeit sucht sie ihresgleichen. Zudem ist sie warmherzig, geistreich und immer eine gute Gesellschafterin.
Marilyn ist Vizepräsidentin der Carlson Companies, einem Unternehmen in Privatbesitz mit Hauptsitz in Minneapolis und 12 Milliarden Dollar Umsatz. Ihr Vater, Curt Carlson, hat kürzlich bekanntgegeben, daß er die Unternehmensleitung an Marilyn übergeben wird. Ja, es handelt sich um *den* Curt Carlson, den berühmtesten Milliardär Minnesotas. Aber hören Sie zu. Curt ist durchaus nicht der Typ, der auch nur eine Hot-Dog-Bude an seine Tochter übergeben würde, wenn sie nicht die Richtige dafür wäre, geschweige denn ein Unternehmen, das Milliardenumsätze macht.
Sie kann es, und das hat sie mehrfach bewiesen.
Und nun ihre Geschichte:

Marilyn Nelson erzählt

Wie Harvey bereits gesagt hat, kann ich einfach nicht »nein« sagen. Ich übernehme gern ehrenamtliche Aufgaben und arbeite gern mit anderen Freiwilligen zusammen. Freiwillige Helfer sind voller Energie, ihre Projekte bewirken viel Gutes in der Gemeinschaft und können auch Spaß machen.

Den Gouverneur von Minnesota, Rudy Perpich, lernte ich kennen, als ich im Auftrag der National Endowment of the Arts and Humanities das Projekt ›Scandinavia Today‹ leitete. Meist führt eins zum anderen, vor allem, wenn man für seine ehrenamtliche Tätigkeit bekannt ist, und so muß ich wohl in die Adreßkartei des Gouverneurs geraten sein.

Als Minnesota sich als Austragungsort für die Super Bowl* bewarb, bat er mich, den Vorsitz des Bewerbungskomitees zu übernehmen. Nun paßt das, was ich von Football verstehe, in eine sehr kleine und wenig spektakuläre Superschüssel, aber ich verstehe etwas von Promotion, Begeisterung und schlichter alter Prachtentfaltung.

Dazu braucht man ein Beziehungsnetz, ein wirklich großes Beziehungsnetz.

Und meine Adreßkartei ist ebenso wie die des Gouverneurs nicht zu verachten.

Sie umfaßt rund 5000 Namen aus allen Bevölkerungsschichten, von Polizisten und Beamten über Tanzbands bis hin zu Fenstermalern, Bäckern, Bankern und sogar Eisburgenbauern.

Sie alle brauchten wir für diese Party.

Wie holt man im Januar 100 000 Besucher nach Minnesota? Man nennt die Aktion ›The Great Minnesota Warm-up‹.

Und man verpflichtet ein Netzwerk in Armeestärke aus talentierten, hochmotivierten Freiwilligen, die die Stimmung anheizen.

---

* Meisterschaftsspiele der amerikanischen Football-Profiliga, National Football League – Anm. d. Übers.

Reibungslos schlüpften die Freiwilligen aus ihrer bisherigen Rolle in die neue und paradierten nun statt mit skandinavischen Flaggen in Super-Bowl-T-Shirts und sangen statt der skandinavischen Nationalhymnen anfeuernde Football-Lieder.

Nun, wir bekamen den Zuschlag als Austragungsort der Spiele um die Super Bowl – es gab an diesem Tag auch keinen Schneesturm, nicht zuletzt sicher auch dank der inständigen Gebete von Millionen Einwohnern Minnesotas –, und viele Zuschauer, die keins dieser Sportereignisse auslassen, sagten, es seien die bestorganisierten Super-Bowl-Spiele gewesen, die sie je erlebt hätten.

Unser Netzwerk ist so stark, daß wir, glaube ich, notfalls auch ein globales Ereignis innerhalb von Tagen organisieren könnten.

Jeder, der einen 10 000 Stimmen starken Chor braucht, soll sich einfach an uns wenden. Die Spiele sind eröffnet! (Reine Übungssache.)

Was Marilyn in ihrer Bescheidenheit nicht erwähnt hat, ist der entscheidende Teil der Geschichte.

Die Infrastruktur für die Organisation der Super-Bowl-Spiele auf die Beine zu stellen ist gut und schön. Eine völlig andere Sache ist es hingegen, die Mannschaftseigner zu überzeugen, im Januar nach Minnesota zu kommen, um sich das Spiel anzusehen.

Als Ausgangspunkt hätten die meisten wohl versucht, den Kommissar der National Football League, Paul Tagliabue, zu gewinnen, damit er Minnesota als Austragungsort bestimme. Intuitiv begriff Marilyn jedoch, daß solche Dinge in der Football-Profiliga anders geregelt wurden.

Der entscheidende Mann, den es als ersten zu gewinnen galt, war der damalige Eigner der Philadelphia Eagles, Norman

Brown, der Vorsitzende jenes Ausschusses, der den Austragungsort für die Super-Bowl-Spiele auswählte.

Marilyn schickte mich zu ihm, und auf ihre Anregung ging das Bewerbungskomitee dann noch einen Schritt weiter. Wir suchten jeden der 27 übrigen Mannschaftseigner persönlich auf und versuchten, ihn zu gewinnen.

Als der Zeitpunkt der Abstimmung kam, war alles bereits entschieden. Minnesota würde die erste Super Bowl ausrichten.

Mackays Maxime
So gut Ihr Beziehungsnetz auch sein mag, erreichen Sie doch nichts, wenn Sie die Entscheidungprozesse nicht begreifen.

Kapitel 47

Vergessen Sie die Menschen nicht, die Sie zurücklassen

Vergessen – oder unterschätzen – Sie den Einfluß jener Menschen nicht, die kürzlich die Firma oder Organisation, der Sie gemeinsam angehörten, verlassen haben.

> *Daß sie weggegangen sind ist noch kein Grund, ihre Adreßkarten zu zerreißen. Es bestehen sogar recht gute Chancen, daß sie für Ihr Beziehungsnetz noch wertvoller werden.*

Es kann durchaus sein, daß sie neue Kontakte knüpfen, über die Sie selbst derzeit nicht verfügen.

Auch über eine andere Situation sollten Sie sich Gedanken machen, und zwar, wenn ein Ehepaar, das Ihnen nahesteht, sich scheiden läßt.

Nicht selten verschwinden beide Partner für ihren bisherigen Bekanntenkreis gesellschaftlich völlig von der Bildfläche. Ihnen ist es häufig peinlich, diese Freundschaften als Einzelperson aufrechtzuerhalten, wenn die andere Hälfte des Teams fort ist.

Meiner Ansicht nach sollte das intakte Ehepaar zumindest separate Annäherungsversuche an jeden der beiden geschiedenen Partner machen. Lassen Sie Ihre Freunde nicht im Stich, nur weil sich deren Lage verändert hat, auch wenn es eine Veränderung zum Schlechten ist. Das Leben geht weiter. Sie brauchen Sie vermutlich mehr denn je.

Mackays Maxime
*Aus den Augen muß nicht auch aus dem Sinn heißen. Daß
man sich aus den Augen verliert hat Gründe, meist die falschen – Verlust des Arbeitsplatzes, Krankheit, Scheidung.
Lassen Sie den Abstand nicht zu groß werden.*

Kapitel 48
Zeigen Sie Ihren Mitarbeitern die Macht von Beziehungsnetzen

Tim war ein junger Versicherungsvertreter. Er stammte aus einer Arbeiterfamilie, und sein Bekanntenkreis bestand vornehmlich aus biertrinkenden, alleinstehenden Kumpels seiner Softball-Mannschaft. Einer seiner drei besten Freunde arbeitete bei Ford in der Fabrikation, einer bei einer Tankstelle und der dritte war gerade arbeitslos.

Tims Chef, Walter, war ein hervorragender Versicherungsvertreter mit guten Kontakten zur Oberschicht der Stadt. Aufgewachsen war er in Country-Club-Kreisen und hatte an einer der Elite-Universitäten des amerikanischen Ostens studiert. Seine Schulkameraden, Studienkollegen und Freunde waren Akademiker der oberen Mittelschicht, deren Leben Tims Welt so fern war wie die Rückseite des Mondes.

Als Walter für Tim ein Schulungsprogramm aufstellte, ließ er ihrer beider unterschiedliche Herkunft völlig außer acht. Walter begriff nicht, weshalb Tim keine großen Versicherungspolicen verkaufte.

Es war kein Wunder, daß Tim es bei der Versicherung nicht weit brachte. Von sich aus besaß er keinerlei Beziehungen, und niemand brachte ihm bei, wie er sie entwickeln oder mit Menschen anderer Herkunft umgehen sollte.

Tim war intelligent und umgänglich. Aber er bekam nicht die richtige Anleitung.

Seine nächste Stelle bekam er bei einem Versorgungsbetrieb. Das Unternehmen ließ Tim einen zweimonatigen Intensivkursus durchlaufen, der ihm die Grundlagen der Branche vermittelte, ihm aber auch Informationen über Kunden und potentielle Kunden an die Hand gab, was für ihn das Wichtigste war. Es spielte keine Rolle, wer Tims Freunde waren. Entscheidend war, wie gut er Kontakte zu knüpfen vermochte, sobald er eine fundierte Einführung erhalten hatte. Er wurde äußerst erfolgreich.

Hätte Tim es im Versicherungsgeschäft zu etwas bringen können? Sicher.

Viele erfolgreiche Versicherungsvertreter haben nicht in Harvard studiert und gehören nicht zur Oberschicht. Tim brauchte lediglich einen weniger eingebildeten Fatzke als Walter, der ihn in sein Metier einführte.

Ein weiteres Beispiel dürfte deutlich machen, worauf es ankommt:

Jack stammte ebenfalls aus einer Arbeiterfamilie, in der die Trinkgläser ursprünglich als Marmeladengläser begonnen hatten. Sein Collegestudium versuchte er mit einem Mindestlohnjob zu finanzieren, schaffte es aber nicht. Verzweifelt beschloß er, einen zweiten Job anzunehmen.

Also antwortete er auf eine Annonce in der Studentenzeitung, in der Verkäufer für Aluminiumtöpfe gesucht wurden. Die Zielgruppe bestand aus jungen berufstätigen Frauen, die zum ersten Mal eine eigene Wohnung hatten.

Sehr bald lernte Jack, daß mehr dazu gehörte, alleinstehenden Frauen Töpfe und Pfannen zu verkaufen, als das Verhältnis zwischen Aluminiumanteil und Wärmeleitfähigkeit erklären zu können.

In dieser Situation spielte die Chemie zwischen dem Vertreter und der potentiellen Kundin eine wesentlich größere Rolle als die Metallurgie. Jack konnte hart arbeiten, war lernbegierig und verstand gut mit Menschen umzugehen.

In der Ausbildung lernte er, daß der Schlüssel zu einer erfolgreichen Karriere als Verkäufer in der Suche nach potentiellen Kaufinteressenten lag. Man hämmerte ihm ein, daß jedes Verkaufsgespräch drei neue Anhaltspunkte für weitere Interessenten erbringen mußte, ob man nun zum Abschluß kam oder nicht.

Jack machte seine Sache so gut, daß er bald seinen anderen Job aufgeben konnte und genug Geld für sein Studium verdiente.

Während er mit seinen Töpfen und Pfannen hausieren ging,

lernte er eine Frau kennen, die er später heiratete, »obwohl sie mir nie auch nur einen Untersetzer abgekauft hat«.

Nach dem Studium beschloß Jack, das Verkaufen zum Hauptberuf zu machen. Sein Chef, Milt, war ebenso wie Walter ein hervorragender Versicherungsvertreter. Doch im Gegensatz zu Walter wußte Milt, daß die meisten Versicherungsvertreter nicht scheitern, weil sie nicht verkaufen könnten, sondern weil sie nicht wissen, wie sie Kaufinteressenten finden sollen.

Monatelang nahm Milt Jack mit zu Versammlungen, in Clubs und an alle möglichen Orte, wo es Menschen gab, die sein Produkt kaufen könnten. Da Milt alt genug war, daß er Jacks Vater hätte sein können, überlegte er, daß einige Freunde seiner Kinder durchaus potentielle Kaufinteressenten für Jack sein mochten.

Es dauerte eine Weile, aber nach und nach baute Jack sich ein Beziehungsnetz auf. Zwar hatte Milt ihm beigebracht, sich in Kreisen zu bewegen, die sich seine Dienste leisten konnten, aber sein Glück hatte Jack selbst gemacht.

Mittlerweile ist Milt gestorben, aber in den letzten gut fünfzehn Jahren seines Lebens hatte er sich zur Ruhe gesetzt und arbeitete teilweise für Jack. Die Agentur gehört nun Jack, und er beschäftigt einen beträchtlichen Mitarbeiterstab.

Sind Sie ein Manager? Falls ja, wissen Sie ja, daß Ihre Ergebnisse weitgehend von den Leistungen Ihrer Untergebenen abhängen. Sie werden ihre Sache wesentlich besser machen, wenn sie die Kunst der Beziehungspflege beherrschen. Vergessen Sie nicht, ihnen zu sagen, daß sie damit auch ihrer eigenen Karriere nützen.

Mackays Maxime
Mitarbeiter in die Kunst der Beziehungspflege einzuführen ist die beste Investition in die Zukunft, die Sie machen können. Übrigens: Tut Ihr Chef das gleiche für Sie?

Mackays »Zwei-zum-Preis-von-einer-Maxime«
Ein Beziehungsnetz können Sie mit jedem erdenklichen In-
strumentarium aufbauen, solange Sie wissen, wie Sie es
einzusetzen haben. Jeder fähige Zimmermann kann ein
Haus bauen, aber nicht zwei Zimmerleute benutzen den
gleichen Werkzeugsatz.

Kapitel 49
Beziehungsnetz zu verkaufen

Sie brauchen hochkarätigen Rat, besitzen aber nicht die hochkarätigen Kontakte, ihn zu bekommen. Lösung? Sie engagieren das Netzwerk, das Sie brauchen.

Einmal mußte ich selbst davon Gebrauch machen, als ich mich anfangs selbständig machte.

Damals hatte ich ziemlich viel Ahnung von Verkauf und Marketing. Ich hatte seit fünf Jahren Briefumschläge verkauft und beherrschte das Metier im Schlaf. Aber wer will schon den größten Teil seines Tages mit Schlafwandeln verbringen?

Statt für jemand anderen zu arbeiten, wollte ich etwas Eigenes aufziehen. Also kratzte ich jeden Pfennig zusammen, den ich besaß und verschuldete mich, wie es aussah, für den Rest meines Lebens, um eine marode Briefumschlagfabrik mit ein paar altersschwachen Maschinen zu kaufen.

Wenn Sie in einem produzierenden Gewerbe sind, müssen Sie zwei Dinge meistern: Erstens: Sie müssen Ihre Waren zum geringstmöglichen Preis, aber ohne Qualitätseinbußen herstellen; zweitens: Sie müssen diese Waren zu einem Preis verkaufen, der über den Herstellungskosten liegt.

Ganz einfach, oder? Wieso bewegte ich mich dann nach drei Jahren am Rande des Ruins? Was Problem Nummer eins anging, schaffte ich es ganz gut, aber bei Nummer zwei hing ich in den Seilen. In diesen drei Jahren hatte ich drei Betriebsleiter verschlissen, konnte aber immer noch keinen Briefumschlag mit Gewinn verkaufen. Ich beschloß also, mir einen Unternehmensberater zu suchen, der mir helfen könnte. Meine Überlegung war folgende: Im ganzen Land gab es 200 Konkurrenten in der Briefumschlagbranche. Keiner von ihnen würde mir bereitwillig eine Führung durch sein Werk geben. Ich brachte keinerlei Erfahrungen im technischen Bereich mit.

Und ich hatte kein Spionagenetz, über das ich erfahren hätte, was die anderen richtig machten, ich aber falsch.

Die richtige Consulting-Firma, die auf Kostensenkung spezialisiert war, kannte die Werke von mindestens 25 meiner Konkurrenten von innen. Mir blieb die Wahl, entweder eine Vogelscheuchenperücke und eine Pappnase aufzusetzen und mich als Inspektor einer Aufsichtsbehörde einzuschmuggeln oder dieses Wissen zu kaufen.

Maschinenzeiten, Ausstoß pro Stunde, Produktionskapazität, Ausschuß – was versteht ein Mann wie ich schon von diesem Zeug? Ich hätte ein halbes Leben gebraucht, bis ich begriffen hätte, was ich tun mußte, um meine eigenen Anforderungen zu erfüllen.

Ich brauchte einen Experten. Also engagierte ich einen.

Jeden in meinem damals noch mageren Bekanntenkreis bat ich, mir einen Unternehmensberater zu empfehlen und stieß dabei immer wieder auf Spencer Tucker and Associates.

Dreißig Jahre später existiert das Kostenrechnungsverfahren, das Spencer Tucker and Associates für mich entwickelte, bei Mackay Envelopes immer noch. Seit seiner Einrichtung hat es sich Jahr für Jahr als profitabel erwiesen.

Mittlerweile hat diese Consulting-Firma für über 75 Briefumschlaghersteller gearbeitet und sich meiner Ansicht nach zur ersten Adresse für meine Branche entwickelt.

Zwar konnte mein eigener Bekanntenkreis mir die technischen Antworten nicht liefern, die ich brauchte, aber er half mir, Verbindung zu Experten aufzunehmen, die über das nötige Beziehungsnetz verfügten.

Sie waren jeden Penny wert.

Guter Rat ist niemals billig. Billiger Rat ist nie gut.

Vielleicht brauchen Sie Hilfe, um eine neue Stelle zu finden, ein Haus zu suchen, Beratung für Ihre Investitionen zu erhalten oder Ihre beruflichen Qualifikationen zu verbessern. Sicher ist es schön, wenn Sie sich an Ihren Bekanntenkreis wenden und diese Hilfe umsonst bekommen können. Doch manchmal geht das nicht. Dann ist es besser, die besten Berater zu engagieren, die Sie im jeweiligen Stadium Ihrer Karriere bekommen können. Oft bekommen Sie genau das, wofür Sie bezahlen.

Mackays Maxime
Man kann nicht in allem ein Experte sein. Man kann nicht immer einen Experten kennen. Aber Sie können immer einen Experten engagieren.

SCHRITT SIEBEN
Achtung: Fallgruben!

Kapitel 50

Harveys Top-ten-Liste der größten Fehler in der Beziehungspflege

Glauben Sie einem alten Hasen, der es selbst erlebt hat. Wir glauben gern, daß das Alter mit großer Erfahrung einhergeht. Was meinen Sie, woher diese Erfahrung kommt? Genau. Bis jemand eines Tages einen teflonbeschichteten Anzug erfindet, erwachsen die durchdringendsten Einsichten aus dem Rückblick.

Hat die Sache auch eine gute Seite? Sicher. Je mehr Sie aus den Fehlern anderer lernen, um so weniger müssen Sie selbst machen.

Hier ein paar Prachtstücke:

❶ Verwechseln Sie imposante Titel nicht mit Entscheidungsgewalt!

Wie jeder Kaufmann weiß, liegt der Schlüssel dafür, den Zuschlag für einen Auftrag zu erhalten, in dem Wissen, wer diesen Zuschlag erteilt.

Wenn es nicht der Einkaufsleiter ist, ist es derjenige, der die Spezifikationen festsetzt.

Wenn es nicht derjenige ist, der die Spezifikationen festsetzt, ist es diejenige, die das Budget aufstellt.

Wenn es nicht diejenige ist, die das Budget aufstellt, ist es der Chef derjenigen, die das Budget aufstellt.

Wenn es nicht derjenige ist, der …

Sie haben es begriffen.

Jede Organisation ist anders aufgebaut. Keine Skizze der Organisationsstruktur kann Ihnen sagen, wer in Wahrheit die Entscheidungen fällt.

Heutzutage gibt es wesentlich weniger Frühstücksdirektoren

als früher. Die Rationalisierungsflut hat die leeren Anzüge und Vögel in goldenen Käfigen aus den Unternehmen geschwemmt.

Die Leute, die geblieben sind, üben mehr Macht aus denn je, auch wenn es sich in ihren Titeln oft nicht widerspiegelt. Die wichtigsten Entscheidungsträger stecken häufig hinter den inkonsequentesten und widersinnigsten Bezeichnungen.

Um herauszufinden, wer die Macht hat, brauchen Sie ein Beziehungsnetz.

❷ Verwechseln Sie Augenfälligkeit nicht mit Vertrauenswürdigkeit!

Al engagierte sich aktiv in seiner Kirchengemeinde. Sehr bald wanderten sämtliche Gemeindemitglieder in Als Adreßkartei. Sobald zwei Leute im Vestibül zusammenstanden, versuchte Al, das Gespräch auf Investitionen zu lenken, ganz gleich, wovon sie bisher gesprochen hatten. Es kam soweit, daß die Gemeindemitglieder ihn nur ungern um sich hatten.

Ein Gemeindemitglied meinte: »Ich bin Schweißer, und ich komme bestimmt nicht in die Kirche, um übers Schweißen zu reden.«

Kirchenkomitees, die immer auf der Suche nach engagierten Mitwirkenden waren, zeigten Al die kalte Schulter.

Es überraschte niemanden, daß Al sich sehr bald aus der Gemeinde zurückzog und sein Glück in einer anderen versuchte. Und die Moral?

> *Schließen Sie sich keiner Organisation, vor allem keiner Religionsgemeinschaft, ausschließlich deshalb an, um Ihre eigenen Interessen zu verfolgen. Ihre Motive wären peinlich offensichtlich.*

❸ Seien Sie kein Schnorrer!

Schnorrer sind Menschen, die immer ein bißchen mehr nehmen, als ihnen zusteht. (Im Unterschied zu einem Gauner, der
ein regelrechter Dieb ist, und einer Nervensäge, die lediglich
lästig ist.)
Sparen Sie sich die Bitten um große Gefälligkeiten für große
Probleme auf. Führen Sie im Kopf laufend Buch, um was Sie
gebeten und was Sie für andere getan haben; überziehen Sie
Ihr Gefälligkeitenkonto nicht.

❹ Nehmen Sie anderen nicht das Neinsagen ab!

Gut, Sie sind auf einen großen Gefallen angewiesen.
Gehen Sie nicht von vornherein davon aus, daß jemand in Ihrem Bekanntenkreis automatisch »nein« sagen würde. Wenn
es im Rahmen seiner Möglichkeiten liegt, Ihnen zu helfen, und
die Sache eine Bitte wert ist, haben Sie keine Angst: Fragen
Sie. Widerspreche ich dem, was ich gerade im vorigen Absatz
gesagt habe?
Ich hoffe nicht.
Benutzen Sie Ihren gesunden Menschenverstand. Anderen lästig zu fallen oder Freundlichkeit auszunutzen ist eine Sache.
Angst zu haben, um Hilfe zu bitten, wenn man sie wirklich
braucht, ist etwas völlig anderes.
Wenn man mich fragen würde, ob es besser ist, zu vorsichtig
oder zu unvorsichtig zu sein, würde ich sagen, wenn es um etwas Wichtiges geht, würde ich eher riskieren zu »betteln« und
es darauf ankommen lassen.
Schlimmstenfalls kann der andere »nein« sagen, aber zumindest haben Sie es nicht für ihn getan.

❺ Vergessen Sie nicht, sich erkenntlich zu zeigen!

Versicherungsvertreter haben ebensowenig die Wahl, ob sie die Kunst der Beziehungspflege lernen wollen, wie Rekruten die Wahl haben, ob sie marschieren wollen.

Es gehört zur Grundausbildung.

Versicherungsvertretern bringt man von Anfang an bei, Beziehungen zu knüpfen und zu pflegen und verlangt es während ihres Berufslebens ständig von ihnen.

Jedes Unternehmen organisiert und benennt seine Beziehungsnetze anders. In Steves Firma waren sie nach Kategorien wie »Einflußzentren« und »Empfehlungen« gegliedert. Steve war ein erfolgreicher Vertreter für Lebensversicherungen.

Da er in seinem Vertretungsgebiet lebte, bat er seinen Freund Howie, von dem er am liebsten Empfehlungen erhielt, ständig um mögliche Kontakte. In den ersten Jahren erfuhr Howie immer sofort, wie es gelaufen war, wenn er Steve einen möglichen Interessenten genannt hatte. Sobald Steve einen Abschluß gemacht hatte, schickte er Howie einen kleinen Dankesgruß und lud ihn mit seiner Frau zum Essen ein, oder er schaute mit einer Flasche in Howies Büro vorbei.

Im Laufe der Zeit wurde Steve immer nachlässiger darin, sich erkenntlich zu zeigen, und nach einiger Zeit hörte Howie auf, ihm Interessenten zu empfehlen.

Mittlerweile hat Howie sich teilweise aus dem Berufsleben zurückgezogen, seine Kinder sind erwachsen und aus dem Haus, und er hat ein bißchen den Anschluß verloren.

Steve mag sich durchaus denken, daß Howie keine Versicherungen mehr abschließt und auch keine Kontakte mehr zu möglichen Interessenten hat, und vermutlich hat er damit recht.

Aber Versicherungsvertreter verkaufen mittlerweile nicht mehr ausschließlich Versicherungen. Wie Howie mir erzählte, hat er gerade Anteile an einem Investmentfonds erworben, allerdings nicht bei Steve. Er hat sie über den Versicherungsvertreter seiner Kinder gekauft.

Wenn jemand aus Ihrem Bekanntenkreis etwas für Sie tut, zei-

gen Sie sich nicht undankbar. Hier sind eine Einladung zum
Essen, Blumen, eine Schachtel Pralinen, eine Flasche Wein,
eine Karte oder auch ein Anruf angebracht. Schließlich mußten diese Menschen sich nicht für Sie einsetzen, haben es aber
dennoch getan.

Und noch ein Tip: Sorgen Sie dafür, auch Menschen an der
Spitze zu danken. Das tut niemand, weil jeder meint, er oder
sie hörten den ganzen Tag, wie toll ihre Firma ist. Ein herz-
liches Dankeschön ist Musik in ihren Ohren. Tun Sie es, und
man wird sich an Sie erinnern.

❻ Verwechseln Sie das Beziehungsnetz Ihrer Firma nicht mit Ihrem eigenen!

Unternehmen sind auf Netzwerke angewiesen, wenn sie effi-
zient arbeiten, ihre Kunden halten und die Firma erhalten wollen.

Einer der Hauptgründe für Rationalisierungsmaßnahmen
liegt nicht allein in der Auslandskonkurrenz. Vielmehr hat das
Management den Wert der Arbeit im Netzwerk erkannt. Wenn
Unternehmen sich darauf konzentrieren, die Beziehungsnetze
zwischen den Mitarbeitern zu verbessern, können sie Eng-
pässe beseitigen, Produkte schneller an die Kunden bringen,
Kosten senken und Gewinne erhöhen.

Das Management hat gelernt, daß die traditionelle hierarchische Organisationspyramide den Arbeitsprozeß verlangsamt.
Je weniger Menschen einen Vorgang abzeichnen müssen,
umso schneller können Entscheidungen getroffen werden,
umso schneller läßt sich der Produktionskreislauf betreiben,
umso mehr Kunden kann man halten und umso besser sind
die Überlebenschancen des Unternehmens. Vorbei ist es mit
fünf Entscheidungsebenen und dem Papierkram; willkommen
sind Mitarbeiter, die Aufgaben effektiv bewältigen können.

Ein besseres Beziehungsnetz bedeutet weniger Mitarbeiter.
Wenn Sie Ihren Job behalten wollen, muß Ihr Beziehungsnetz
ebensogut oder besser sein als das Ihrer Firma.

Sie brauchen:

- Unterstützung und Förderer in anderen Abteilungen als Ihrer eigenen, damit Sie in eine andere Abteilung wechseln können, falls Ihre verkleinert oder wegrationalisiert wird.
- Informationskanäle, über die Sie erfahren, was in anderen Unternehmensbereichen vorgeht – welche Abteilung wächst, welche schrumpft.
- Die Ansichten eines Außenseiters über Ihre Firma und über branchenweite Tendenzen, die sich auf Ihre Rolle im Unternehmen auswirken.
- Voraussicht, welche Qualifikationen in Ihrer Firma demnächst gebraucht werden.
- Eine Rückzugsstrategie für den Fall, daß Sie entlassen werden – mit anderen Worten, ein berufliches Beziehungsnetz außerhalb Ihrer Firma.

Glauben Sie, daß Ihre Firma Ihnen all dies bieten wird? Auf keinen Fall. Hier sind Sie ganz allein auf sich und Ihr eigenes Beziehungsnetz angewiesen.

❼ Verschleppen Sie die Antwort auf Anrufe nicht!

Auf Ihrem Anrufbeantworter ist ein Anruf. Sie wissen, daß jemand Sie um Hilfe bitten möchte und daß es Sie Zeit und Mühe kosten wird, der Bitte nachzukommen.
Spielen Sie auf Zeit? Ignorieren Sie den Anruf?
Tun Sie's nicht.
Selbst wenn Sie nicht damit rechnen, daß man sich je für Ihre Mühe revanchieren wird. Denken Sie daran, daß sich in Ihrem Beziehungsnetz Ihre Fehlschläge und Unterlassungen ebenso schnell herumsprechen wie Ihre Erfolge. Es mag zwar sein, daß keine gute Tat unvergolten bleibt, auf jeden Fall aber spricht sich jede schlechte Tat herum.

❽ Vermutlich wird nicht nur Ihr Bekanntenkreis älter, sondern auch Sie.

Klingelt das Telefon nicht mehr so oft wie früher?
Vielleicht liegt das an der Tatsache, daß nicht mehr so viele Leute telefonieren.
Sie benutzen E-Mail, Fax und Internet.
Wenn Sie ein alter Knabe sind wie ich, haben Sie vermutlich auch das Beziehungsnetz eines alten Knaben.
Nun ja, alte Knaben setzen sich wesentlich häufiger zur Ruhe, werden öfter krank und überleben sich eher als Jüngere.
Wenn Sie sich also nicht ehrlich bemühen, Ihre Techniken und Kenntnisse zu modernisieren, schrumpft Ihr Beziehungsnetz zusammen. Der Wert Ihrer Beziehungen bewegt sich innerhalb der Grenzen Ihrer unterentwickelten Techniken und Kenntnisse.
Weiter oben in diesem Kapitel habe ich von Howie erzählt, der Geschäfte mit einem anderen Versicherungsvertreter abgeschlossen hat, weil Steve, sein ehemaliger Versicherungsvertreter, sich nicht die Mühe gemacht hatte, mit ihm in Kontakt zu bleiben und seinem alten Kunden nicht einmal ein paar elementare Höflichkeiten erwiesen hatte.
Doch selbst wenn Steve Howie mit Blumen überschüttet hätte, hätte es durchaus sein können, daß Howie sich von ihm abgewandt hätte.
Wieso? Weil Steve einfach nicht mehr auf Draht war.
Investmentfonds? Wozu? Steve verdiente doch mit Lebensversicherungen ganz gut. Die kannte er in- und auswendig. Neue Ideen oder Produkte hatte er nicht nötig. Die meisten seiner Klienten waren durchaus mit dem zufrieden, was er zu bieten hatte.
Aber die Zeiten ändern sich. Howie hatte Geld zu investieren. Er wollte sehen, wie es sich vermehrte. Er wußte, daß Unternehmen, die neue Produkte entwickelten oder die technologische Revolution nutzten, enorme Investitionschancen boten. Er suchte jemanden in seinem Bekanntenkreis, der ihm half, sie zu finden.

Howie hatte nicht vor, seine hart verdienten Ersparnisse einem Mann anzuvertrauen, der E-Mail nicht von Eilbriefen unterscheiden konnte.

Ihr Beziehungsnetz ist nur so gut wie die Kenntnisse und Informationen, die Sie einbringen können.

Wenn sie veraltet oder überholt sind, was glauben Sie, wie Ihr Bekanntenkreis dann aussieht?

Erfassen Sie den Zeitgeist.

❾ Unterschätzen Sie den Wert der persönlichen Note nicht!

Die großen Supermarktketten verkaufen ihr Brot und andere Massenwaren als Lockartikel unter dem Selbstkostenpreis. Baumärkte werben für Elektrowerkzeuge und verkaufen sie zu niedrigeren Preisen, als kleine Ladenbesitzer sie einkaufen können.

Wie schaffen Sie es zu überleben, wenn Sie einen kleinen Laden betreiben und mit den Giganten konkurrieren müssen?

Für kleine Geschäfte ist es lebenswichtig, Beziehungen zu knüpfen und zu pflegen. Die »persönliche Note« ist Ihr Äquivalent zum Lockangebot. Sie zieht Kunden in den Laden und läßt sie wiederkommen.

Wenn Ihre Kunden finden, daß Sie besser sind als Ihre Konkurrenz, haben sie vermutlich recht. Entscheidend ist, herauszufinden, was sie zu dieser Ansicht veranlaßt, und diesen Aspekt maximal zu nutzen.

Wie schaffen Sie das? Fragen Sie sich: Warum kaufen Ihre Stammkunden bei Ihnen, und was haben Sie ihnen zu bieten, damit sie wiederkommen?

Nehmen wir an, Sie haben eine Bäckerei. Sind Sie mit Ihren Kunden aufgewachsen und zur Schule gegangen? Gehören Sie derselben Kirchengemeinde an? Leben Sie im selben Viertel? Gehören Sie denselben Vereinen an? Haben Sie geschäftliche Kontakte zu ihnen?

Falls keiner dieser Punkte auf Sie zutrifft, haben Sie vielleicht

Leute eingestellt, für die sie gelten? Haben Sie Kinder solcher Leute in Ihrer Bäckerei angestellt?

Sponsern Sie einen Verein? Spenden Sie Waren für Wohltätigkeitsveranstaltungen? Schalten Sie Anzeigen in Lokalzeitungen und Schulzeitungen? Wenn Sie ein kleines Geschäft betreiben, gibt es zahlreiche Möglichkeiten, besser bekannt zu werden.

Haben Sie ein charakteristisches Produkt oder eine Dienstleistung zu bieten, die sich als Zugpferd nutzen läßt? Frischere Ware? Ein paar Sitzplätze, wo Kunden zu ihren Brötchen eine Tasse Kaffee trinken können? Ein Tablett mit kostenlosen Proben auf der Theke? Ein doppelt so großes Zimtbrötchen wie alle anderen?

Beliefern Sie alle Großabnehmer Ihrer Umgebung? Wie viele Restaurants oder Kantinen gibt es, die Sie in Ihr Beziehungsnetz einbinden könnten? Wie viele könnten Sie als Kunden gewinnen, wenn Sie ihnen ein auf ihre Bedürfnisse zugeschnittenes Angebot machten? Die großen Supermärkte sind möglicherweise nicht so entgegenkommend oder zuverlässig wie Sie. Könnte es sich lohnen, Ihren Einzugsbereich ein paar Kilometer auszuweiten, um neue Kunden zu gewinnen?

Die Eisenwarenhandlung, die Metzgerei, die Tankstelle und alle Geschäfte in Ihrer Nachbarschaft müssen sich in diesen Dingen üben.

> *Kleine Geschäfte, die überleben und blühen, verstehen es, den Kontakt zu ihren Kunden und möglichen Kunden zu pflegen, indem sie den Schwerpunkt auf den persönlichen Dienst am Kunden legen, den große Geschäfte nicht bieten können.*

Diese Herangehensweise hat noch einen weiteren Vorzug. Bei Kunden, die Sie persönlich kennen, fällt Ihnen auch auf, wenn sie nicht mehr mit der gleichen Regelmäßigkeit zu Ihnen kommen. Schicken Sie eine Karte. Sagen Sie Ihnen, daß Sie sie vermißt haben. Bieten Sie ihnen kostenlos eines Ihrer neuen

Rosinenbrote an, wenn sie wieder einmal vorbeischauen. Einen alten Kunden zu halten, lohnt einige Ausgaben, denn einen neuen zu gewinnen ist wesentlich teurer.

⑩ Wenn Sie etwas nicht wissen, fragen Sie. Wenn Sie es wissen, fragen Sie trotzdem!

Viele kleine Ladenbesitzer scheuen sich, ihre Unwissenheit zu bekunden und Fragen zu stellen. Dagegen bemühen sich große Unternehmen ständig, durch Marktforschung und ausgeklügelte Untersuchungsverfahren über Kundenwünsche auf dem laufenden zu bleiben. Um dort mithalten zu können, stellen Sie einen Fragebogen zusammen und legen ihn so aus, daß Kunden ihn mitnehmen. Das ist eine preiswerte Methode, die Ihnen wertvolle Rückmeldungen liefern kann.

Und wenn Sie die Rücklaufquote vervierfachen wollen, kündigen Sie in einem Nachsatz an, daß Sie allwöchentlich zwei Eintrittskarten für Fußball-, Basketball- oder Eishockeyspiele oder was auch immer verlosen.

Noch ein letzter Gedanke: Auch Lieferanten sind eine hervorragende Informationsquelle. Da Sie ihr Kunde sind, haben sie ein begründetes Interesse an Ihrem Erfolg. Sie werden staunen, über welche Fülle von Informationen Ihre Lieferanten verfügen, wenn Sie sie nur anzapfen. »In Happyville gibt es eine Bäckerei in der gleichen Größe wie Ihre, und sie haben ein kleines Café angebaut. Der Besitzer hat mir erzählt, daß es ihm über hundert Mäuse am Tag einbringt und kaum Kosten verursacht.« »Der Eisenwarenhandel drüben in Sunnydale hat sich gerade auf unterirdische Bewässerungssysteme spezialisiert und eine neue Schlittschuhschleifmaschine angeschafft, das ist ein Riesenerfolg.«

Auch ein kleines Geschäft kann ein weitreichendes Beziehungsnetz aufbauen. Der kleine Kaufmann kann kreativer sein als eine landesweite Kette und kann Verkaufsförderung maßgeschneidert auf seine Zielgruppe abstimmen.

Mackays Maxime
Weise ist nicht der, der die wenigsten Fehler macht, sondern der, der am meisten aus ihnen lernt.

Kapitel 51

Norman Ornstein erzählt: Was man nicht tun sollte, um Freunde zu gewinnen und Menschen zu beeinflussen

Einleitung

Die *Columbia Journalism Review* nannte Norman Ornstein *»den gefragtesten Experten des Landes«*. Das *National Journal* bezeichnet ihn als *»Presse-Ikone«*.

Norman ist Wissenschaftler beim American Enterprise Institute for Public Policy Research. Er macht Wahlanalysen für CBS News und war fünfzehn Jahre lang mit Beiträgen und als Berater für MacNeil/Lehrer News Hour tätig. Sein neuestes Buch trägt den Titel »Lessons and Legacies: Farewell Addresses From the Senate«. Weitere Veröffentlichungen sind »Debt and Taxes«; »The People, Press and Politics« und »Vital Statistics on Congress«, das mittlerweile die achte Auflage erreicht hat.

Norman und ich haben uns durch die Young President Organization kennengelernt und waren bei mehreren internationalen Tagungen gemeinsam als Gastredner geladen.

Er ist ein begabter Autor, Lehrer und Erzähler. Sehen Sie selbst. Hier sind zwei wunderbare Geschichten über Fehler, die man in der Beziehungspflege tunlichst vermeiden sollte.

Norman Ornstein erzählt

In den siebziger Jahren verbrachte ich sehr viel Zeit damit, mit Reportern zu telefonieren. Das tue ich immer noch. Die Folge ist, daß ich häufig in Zeitungen, Zeitschriften und im Fernsehen zitiert werde, und das wiederum hat mir den Beinamen »Zitatenkönig« eingebracht, der mir seitdem anhaftet.   ▷

Ein Grund, weshalb Reporter mich anriefen, war, daß ich ihre Anrufe so schnell ich konnte beantwortete. Als junger Professor rief ich von Zeit zu Zeit bei bedeutenden Persönlichkeiten des politischen und journalistischen Lebens an, um eine Frage zu stellen. Manche riefen zurück, andere warteten erst einen zweiten oder dritten Anruf ab, und wieder andere riefen nie zurück. Das tat weh. Sicher, ich war damals noch ein völlig unbedeutender Anfänger, aber schließlich ist es ein schlichtes Gebot der Höflichkeit, jemanden zurückzurufen. Und damals habe ich mir vorgenommen, nie so zu werden, wenn ich je einen solchen Status erlangen sollte, daß Menschen mich anriefen.

Allerdings ist mir inzwischen auch klargeworden, weshalb es manchmal schwierig ist, alle Anrufe zu beantworten. Manchmal hatte ich Termine einzuhalten; manchmal stapelten sich die unerledigten Mitteilungen auf meinem Schreibtisch. Da war die Versuchung groß, bei den Rückrufen Prioritäten zu setzen, und zwar nicht nach der zeitlichen Reihenfolge sondern nach Renommee – Anrufe der *New York Times* und der *Washington Post* zu beanworten, Anrufe des *Omaha World-Herald* oder der *Fresno Bee* dagegen nicht. Es gab einen ganz praktischen Grund, so vorzugehen. Eine namentliche Erwähnung in der *Post* oder der *Times* bedeutete, daß einflußreiche Leute mich zitiert fänden, was mein Ansehen steigern würde, während niemand, den ich kannte oder kennenlernen wollte, die Zeitungen aus Omaha oder Fresno las.

In Erinnerung an meine eigenen Anfangsjahre bemühte ich mich jedoch, nicht so vorzugehen. Und nach einer Weile erkannte ich praktische Gründe, weshalb ich zugleich Gutes tat und selbst dabei gut abschnitt. Wie sich herausstellte, gab es nämlich durchaus Menschen, die ich kannte und an denen mir lag und die die Zeitungen von Omaha, Fresno oder hunderte ähnlicher Blätter draußen im Land lasen – Politiker, die in ihrer Heimatstadt wohnten oder sie und ihren Bundesstaat vertraten. Und wie sich herausstellte, kümmerten sie sich wesentlich mehr darum, was ihre Lokalzeitungen über sie schrieben, selbst die winzigen Wochenblättchen, als was *Times, Post* oder *Wall Street Journal* zu sagen hatten.

Wenn die *Washington Post* eine meiner Äußerungen über George Mitchells Verhalten als Führer der Mehrheitsfraktion im Senat brachte, erhielt ich selten eine Reaktion. Doch jede meiner Bemerkungen oder Äußerungen, die in Portland, Maine, in der Zeitung erschien, trug mir eine sofortige Reaktion von Mitchell ein – sei es positiv oder negativ. Das gleiche gilt für Dutzende anderer Politiker von Kansas bis Kalifornien, von Michigan bis Montana. Was ich anfangs aus reiner Höflichkeit begonnen hatte, erwies sich als äußerst nützlich – und ich habe gelernt, daß es sich sehr lohnen kann, scheinbar unbedeutende Menschen respektvoll zu behandeln und mit ihnen zu sprechen.

Und noch eine ähnliche Anekdote.

Während der Amtszeit Präsident Reagans suchte eine Delegation von Medienvertretern Präsident Reagan wegen der Kartellauseinandersetzung auf (einem erbitterten Konflikt zwischen Fernsehsendern und Hollywoodproduzenten, bei dem es um die Sicherung der Senderechte an Fernsehserien und um erhebliche wirtschaftliche Interessen ging). Lange Zeit mußten sie sich in einem Vorzimmer die Beine in den Bauch stehen; dort saß ein junger Mann, der ihnen während der Wartezeit Gesellschaft leistete. Sie ignorierten ihn – Präsidenten von Medienkonzernen hatten es schließlich nicht nötig, einen untergeordneten Beamten als ihresgleichen zu behandeln oder überhaupt zur Kenntnis zu nehmen – und unterhielten sich über ihre Strategie, als sei er gar nicht vorhanden.

Wie sich herausstellte, war der junge Mann Craig Fuller, ein junger, aber einflußreicher Mitarbeiter des Weißen Hauses, der bei Entscheidungen in Kartellfragen mehr mitzureden hatte als sonst einer im Weißen Haus. Mit einem Schlag ▷

hatten sie Fuller abgehakt, einen potentiellen Freund in einen Skeptiker verwandelt, einem Entscheidungsträger einen Teil ihrer Lobbyierungsstrategie enthüllt und sich einen jungen Mann entfremdet, dessen Einfluß und Bedeutung im Laufe der Amtszeit Reagans in großen Sprüngen wuchs.

Mackays Maxime
Unterstellen Sie nie, ein junger Mensch sei bedeutungslos; er oder sie könnte wichtiger sein oder werden, als derzeit große Köpfe es sind. Jeden Menschen mit Anstand und Höflichkeit zu behandeln, entspricht nicht nur guten Manieren, sondern auch guter Politik.

Kapitel 52
Nehmen Sie Ihr Beziehungsnetz mit

Nachdem Sie nun soviel Zeit aufgewandt haben, Ihr Beziehungsnetz aufzubauen und zu dokumentieren, wollen Sie es doch sicher nicht verlieren, falls Sie die Stelle wechseln. Ein größerer Fehler wäre kaum denkbar.

In Amerika machen wir alle uns Gedanken, ob wir unsere Rentenansprüche und medizinischen Versorgungsleistungen behalten, wenn wir den Arbeitgeber wechseln. Und wie sieht es mit Ihrem Beziehungsnetz aus? Wenn es von *Dauer* sein soll, muß es auch transportabel sein.

Ist es das aber wirklich?

Nehmen wir an, Sie sind Vertreter. Betrachtet Ihre Firma Ihre Kundenkartei als ihr Eigentum?

Ich bezweifle sehr, daß viele von uns darauf eine Antwort wissen. Ihren Boß zu fragen, würde ich Ihnen nicht raten.

Ich schätze, manche Firmen sehen das so, andere nicht.

Warten Sie nicht ab, bis es zu spät ist, die Antwort herauszufinden. Falls es in dieser Frage zum Streit kommt, sind Sie wesentlich besser imstande, Ihre Interessen zu wahren, wenn Sie eine Kopie der Kartei besitzen.

Machen Sie eine. Bewahren Sie sie zu Hause auf. Die Kartei im Büro mag der Firma gehören. Wer weiß?

Aber die zu Hause? Wenn Sie die Kopie der Kartei auf eigene Kosten in Ihrer Freizeit erstellt haben und zu Hause aufbewahren, sollte sie ja wohl Ihnen gehören, oder?

Mackays Maxime
In einer Welt, in der Informationen, Arbeitsplätze und sogar ganze Unternehmen vergänglich sind, ist nur Ihr Beziehungsnetz von Dauer. Schützen Sie es.

Kapitel 53
Betreiben Sie Öffentlichkeitsarbeit

Die Meinung anderer über Sie hat einen gewaltigen Einfluß auf Ihr Leben. Welche Gerüchte sind über Sie in Umlauf? Gute? Schlechte? Jeder braucht den Beifall anderer – und sehen wir den Tatsachen ins Auge: Jeder braucht Mittel und Wege, negativem Gerede entgegenzuwirken.

In den letzten Jahren hat ein wichtiger neuer Akteur die politische Bühne betreten: der *PR-Mann* oder die Expertin für Öffentlichkeitsarbeit.

Seine/Ihre Aufgabe ist es, auf jede Situation, die dem Boß schaden könnte, eine positive Reaktion zu entwickeln, zu vertreten und zu verbreiten.

Die guten PR-Experten laufen zur Bestform auf, wenn ihr Chef am schlechtesten dasteht.

Bill Clintons PR-Expertin hatte ihre große Stunde, als sie gekonnt auf die »Schwarzenunruhen« reagierte, die während Clintons erstem Präsidentschaftswahlkampf immer wieder ausbrachen.

Bob Doles PR-Experte schaffte es, die Erklärung an den Mann zu bringen, die alles andere als beeindruckende Reaktion Doles auf Clintons Regierungserklärung habe sich gezielt an einen begrenzten Kreis von Delegierten der Wahlversammlungen in Maine gerichtet, die nach aggressiver rechter Rhetorik verlangten.

Ist da etwas Wahres dran?

Allzu oft sind Pressevertreter zu faul oder zu beschäftigt, den Vorwürfen nachzugehen, oder zu zynisch, den Ergebnissen der Recherchen zu glauben. Sie drucken einfach beides – und überlassen es uns, den Lesern, unsere eigenen Schlüsse zu ziehen.

Hier geht es um Beziehungspflege in ihrer ursprünglichsten

Form: Feuer mit Feuer bekämpfen. Das Beziehungsnetz Ihrer Gegner gegen Ihr eigenes.

Falls Ihnen das alles zu albern oder melodramatisch vorkommt, denken Sie einen Moment nach. Sind in Ihrem Leben schon einmal Situationen entstanden, in denen häßliche Gerüchte Ihnen geschadet haben?

Haben Sie ruhig dabeigestanden und sich niedermachen lassen?

Sie müssen nicht hilflos dastehen, wenn so etwas passiert.

Bringen Sie Ihre eigenen PR-Leute dazu, Ihre Seite darzustellen, sonst laufen Sie Gefahr, eine äußerst schlechte Figur abzugeben.

- Es entspricht nicht der Wahrheit.
- Es sind alte Geschichten.
- Die Quelle hat versteckte Motive.
- Die Lage wurde übertrieben und falsch dargestellt; hier sind die Fakten.

Wenn es sich um einen Angriff handelt, der bleibenden Schaden anrichten kann, sollten Sie die Schläge nicht hinnehmen ohne zurückzuschlagen. Gehen Sie durch Ihr Beziehungsnetz zum Gegenangriff über.

Diese Beziehungen zu nutzen, ist wesentlich effektiver als stillzuhalten und die Sache auszusitzen.

Es zeigt, daß Sie Verbündete haben, die bereit sind, für Sie einzutreten.

Es gibt Ihren loyalen Freunden Gelegenheit, Sie zu verteidigen.

Und es lehrt Ihre Gegner, daß Sie Schläge nicht wehrlos hinnehmen.

Machen Sie Öffentlichkeitsarbeit.

Mackays Maxime
Ihr Beziehungsnetz ist Ihr bester, einfühlsamster und zuverlässigster Spiegel Ihres Erfolges und Ihrer Fähigkeiten.

Kapitel 54

Alarmbereitschaft im Beziehungsnetz

Betrachten wir die »Öffentlichkeitsarbeit« aus einem positiveren Blickwinkel.

Wenn Ihr Name für eine größere Beförderung, eine neue Stelle, einen großen Geschäftsabschluß im Spiel ist, sollten Sie Ihr Beziehungsnetz darauf vorbereiten, sich für Sie bereitzuhalten.

Richter sind ehrfurchtgebietend. Gebildet. Ernst. Mächtig. Schwarze Roben. Sitzen an einem erhöhten Tisch. Sind per Eid zu »Gerechtigkeit und Unparteilichkeit« verpflichtet.

Und da gehen die Kandidaten für das Richteramt hin, laufen sich die Hacken ab und bitten Ihre Bekannten, zu Ihren Gunsten Briefe zu schreiben und Beschlüsse zu fassen.

Richteramtskandidaten überhäufen Gouverneure, Senatoren und Präsidenten mit Empfehlungen von Kollegen und Politikern.

Warum? Weil es funktioniert.

Wenn es Richteramtskandidaten nichts ausmacht, ihre Beziehungen als Lobby für sich zu nutzen, warum tun Sie es nicht ebenfalls?

Wer unterstützt Sie? Nur Sie?

Was sagt das über Ihre Führungsqualitäten aus?

Über Ihr Organisationstalent?

Ihre Stellung unter Ihren Kollegen?

Bei Ihren Freunden?

Die Stärke Ihres Beziehungsnetzes könnte durchaus eine Schlüsselrolle bei der Entscheidung spielen, ob Sie das bekommen, was Sie wollen.

Lassen Sie den aktiven Teil Ihres Beziehungsnetzes – Ihre früheren Vorgesetzten, Kollegen, Lehrer, Banker, Nachbarn (ja, auch Nachbarn) – wissen, daß Sie sie eventuell brauchen.

Stehen sie zu Ihrer Verfügung? Setzen Sie das nicht als selbstverständlich voraus.

Wann haben Sie zuletzt mit den Menschen Kontakt gehabt, die Sie in Ihren Bewerbungsunterlagen als Referenzen angegeben haben? Sie möchten doch sicher nicht feststellen, daß Menschen, die Ihr Lob singen sollen: (a) nicht mehr zu Ihren glühenden Anhängern gehören; (b) unter der Adresse oder Telefonnummer, die Sie angegeben haben, nicht mehr zu erreichen sind, oder (c) nicht mehr leben.

Hmmmm.

»Ich schätze, mit dem Dekan von Rollos College können wir nicht mehr sprechen. Er hat vor fünf Jahren das Zeitliche gesegnet. Vielleicht wußte Rollo das und wollte gar nicht, daß wir Kontakt mit ihm aufnehmen. Und wenn Rollo es nicht gewußt hat und ihn trotzdem angibt, was sagt uns das über Rollo?«

Halten Sie Verbindung. Versetzen Sie Ihr Beziehungsnetz in Alarmbereitschaft.

Vögel tun es, Bienen tun es, selbst Richteramtskandidaten tun es.

Mackays Maxime
R.I.P. Adreßkartei. Lassen Sie Ihr Beziehungsnetz für Sie eintreten!

Kapitel 55

Information im Beziehungsnetz

Wir alle sollten genau zwischen Information und Klatsch unterscheiden.

Es mag sein, daß Sie auf der Empfängerseite durch eine Menge Klatsch waten müssen, um viele Informationen zu bekommen. Das ist der Preis, den Sie zahlen müssen. Es bedarf einer Tonne Dreck, eine Unze Gold zu fördern.

Echte Probleme können Sie dagegen bekommen, falls Sie der Informant sind. Wenn Sie erst einmal in den Ruf geraten, eine Klatschtante zu sein, werden Sie diesen Ruf nie mehr los, und jede Ihrer Informationen wird stark abgewertet, so nützlich oder wahr sie auch sein mag.

Es ist wie mit der Jungfräulichkeit. Einmal verloren, läßt sie sich nie wiederherstellen.

Mackays »geborgte« Maxime
»Zwei große Redner werden es zusammen nicht weit bringen.«
George Borrow

Kapitel 56
Plakativer Blickfang

Beziehungsnetze können Sie plakativ in den Himmel heben.
Sie können Sie aber auch plakativ niedermachen.
Ein lebendiges Beispiel für die Macht von Beziehungsnetzen
ist Bob Packwood. Allerdings gleicht sein plakatives Bild eher
einem Fahndungsfoto.
Erst als Frauen anfingen, miteinander Beziehungsnetze zu
knüpfen, wurde ihnen klar, daß Packwood seit Jahren noto-
risch Frauen sexuell belästigte.
Packwoods Fall war einer von vielen, die ans Licht kamen, als
Frauen in ihren Netzwerken dafür eintraten, Informationen
und Erfahrungen mit Widerlingen, die solche Sachen machen,
untereinander auszutauschen.

---

*Die wachsende Zahl gemeldeter Fälle von sexueller Belästi-
gung ist nicht unbedingt auf mehr sexuelle Belästigungen
zurückzuführen. Sie ist vielmehr das Ergebnis von Netzwerken.*

Mackays Maxime
*Die Tatsache, daß Sie keine Beziehungen pflegen, heißt
noch nicht, daß niemand über Sie redet.*

Kapitel 57

Nicht alle Beziehungen sind gleich

Allzu viele Menschen machen keinen Unterschied zwischen Bekannten und echten, einflußreichen Beziehungen.

Ich weiß, daß mir dieser Fehler unterlaufen ist.

Ich erinnere mich, wie ich mit dem sicheren Gefühl, einen Abnehmer zu haben, in das Büro eines Einkaufsleiters gerauscht bin und zu hören bekam: »Nur weil wir uns kannten, als wir Kinder waren, heißt das noch lange nicht, daß ich heute mit dir Geschäfte mache.«

Ersetzen Sie »als wir Kinder waren« durch »Golf gespielt haben«, »Bier getrunken haben« oder »zusammen ausgegangen sind«, und es gibt keinen Kaufmann, der nicht schon eine ähnliche Abfuhr erhalten hätte.

Die Beziehungen von gestern sind nicht die Beziehungen von heute.

Ihre privaten Kontakte sind nicht Ihre beruflichen Kontakte.

Ihr finanzielles Beziehungsnetz ist nicht Ihr Beziehungsnetz lebenspraktischer Erfahrungen.

Setzen Sie nicht voraus, daß ein Beziehungsnetz automatisch in ein anderes übergeht. Sicher, Sie möchten es versuchen. Jeder gute Kaufmann würde gern jeden Verwandten, den er bis Adam und Eva zurückverfolgen kann, in einen Kunden verwandeln, und versucht das auch. Aber das läuft nicht automatisch. Sie müssen die Grundlagen dafür schaffen, wie Sie es in jeder anderen Geschäftslage tun müssen, und dürfen nicht davon ausgehen, daß jemand verpflichtet wäre, Ihnen die Ehre zu erweisen, mit Ihnen Geschäfte zu machen.

In unserem Land ist es ein Privileg, Geschäfte zu machen, keine Schuldigkeit, auch wenn private oder familiäre Verbindungen den Weg dazu ebnen können.

Vielen, die angenommen haben, sie hätten ein Beziehungs-netz, das jedoch gar nicht existierte, wurden schon zahlrei-che Türen vor der Nase zugeschlagen, auch mir.

Mackays Maxime
Angeln Sie nicht in einer Goldgrube nach Forellen, und su-chen Sie in einem Forellenteich nicht nach Gold.

Kapitel 58

Fragen Sie und Ihnen wird – vielleicht – gegeben

Nehmen wir an, Sie wollen Spenden sammeln.

Sie machen mit einem potentiellen Spender einen Termin.

Sie bitten ihn um 5000 Dollar.

Die kalte, rauhe Wirklichkeit lautet: Er kann nur 500 Dollar geben.

Indem Sie zuviel verlangt haben, haben Sie ihn in eine peinliche Situation gebracht.

Wenn er die 500 Dollar, die er zu spenden bereit war, nun gäbe, hätte er das Gefühl, geizig zu sein.

Das Ergebnis?

Sie bekommen gar nichts.

> *Hätten Sie Ihre Hausaufgaben gemacht und sich in Ihrem Bekanntenkreis umgehört, hätten Sie eine hübsche Spende verbuchen können.*

Lehrgeld: 500 Dollar und ein potentieller Spender.

> **Mackays Maxime**
> *Wenn Sie um das bitten, was Sie wollen, ziehen Sie in Betracht, was der andere geben kann. Überziehen Sie Ihre Forderung, gehen Sie höchstwahrscheinlich leer aus.*

SCHRITT ACHT
Pflege und Erhaltung

Kapitel 59

Harveys Top-ten-Liste der besten Möglichkeiten, Ihre Kontakte zu pflegen

❶ Nutzen Sie den Kalender kreativ!

Selbstverständlich schicken Sie Glückwunschkarten zu Geburtstagen und anderen Jahrestagen, aber Sie sollten auch anderen Feiertagen Ihrer Bekannten Aufmerksamkeit schenken. Wenn Sie zum Beispiel irische Kunden haben, könnten Sie sie zum St. Patrick's Day anrufen, ihnen eine Karte schicken oder sie zum Essen einladen. Falls es in Ihrem Beziehungsnetz jemanden aus dem Fernen Osten gibt, rufen Sie vor dem chinesischen Neujahrsfest an.

Um zu jüdischen Feiertagen wie Chanukka oder dem jüdischen Neujahrsfest eine Karte zu schicken, brauchen Sie kein Jude zu sein; glauben Sie mir, es wird dazu beitragen, Sie aus der Menge herauszuheben.

Bei Afroamerikanern erfreut sich Kwanzaa als Ergänzung zu Weihnachten wachsender Beliebtheit.

(Wenn ein afroamerikanischer Freund mir erzählt, daß er Chanukka-Karten verschickt und Kwanzaa-Karten zurückbekommt, weiß ich, daß so etwas teilweise schon funktioniert.) Wie bei allem gilt jedoch auch hier: Seien Sie kreativ.

Jedem, der je eine Weihnachtskarte des Komikers Red Button bekommen hat, ist sie unvergessen geblieben. Buttons persönliche Grüße enthielten unheimlich präzise, prägnante Hinweise auf die letzte Begegnung mit dem Empfänger. Er schrieb etwa: »Ich werde nie vergessen, wie wir uns am 15. April (oder wann es auch gewesen sein mag) getroffen haben und ich die Geschichte über die diesjährigen Werfer der New York Yankees (oder was auch immer) gehört habe.«

Wieso konnte er sich nach acht Monaten noch so genau an das Datum und das Gesprächsthema erinnern?

Das konnte er gar nicht.

Sobald er jemanden getroffen hatte, holte er dessen Karteikarte heraus, machte sich seine persönliche Notiz und steckte
die Karte bis zu den Feiertagen wieder fort. Soweit ich weiß,
benutzte er dieses System jahrelang, und niemand hat es je
begriffen.

Unterschätzen Sie nie die Wirkung, die ein schlichter Gruß
zum Dank, eine Glückwunschkarte oder die Erinnerung an ein
Datum oder einen Ort hat, die einem Ihrer Bekannten wichtig
sind.

Ja, Mom hatte tatsächlich recht. Kleinigkeiten bedeuten alles.

❷ Achten Sie auf wichtige Lokalereignisse!

Hier bietet sich eine weitere Gelegenheit, Ihr Wissen über das
Engagement Ihrer Freunde, Bekannten und Kollegen in bestimmten Gruppen und Vereinen zu nutzen, um Verbindungen
herzustellen.

Nehmen wir an, einer Ihrer Bekannten leitet in diesem Jahr
die örtliche Spendenaktion des Roten Kreuzes. Besuchen Sie
die Jahresversammlung oder schicken Sie – unaufgefordert –
Ihre Spende in seinem oder ihrem Namen.

Übrigens, für jede Spende an eine karitative oder politische
Organisation gilt eine alte Volksweisheit: Je mehr Hände sie
durchläuft, umso mehr Menschen erfahren davon.

❸ Achten Sie auf organisatorische, persönliche, unternehmensinterne Veränderungen!

In jeder Lokalzeitung oder Zeitschrift gibt es eine Wirt-
schaftsrubrik, in der wichtige Neueinstellungen und Beförderungen gemeldet werden. Sollte einer Ihrer Bekannten in dieser Rubrik auftauchen, können Sie sicher sein, daß jeder
Börsenmakler der Stadt ihm oder ihr eine Karte schickt; senden Sie also einen handschriftlichen Gruß oder rufen Sie an.

Allerdings könnten Sie auch etwas Einfallsreicheres versuchen, etwa ein persönliches Notizbuch mit dem Namen und
dem neuen Titel des Betreffenden schicken. Ein Türschild
würde ich nur schicken, wenn ich sicher wäre, daß es der Fir-
menkultur entspricht. Sie sind sehr auffällig und möglicherweise zu protzig.
In dieser Hinsicht habe ich einen kleinen Vorteil, weil ich in
der Briefumschlagbranche bin. Ich schicke ein ansprechendes
persönliches Briefpapier – kein Geschäftspapier –, das zugleich meine Aufmerksamkeit und mein Produkt zeigt.

❹ Gehen Sie on-line!

E-Mail und Internet-Adressen entwickeln sich zum ebenso
selbstverständlichen Teil des Geschäftslebens wie das Telefon. Wenn einer Ihrer Bekannten oder Geschäftspartner eine
elektronische Adresse einrichtet, sollten Sie ein E-Mail schik-
ken, um deutlich zu machen, daß Sie beide dem gleichen elek-
tronischen Netz angehören. (Übrigens, geben Sie auf Ihren Visitenkarten Ihre Internet-Adresse an.)

❺ Verschicken Sie Zeitungsausschnitte!

Kontakte lassen sich pflegen, indem Sie einfach nur Zeitung
lesen. Dazu müssen Sie lediglich den Interessen Ihrer Bekannten genügend Aufmerksamkeit schenken, um gelegentlich einen Artikel oder ein Zitat auszuschneiden, das sie interessieren könnte.
Da ich seit dreißig Jahren jogge, weiß ich, daß das Beziehungsnetz der Jogger eine jener um sich selbst kreisenden kleinen
Subkulturen ist, in der die Mitglieder ständig Tips austauschen, wie sie bessere Läufer werden oder zumindest ihre To-
leranz gegen die körperlichen und mentalen Belastungen des
Laufens erhöhen.
Als ich in meiner wöchentlichen Kolumne in einer überregio-

nalen Zeitung Folgendes schrieb, schnitt ich den Artikel aus und verschickte ihn an meine Sportsfreunde:

Es gibt nur zwei Stadien im Leben, in denen man sich wünscht älter zu sein. Einmal, wenn man 15 ist und das Mindestalter für den Führerschein 18 beträgt. Das andere, wenn man 59 ist und als Läufer an Wettbewerben teilnimmt, und man im nächsten Jahr in der Gruppe der 60–64jährigen antritt statt in der Gruppe der 55–59jährigen.

❻ Nutzen Sie Ihre Boxenstopps konstruktiv!

Es gibt in Ihrem Beziehungsnetz aktive Mitglieder, die Sie oft ein ganzes Jahr lang nicht sehen. Vernachlässigen Sie sie nicht, wenn Sie in ihre Gegend kommen, und sei es auch nur bei einer Zwischenlandung auf dem Flughafen, die Ihnen keine Zeit läßt, sie zu besuchen oder zum Essen einzuladen. Seien sie aufmerksam und rufen Sie an.

Wenn Sie das nächste Mal verreisen und sich in Ihrem Bekanntenkreis erkundigt haben, wo man am Reiseziel gut ißt, bringen Sie eine Speisekarte mit und schicken Sie sie Ihren Bekannten. Ich füge immer eine Notiz hinzu: »Wunderbare Empfehlung. Das Essen war himmlisch ...« und wenn ich damit durchkomme: »und der Barkeeper sagt, er kann sich gut an Sie erinnern.«

Wenn Bekannte von Ihnen Verbindungen zu einer Stadt haben, die Sie bereisen, bringen Sie ihnen eine Lokalzeitung von dort mit.

Ein Ehepaar schrieb mir einmal Wochen später:

Lieber Harvey,
Danke für das Winston Salem Journal, das Sie uns geschickt haben. Sie konnten es nicht wissen, aber es stand eine Todesanzeige darin, die mich tief getroffen hat. Mein bester Freund aus der High School ist gestorben. Ich hatte ihn jahrelang nicht gesehen und es hätten noch Jahre vergehen

können, bis ich von seinem Tod erfahren hätte. So konnte ich Gwen (seiner Frau) wenigstens eine Beleidskarte schik-ken. Ich kann mich überhaupt nicht entsinnen, Ihnen je er-zählt zu haben, woher ich stamme, aber ich bin wirklich froh, daß Sie sich daran erinnert haben.

❼ Wenn es in Ihrem Bekanntenkreis knistert, können Sie helfen, die Spannungen auszuräumen!

Liegen zwei Ihrer Bekannten in Streit miteinander? Sie kön-nen ihnen als aufrichtiger Vermittler helfen, ihre Zwistigkeiten beizulegen.

Ich will Ihnen hier nichts vormachen, das ist ein äußerst ris-kanter Vorschlag. Es ist durchaus möglich, daß einer – oder beide – am Ende Ihnen die Schuld geben.

In jeder Familie gibt es einzelne Mitglieder oder sogar ganze Verwandtschaftszweige, die nicht miteinander sprechen. Wer der Fernsehserie »Family Feud« (Familienfehde) ihren Titel gab, brauchte ihn nicht erst zu erklären. Zum Glück gibt es in den meisten Familien auch einen Mittler, der die notwendige Kommunikation zwischen den zerstrittenen Parteien überneh-men kann.

Wenn Sie die geeignete Persönlichkeit dazu haben, versuchen Sie es.

In einem Beziehungsnetz sollte man nicht nur ein Mittel zum persönlichen Vorteil sehen. Richtig eingesetzt, kann es auch anderen nutzen, und das gilt in diesem Fall.

Nur vergessen Sie nicht, daß jeder gern den Schiedsrichter ausbuht.

❽ In guten Zeiten kann jeder anrufen. Denken Sie daran, sich auch in schlechten Zeiten zu melden!

Eine Ihrer Bekannten hat ihre Stelle verloren. Jetzt ist der Zeitpunkt gekommen, ihr jede nur mögliche Hilfe anzubieten, neue Kontakte zu knüpfen.

Jemandem, der im Krankenhaus liegt, Blumen zu schicken, ist üblich. Einem Kollegen oder Angestellten, in dessen Familie ein Angehöriger gerade aus dem Krankenhaus entlassen wurde, eine heiße Mahlzeit ins Haus zu schicken, ist besonders aufmerksam und ein äußerst seltener Beweis der Anteilnahme.

Wenn Sie zwei Minuten täglich die Todesanzeigen lesen, erfahren Sie mehr als beim lebenslangen aufmerksamen Studium des Sportteils.

Meine Mutter starb 1955, als ich 22 Jahre alt war. Nach dem Gottesdienst saß ich in dem Wagen, der der Familie vorbehalten war, und betrachtete die Menschen, die aus der Synagoge kamen. Es war eine große Beerdigung. Viele Leute waren da. In diesem Moment machte ich innerlich ein Gruppenfoto. Bis heute hat sich jedes Gesicht tief in mein Gedächtnis eingebrannt.

Wenn Sie Hilfe brauchen, ist es sicher eine Erleichterung zu wissen, daß Sie ein Beziehungsnetz von Menschen besitzen, denen Sie schon mal geholfen haben. Wenn Sie es sich erst einmal zur Gewohnheit gemacht haben, anderen zu helfen, ziehen Sie daraus auch ohne den Gedanken an mögliche Gegenleistungen eine Befriedigung.

❾ Teilen Sie anderen wichtige Veränderungen Ihrer Lebenssituation mit!

Sie sind befördert worden. Sie haben die Firma gewechselt. Sie engagieren sich neuerdings aktiv in der Baseball-Liga auf der Ebene der Little League, der Junior League oder der American League. Lassen Sie Ihren bisherigen Bekanntenkreis wissen, daß Sie neue Kontakte geknüpft haben. Das bietet Ihnen Gelegenheit, Verbindung zu halten, und den anderen eine Möglichkeit, ihr Beziehungsnetz auszuweiten.

❿ Seien Sie da!

Sicher, Sie können die Einladung zur Hochzeit absagen und einen Löffel schicken, aber tun Sie es nicht. Hochzeiten, Konfirmationen, Schulabschlüsse, Schulaufführungen, Bar-Mizwas, Vorträge, Preisverleihungen: All das sind Anlässe, bei denen sich Menschen erinnern, wer da war und wer nicht.
In unserem Betrieb machen wir viel Aufhebens um Geburtstage. Wir schalten sogar die Telefonzentrale für etwa zehn Minuten auf Anrufbeantworter um, um dem Geburtstagskind ungestört einen Kuchen überreichen und gratulieren zu können. Über den wenigen Worten, die ich bei solchen Anlässen sage, habe ich mehr gebrütet als über einem meiner Vorträge vor einem großen Publikum mit Managern. Wenn ich in der Stadt bin, käme ich nicht im Traum darauf, eine Geburtstagsfeier auszulassen.
Die meisten Firmen veranstalten mindestens einmal im Jahr eine Betriebsfeier zur Würdigung ihrer Mitarbeiter. Und dann gibt es die alljährliche Weihnachtsfeier, den Betriebsausflug und ähnliches.
Firmenchefs, die sich vor diesen Veranstaltungen drücken, machen einen großen Fehler. Wenn Sie mit Ihren Mitarbeitern ein kollegiales Beziehungsnetz haben wollen statt einer hübschen großen Pyramide, an deren Spitze Sie stehen, würde ich Ihnen raten, auf jeden Fall an solchen Festen teilzunehmen.

Mackays Maxime
Es gibt zwei Dinge, die Menschen nie vergessen: Wer sich um sie gekümmert hat als es ihnen schlecht ging und wer es nicht getan hat. Aufzüge fahren immer nach oben und nach unten.

Kapitel 60
Es ist besser zu geben,
bevor Sie nehmen

Freunde, Bekannte, Kollegen und Geschäftspartner, die sich bei Ihnen melden, wenn sie etwas haben, das für Sie interessant sein könnte, und nicht, wenn sie etwas von Ihnen brauchen, stehen per definitionem auf Ihrer »A-Liste«.

Ebenso können Sie sich einen Platz auf wesentlich mehr »A-Listen« verschaffen, wenn Sie sich vorausschauend für Freunde und Bekannte einsetzen, statt nur zu reagieren.

> *Aus der Vogelperspektive betrachtet, hätte eine Transaktion im Beziehungsnetz Ähnlichkeit mit zwei Menschen, die an einer großen Säge arbeiten. Runde 1: Eine Seite schiebt, die andere zieht. Runde 2: Die erste Seite zieht, die zweite schiebt.*

Lyndon B. Johnson besaß seine eigene Strategie dieses Spiels. Ihm war es lieber zu schieben als zu ziehen.

Man sagt ihm nach, auf seinem Schreibtisch hätten zwei Kästen gestanden: »Schuldige Gefälligkeiten« und »Geschuldete Gefälligkeiten«. Er sorgte dafür, daß der Kasten für »Schuldige Gefälligkeiten« immer doppelt so voll war wie der andere.

Tragen Sie Ihr Gedächtnis auf der Zunge. Wenn Sie anderen zeigen möchten, wieviel sie Ihnen bedeuten, beeindrucken Sie sie damit, daß Sie an sie denken und etwas für sie tun, bevor Sie sie um einen Gefallen bitten.

> **Mackays Maxime**
> *Auch hier gilt die alte 80:20-Regel. Zwanzig Prozent Ihres Beziehungsnetzes machen 80 Prozent seines Wertes aus. Was haben Sie in letzter Zeit für diese 20 Prozent getan?*

Kapitel 61

Der ewig blühende Garten

Woody Allen hat gesagt, 80 Prozent des Lebens bestünde lediglich daraus sich zu zeigen.
Vernachlässigen Sie die restlichen 20 Prozent nicht.
Das sind die Gelegenheiten, bei denen Sie möchten, daß andere sich zeigen.
Jede zweite Besetzung und jeder Ersatzspieler weiß, daß ihn vielleicht nur ein verstauchter Knöchel vom Starruhm trennt.
Sie können und sollten sich Möglichkeiten überlegen, den Wert Ihres Beziehungsnetzes zu würdigen.

❶ Feste

Ich hatte schon immer eine Vorliebe für Feste, die Freunde, Bekannte, Kollegen und Geschäftspartner in geselliger Runde zu mir nach Hause bringen.
Die Billy Graham Evangelistic Association veranstaltet alljährlich ein Essen für ihre Lieferanten. Es ist eine zwanglose Veranstaltung, bei der jedesmal ein erstrangiger Redner einen anregenden Vortrag hält.
An allen Tischen sitzen Lieferanten, denen eine Verbindung zu Billy Graham gemeinsam ist – sie alle haben seiner Vereinigung ihre Produkte oder Dienstleistungen verkauft. Sie alle hatten mit seinen Einkaufsleitern zu tun und mußten durch die Mühle konkurrierender Angebote. Und nun bedankt sich ihr Kunde bei ihnen, indem er sie zum Essen einlädt. Es versteht sich von selbst, daß eine freundschaftliche Atmosphäre herrscht und sich die Gelegenheit bietet, neue Kontakte zu knüpfen.
Sie könnten mit einem Essen ein Firmenjubiläum, den 52. Jah-

restag der amerikanischen Baseballmeisterschaft der St. Louis Browns oder sonst etwas feiern, was Sie bewegt. Wichtig ist, daß Sie Menschen haben, mit denen Sie Verbindung halten, denen Sie danken, die Sie würdigen oder einfach nur unterhalten möchten.

Frank hat eine Firma für Metallplattierungen in einer Großstadt an der amerikanischen Ostküste. In der Umgebung gibt es mindestens zwölf andere Firmen dieser Art. Bis vor etwa zehn Jahren hatte sein Unternehmen sehr zu kämpfen, doch dann expandierte und modernisierte er. Heute ist sein Betrieb fast völlig ausgelastet.

Seine Kunden sind größtenteils Stanzwerke. Manchmal gibt es Probleme mit der Qualitätskontrolle. Es kommt vor, daß ein Kunde seinen Abnehmer verliert, weil das von Frank plattierte Stück nicht gut war. Manchmal liegt es am Preis, vor allem wenn ein neuer Konkurrent auftaucht und versucht, mit Dumpingpreisen Marktanteile zu erobern.

Seit Frank seinen Betrieb erweitert hat, veranstaltet er traditionell ein Picknick für seine Kunden und ihre Familien. Es war immer der gesellschaftliche Höhepunkt der Branche. In der Firma achtet Frank auf jeden Penny, aber bei seinem jährlichen Picknick knausert er nicht.

Er läßt Zelte aufstellen, ein fürstliches Mahl servieren, und nach dem Essen kommen Busse und bringen alle Gäste zum Ballspiel.

Die Gästeliste umfaßt alle ehemaligen und gegenwärtigen Kunden, für die er je auch nur den geringsten Auftrag ausgeführt hat.

Viele, die seit Jahren mit ihm keine Geschäfte mehr gemacht haben, wundern sich, daß er sie immer noch einlädt, aber wenn sie kommen, begrüßt Frank sie, als hätten sie ihm gerade den Auftrag seines Lebens gegeben.

»Ich weiß die Geschäfte, die Sie früher mit mir gemacht haben, zu würdigen, und das hier ist nur ein kleines Dankeschön«, erklärt er ihnen, ganz gleich wie gut oder schlecht die Geschäftsbeziehungen geendet haben mögen.

Frank hat die Regel aufgestellt, daß bei diesen Festen niemand über Geschäfte spricht, aber er achtet sorgsam darauf, sich um jeden Gast einzeln zu kümmern. Er hat mir viele Geschichten von ehemaligen Kunden erzählt, die nach Jahren wieder zu ihm zurückgekommen sind und alte Zwistigkeiten vergessen haben.

Frank ist lange genug dabei, um zu wissen, daß es immer einen neuen Tag, einen neuen Auftrag und – wenn er in Verbindung bleibt – auch neue Beziehungen zu ehemaligen Kunden gibt. Golfeinladungen gehören zu den beliebtesten Veranstaltungen. Dabei ist allerdings zu berücksichtigen, daß es in Ihrem Bekanntenkreis drei Arten von Golfern gibt:

A. Gute Golfer
B. Schlechte Golfer
C. Nicht-Golfer.

Einen Rahmen zu schaffen, der die Gruppe A zufriedenstellt, ist einfach. Aber auch Gruppe B und C gehören zu Ihrem Beziehungsnetz. Ich habe schon viele Golfeinladungen erlebt, die für gute Golfspieler ein Erlebnis waren, für alle anderen aber eine Qual. Planen Sie die Einladung so, daß alle eine Beschäftigung finden – Golf, Tennis, Schwimmen, Poker, Bridge, oder einfach nur an der Bar herumsitzen, obwohl Sie darauf achten sollten, daß die Barkeeper strenge Anweisungen haben, jedem den Hahn abzudrehen, der sich zu betrinken droht. Es geht darum, sich einen Nachmittag lang zu amüsieren, nicht sich für den Rest seines Lebens zu streiten.

Achten Sie auf Kleinigkeiten. Überlassen Sie nicht einmal die Zusammensetzung einer Vierergruppe dem Zufall. Und schenken Sie der Sitzordnung beim Essen, falls es eine gibt, ebensoviel Aufmerksamkeit. Wenn Ihr bester Kunde beim Essen neben einem Langweiler festsitzt, ist das schlimm, aber es dauert nur eine Stunde. Wenn er oder sie achtzehn Löcher lang denselben Langweiler am Hals hat, ist das eine Ewigkeit.

❷ Geschenke

Drei Regeln sollten Sie beachten: Geschenke sollten phantasievoll, individuell und überraschend sein.

Conrad Hilton, der Gründer der Hotelkette, war ein Meister im Umgang mit Menschen – und im Lernen aus Fehlern. In seinem Buch »Be My Guest« schildert er, wie er zu Beginn seiner Karriere das erste große Geschäft an Land zog und überglücklich über die Profite ein Diamanthalsband für seine Mutter kaufte. Für eine Dame ihres Alters und eleganten Geschmacks war es viel zu teuer und protzig. Als er es ihr gab, brach sie in Tränen aus und stürzte aus dem Zimmer. Später milderte sie ihre Reaktion etwas ab, indem sie ihrem Sohn erklärte, daß es ein herrliches Geschenk sei, aber viel zu auffallend für sie, um es tragen zu können.

Hilton schreibt:

Von da an begann ich, kleine Vorlieben zu sammeln und zu notieren, die mich in die Lage versetzen würden, Geschenke im persönlichen wie auch geschäftlichen Bereich besser auszuwählen ... Als die wunderbare, mittlerweile verstorbene Gertrude Lawrence einige Jahre später in unserem Hotel in Los Angeles zu Gast war, hörte ich zufällig, wie sie bei einer Theaterparty einer Freundin sagte, daß die winzigen weißen Rosen in dem Ansteckbukett ihre Lieblingsblumen seien, was mich ungemein reizte.

Und dieses eher aufmerksame als teure Geschenk (das Ansteckbukett) hinterließ bei ihr einen so herzlichen Eindruck, daß sie das Hotel ihrem Freund, Noel Coward, empfahl.

Als ich meine Karriere mit dem Besen in Charlie Wards »Goldgrube« begann, waren Kalender das beliebteste Werbegeschenk. Jede kleine Firma bekam dreimal so viele Kalender, wie sie Wände hatte, um sie aufzuhängen.

Die meisten wurden weggeworfen. Offenbar überlebten ausschließlich solche mit Fotos nackter Mädchen, die man allerdings nur neben den Behältern mit Wagenschmiere im hinteren Teil von Autowerkstätten hängen sah.

Millionen Unternehmen verschicken noch heute Werbesendungen und Geschenke, doch wie viele davon sind für den Empfänger wirklich von Wert?

Sie haben den Kaffeebecher. Sie haben das T-Shirt. Sie haben den Briefbeschwerer. Vielleicht haben Sie auch zehn Stück davon.

Man braucht ein bißchen Phantasie, um in diesem Überfluß noch durchzukommen. Wie wäre es mit einer schlichten Karte, mit der Sie sich für die erwiesene Freundschaft und Förderung bedanken, begleitet von einem kleinen Muster Ihrer Produkte? So könnte ein Verleger zum Beispiel einen Bildband schicken, eine Weinhandlung eine Flasche Wein, und ein Taxiunternehmen, das ich kenne, verschickt Gutscheine. Sie sind Steuerberater? Schicken Sie einen Marken-Füllhalter – für das Notieren von Steuerterminen. Ein Börsenmakler? Schicken Sie ein »Portfolio« – aus Leder.

> *In einem schlichten weißen Umschlag bleibt ein Geschenk nie in Erinnerung. Ich muß das wissen. Sorgen Sie dafür, daß es im Gedächtnis bleibt.*

❸ Mitteilungsblätter

Kürzlich habe ich meine Augen untersuchen lassen. Keine große Sache. Aber als nächstes schickte der Augenarzt mir ein Mitteilungsblatt mit Informationen über neue Behandlungsmethoden, das neueste Fortbildungsprogramm und Veränderungen in der Krankenversicherung. Es gab sogar einen Beitrag über ein Programm, Brillen in Dritte-Welt-Länder zu spenden.

In jeder Ausgabe wurde ein Mitarbeiter oder eine Mitarbeiterin vorgestellt; neben der Schilderung der Qualifikationen, des beruflichen Werdegangs und knappen Einblicken in Privatleben und Interessen prangte ein großes, hübsches, strahlendes Foto.

Und wozu das alles? Sofern ich nicht anfange, Flecken zu sehen, werde ich meine Augen wohl kaum öfter untersuchen lassen. Und meine alte Lesebrille gebe ich gern ab, aber das tue ich seit Jahren.

Dann wurde mir klar: »Harvey, dieses Blatt ist nicht nur für dich gedacht, es ist auch für die Mitarbeiter. Er pflegt gleichzeitig die Beziehung zu ihnen *und* zu dir.«

Ich sah mir das Mitteilungsblatt genauer an. Neben Übersichtstafeln mit den Ortsangaben von Arztpraxen, Notrufnummern, Öffnungszeiten und ähnlichem stand ein Monatskalender. »12. Mai, Sara Carneys Geburtstag.« »18. Mai, 30. Hochzeitstag von Louise und Jake Austin.« »25. Mai, Andy Farmers 10jähriges Dienstjubiläum in der Klinik.« »Jeden Freitag: Offene Aussprache.« Und so weiter.

Das ist natürlich die firmeneigene Hauszeitung in der Version der neunziger Jahre. Sie dient dazu, die Moral der Mitarbeiter zu stärken, nicht nur die Klienten zu informieren.

Wie oft haben wir schon Gelegenheit, unseren Namen in der Zeitung zu lesen? Es ist schön, etwas Schmeichelhaftes über unsere beruflichen Leistungen zu lesen. Man kann es seinen Kindern und Verwandten zeigen.

Es erfüllt die gleiche Funktion wie der Tag der offenen Aussprache. Es hält uns bei der Stange, damit wir auch weiterhin loyal für den guten alten Doc Augentropfen austeilen, obwohl er uns nie eine Gehaltserhöhung gibt.

Nicht nur Ärzte nutzen Mitteilungsblätter. Sie eignen sich für viele Unternehmen und freie Berufe. Manche beziehen das Mitteilungsblatt von Serviceunternehmen, lassen ihren Namen ins Impressum drucken und haben etwas Raum frei für Informationen über ihre Firma. Meist ist recht gut zu erkennen, daß der gute alte Steuerberater Joe den Artikel über die Abschreibungsmöglichkeiten nicht selbst geschrieben hat, aber was soll's? Es ist die Information, die Sie brauchen.

Das schöne an diesen Mitteilungsblättern ist, daß sie zu relativ geringen Kosten zwei Funktionen erfüllen.

Politiker nutzen Mitteilungsblätter seit Jahren, daher müssen sie wohl etwas bewirken. Im Gegensatz zu den Blättern, die

Sie und ich verschicken, bezahlen sie das Porto natürlich nicht selbst. Das tun wir.

Mackays Maxime
Machen Sie sich keine Sorgen, daß Ihre Kunden nicht angemessen gewürdigt werden. Wenn Sie es nicht tun, tut Ihre Konkurrenz es bestimmt.

Kapitel 62
Aus dem Nähkästchen geplaudert, Teil I

Bob Westerberg, ein alter Freund von mir aus Sedona, Arizona, erzählte mir, wie er den Kunden seiner kleinen Firma das Gefühl vermittelte, geschätzt zu sein. Jedes Jahr verschickte er ein Dankschreiben an jeden Anzeigenkunden seiner Zeitschrift, von denen viele weit weg von Arizona lebten.

Er schrieb ihnen, er bedaure sehr, daß die Flugkosten es ihm unmöglich machten, zu ihnen zu kommen und sie zum Essen einzuladen. Statt ihnen persönlich zu danken, legte er einen unterzeichneten Gutschein über »ein Abendessen mit Getränken für zwei Personen in einem Restaurent eigener Wahl« bei, dessen Rechnung ihm zuzusenden war. Allerdings war eine Bedingung damit verknüpft.

»Sie mußten sich Richtung Sedona wenden und auf mein Wohl trinken.«

Als Bob seine Firma an eine große New Yorker Gesellschaft verkaufte, blieb er noch eine Weile, um die neuen Leute einzuarbeiten, die den Betrieb leiten sollten. Er erklärte ihnen seine hausgemachten Techniken; aber »ein affektiert grinsender kleiner Yuppie unterbrach mich und sagte: ›Solche Sachen machen wir nicht, haben wir auch nicht nötig.‹«

Dreieinhalb Jahre später brauchten sie diese Methoden wirklich nicht mehr; der Betrieb machte dicht. Sie verkauften ihn nicht einmal, sie schlossen ihn einfach.

Für Bob nahm die Geschichte dennoch ein gutes Ende. Er hatte seinen Preis beim Verkauf bekommen.

Kürzlich las ich über den Geschäftsmann Mark Wavinak, der ein Eiscafé, Scoops Ice Cream & More, eröffnet hatte. Ebenso wie Bob Westerberg verfügte auch er nicht über einen millionenschweren Werbeetat, aber er besaß Phantasie.

Er schrieb 125 Prominente aus Film, Fernsehen und Politik an und lud sie zu seiner Eröffnungsfeier ein. Er erklärte ihnen, er könne ihnen zwar nichts bezahlen, würde ihnen aber gern ein Eishörnchen gratis oder ein Honorar in Naturalien »auf Verhandlungsbasis« geben.

Als Antwort erhielt er unter anderem von David Letterman, Frank Sinatra, Paul Newman, Clint Eastwood, Robert DeNiro und Whoopi Goldberg Fotos mit Autogramm. Bill Clinton, von dem man weiß, daß er ein bis zwei Doppelportionen Eis verspeisen kann, schrieb, er bedaure, nicht zur Eröffnung kommen zu können, würde aber gern über *»alle zukünftigen Ereignisse hinsichtlich Scoops informiert«* werden.

Neue Geschmacksrichtungen? Sonderangebote? Siebenunddreißig Prominente sind nun an »Scoops Ruhmeswand« verewigt. Eine nette Ergänzung der Inneneinrichtung für den Preis von ein paar Briefmarken, von der Extrawerbung gar nicht zu reden, die Mark Wavinak erhielt, als die Lokalzeitung über seinen Eröffnungsschachzug berichtete.

Ted Hall, ein Autoverkäufer, wechselte kürzlich zu einem Autohändler in einem Vorort der Zwillingsstädte Minneapolis und St. Paul. Er ist nicht der erste Verkäufer, der seine Kunden mit einem Schreiben über seinen Stellenwechsel informierte, aber er ist der erste, den ich kenne, der ein Päckchen Blumensamen beilegte. Sinnigerweise Vergißmeinnicht.

> **Mackays Maxime**
> *Sie brauchen nicht die Geldmittel des Bundesschatzamtes, um in der Beziehungspflege auf Gold zu stoßen.*

Kapitel 63
Aus dem Nähkästchen geplaudert, Teil II

Keine große Sache, nur einer dieser kleinen Geheimtips aus dem Nähkästchen, der einem vielleicht einmal zustatten kommt.

Nehmen wir an, Sie leben in Chicago, es ist Mitte August und in Phoenix ereignet sich ein wichtiges Tagesgeschehen von nationaler Bedeutung. Da Phoenix im August die Hölle auf Erden ist, würden Sie sich normalerweise nie dort melden. Die Leute sind gereizt. Sie schimpfen nur übers Wetter.

Aber hier bietet sich ein guter und legitimer Grund, eine Bekanntschaft aufzufrischen. Mühelos.

Ich lebe in einer Art umgekehrtem Phoenix: Minneapolis. Der August ist herrlich. Da bekomme ich viele Anrufe. Aber im Januar meldet sich kein Mensch bei mir.

Menschen, die wie ich an seltsamen, unwirtlichen Orten leben, sind hervorragende Gesprächspartner, weil man uns so oft ignoriert.

Nicht umsonst nennt man uns »flyover-people«, weil alle über uns hinwegfliegen. Melden Sie sich trotzdem bei uns.

Wir mögen die Aufmerksamkeit.

> **Mackays Maxime**
> *Übersehen Sie Ihre Bekannten nicht, nur weil schlechte Sichtverhältnisse herrschen.*

Kapitel 64

Man weiß nie, wann das Telefon klingelt

Vor einem Monat ging ich zum Klassentreffen anläßlich des 50. Jahrestages unserer Schulentlassung.
(Kicher, kicher.)
Ich habe es gehört!
Es war der 50. Jahrestag meiner Grundschulentlassung. So alt, wie Sie gedacht haben, bin ich noch nicht.
Von den 42 Kindern, die 1946 aus der achten Klasse der Horace-Mann-Grundschule in St. Paul entlassen wurden, waren 30 zu diesem Anlaß an ihre »Alma-Mami« zurückgekehrt.
Wie Sie sich wohl denken können, waren wir fast alle inzwischen Großeltern. Fast die Hälfte von uns lebte immer noch in Minneapolis oder St. Paul.
Wir verbrachten gemeinsam einen wunderbaren Abend in einem Club der Stadt und versprachen uns natürlich, in Verbindung zu bleiben.
Das war kein leeres Versprechen. Erstaunlicherweise hatten viele von uns über fünfzig Jahre hinweg Kontakt gehalten.
Mit mehreren ehemaligen Klassenkameraden hatte ich eine Beziehung auf der Basis von Weihnachtskarten und Ich-habe-dieses-alte-Foto-auf-dem-Speicher-gefunden-Grüßen, unter anderem auch mit einem, der heute in Florida lebt. Persönlich getroffen hatten wir uns lediglich bei früheren Klassentreffen. Dennoch hat sich der Kontakt ausgezahlt.
Eines Tages klingelte mein Telefon, und Gene meldete sich.
»Harvey, ich bin im Verwaltungsrat des Sundance Institute aus Salt Lake City«, erklärte er mir. »Man strebt ein geographisches Gleichgewicht an, und der Mittelwesten ist nicht repräsentiert. Also, abgesehen von dir habe ich kaum noch Kontakte in meine Heimat. Erinnerst du dich an das Foto von uns, wie wir ›King of the Hill‹ gespielt haben? Du hast es mir ge-

schickt. Damals hatten wir viel Spaß zusammen. Ich weiß, daß diese Gruppe dir gefallen wird. Sie geht auf eine Idee von Robert Redford zurück, eine gemeinnützige Kunstorganisation zur Förderung amerikanischer Filmproduktionen. Er hat hervorragende Arbeit geleistet.«

Das Ende vom Lied:

Wer würde da schon »Nein« sagen?

Und in den zehn Jahren, die ich seither im Verwaltungsrat des Sundance Institute sitze, hat mir die Arbeit mehr Spaß gemacht, als das King-of-the-Hill-Spiel mit Gene in der sechsten Klasse. Zudem hat sie mir sehr geholfen, die Feinheiten der Filmproduktion besser zu verstehen, da mein Sohn David Regisseur ist.

> *Auf die gleiche Weise, nämlich über zwei andere Klassenkameraden aus der Grundschule, habe ich bei dem größten Arbeitgeber unseres Bundesstaates, bei 3M, einen Fuß in die Tür bekommen.*

Meine Grundschulkontakte haben nicht nur mir genutzt, sondern mir auch ermöglicht, anderen zu helfen.

Vor fünf Jahren rief mich eine ehemalige Klassenkameradin an und bat mich um Hilfe, für ihren Sohn eine Stelle in San Francisco zu finden. Er war gerade dorthin gezogen, kannte niemanden und wollte für Charles Schwab, die renommierte Maklerfirma, arbeiten. Drei Wochen und drei Telefonate später fing ihr Sohn bei Charles Schwab an. Er ist immer noch dort und macht sich so gut, daß man mich um weitere Empfehlungen gebeten hat.

Im Alter von fünf oder zehn Jahren sind Beziehungen, die man vierzig Jahre später brauchen könnte, das letzte, woran man denkt.

Das mag bei Bill Clinton anders gewesen sein.

Denn mindestens zwei seiner Kindergartenfreunde, Webb Hubbell und Mike McCurry, wurden Clintons Freunde fürs Leben und bekamen Regierungsämter.

Sah Clinton sich schon damals seine Spielkameraden mit prüfendem Blick an und suchte im Sandkasten und an der Kletterstange nach potentiellen Talenten fürs Weiße Haus?

Fünfjährige, aufgepaßt: Bevor ihr einem anderen Kind den Keks wegschnappt, überlegt, ob ihr damit vielleicht eure Zukunft aufs Spiel setzt!

Tut es trotzdem. Ihr könntet es zwar später bereuen, aber mit fünf Jahren ist ein Keks wesentlich wichtiger als Beziehungen. Außerdem, bis ihr zehn seid, hat der andere das längst vergessen, und dann könnt ihr anfangen, euch euer Beziehungsnetz aufzubauen.

Wenn Sie noch nie ein Klassentreffen zum fünf-, zehn-, fünfundzwanzig- oder sogar fünfzigjährigen Schulabschluß besucht haben, versuchen Sie es doch mal. Was das Gedächtnis angeht, wirkt es wahre Wunder. Und auch für Ihre Beziehungen wirkt es Wunder.

Mackays Maxime
Zur Beziehungspflege ist man nie zu alt. Und auch nie zu jung.

Kapitel 65

Sie können durch keine Tür gehen, wenn Sie sie nicht öffnen

Eine weitere Möglichkeit, in seinen Kontaktbemühungen bestimmte Ziele im Auge zu behalten, besteht darin, in seinem Notizbuch oder PC eine Liste von Menschen zu führen, von denen man gelesen oder etwas im Fernsehen gesehen hat und die man kennenlernen möchte.

> *Sie wären erstaunt, wie viele hohe Tiere bereit wären, mit Ihnen zu sprechen oder Ihnen zu schreiben, wenn Sie sich nur darum bemühen würden. Hey, an der Spitze ist es ziemlich einsam.*

Vor Jahren schrieb Lori Peterson, ein zwölfjähriges Kleinstadtmädchen aus Minnesota, ihrem Idol Jimmy Carter, der damals Präsident der Vereinigten Staaten war, einen Brief.
Sie schrieb an ihn und Mrs. Carter. Beide antworteten ihr. Lori schickte ihnen kleine Geschenke und bekam kleine Geschenke von den Carters. Heute ist sie eine erfolgreiche Anwältin. Jimmy Carter und seine Frau sind Expräsident und Ex-First-Lady. Sie haben sich mehrfach mit Lori getroffen und bleiben in Verbindung.
Das geht nun schon seit über zwanzig Jahren.
Lori Peterson ist einer der wenigen mir bekannten Menschen, die einen Präsidenten und eine First Lady der Vereinigten Staaten zu ihrem Bekanntenkreis zählen können. Und zwar nicht, weil sie eine hochrangige Bundespolitikerin wäre, sondern weil sie den Mumm hatte zu versuchen, einen Kontakt aufzunehmen.

Mackays Maxime

Sagen Sie nicht voreilig für den anderen »nein«, auch wenn dieser andere der Oberbefehlshaber ist. Sie werden sich wundern, wie oft der andere »ja« sagt.

Kapitel 66
Weltmeister der Beziehungspflege

So, und wer ist denn nun der Weltmeister der Beziehungspflege?
Der Präsident der Vereinigten Staaten.
Welcher?
Jeder.
Wer immer gerade Präsident ist, hat es aufgrund seiner Fähigkeiten in der Beziehungspflege zu diesem Amt gebracht und wird es aufgrund derselben Fähigkeiten meistern oder darin scheitern.
Präsidenten graben in den Schneewehen von New Hampshire nach Wählerstimmen. Sie betteln ihre Freunde und Freundesfreunde um Geld an. Sie verhandeln mit Kongreßabgeordneten und tauschen Ämter und Subventionen gegen Unterstützung ihrer Gesetzesinitiativen ein.
Sie geben Pressekonferenzen und bemühen sich, jenseits der feindseligen Fragen Punkte bei der Wählerschaft zu sammeln. Sie besuchen militärische Einrichtungen, um ihre Sorge um jene Menschen zu demonstrieren, die für ihr Land ihr Leben riskieren. Sie gehen zu Beerdigungen, fahren ins Ausland, zeigen Verständnis für Minderheiten und Unterprivilegierte, küssen Babys, besuchen Krankenhäuser, nehmen an Spendenaktionen teil, hören Lobbyisten und hohen Tieren zu, die ihnen sagen, wie sie das Land regieren sollen, schicken Versuchsballons hoch, erdulden Dummköpfe, äußern sich voller Stolz und sehen mit großer Besorgnis in die Zukunft.
Mit anderen Worten, sie sind die Meister der Beziehungspflege.
In seinem Buch »Truman« erzählt David McCullough von Harry Truman eine Anekdote, die sich kurz vor Ende seiner Amtszeit ereignete. Der Kandidat der Republikaner, Dwight

Eisenhower, hatte in jenem Herbst Adlai Stevenson bei den
Präsidentschaftswahlen geschlagen. Eisenhower hatte die
Fehlschläge der Regierung Truman zum Wahlkampfthema gemacht, und der General und der ehemalige Unternehmer hatten nicht viel füreinander übrig.

»Wenn Eisenhower hierherkommt«, sagte Truman und deu-
tete auf seinen Schreibtisch, »wird er genau hier sitzen und sagen, macht dies, macht das! Und nichts wird passieren. Armer
Ike. Es ist völlig anders als in der Armee. Er wird sehr enttäuscht sein.«

Truman behielt nur zur Hälfte recht.

Er wußte, daß die amerikanische Verfassung einem Präsidenten nur einen winzigen Bruchteil der Befugnisse einräumt, die
er für die Regierungsgeschäfte braucht, und daß der Rest von
seiner Fähigkeit abhängt, andere zu überzeugen, seine Wün-
sche umzusetzen.

Unrecht hatte Truman allerdings mit seiner Annahme, Eisenhower besitze diese Fähigkeit nicht. Als Oberbefehlshaber der
alliierten Truppen hatte Eisenhower im Zweiten Weltkrieg
nicht deshalb Erfolg, weil er Befehle lauter bellen konnte als
andere Generäle, sondern weil er mit schwierigen Persönlichkeiten wie Montgomery, Patton, Churchill und de Gaulle umzugehen verstand.

Er hörte sich ihre Klagen an. Er vermittelte bei ihren Streitig-
keiten. Er ließ sie im Rampenlicht baden. Er schmeichelte ihnen. Er ging ihnen um den Bart. Er fragte sie nach ihrer Meinung. Er dankte ihnen für ihren Beitrag.

Und er gewann den Krieg.

Und dann gewann er die Wahlen.

So werden Präsidenten Präsidenten.

Sie schreiben Dankesbriefe. George Bush war als »Rolodex-
Kid« bekannt. Wheelock Whitney, ein Freund von mir und
ehemaliger Schulkamerad Bushs, erzählte mir, daß Bush sich
den Namen jedes Menschen notierte, den er bei politischen
Versammlungen auf Bezirks-, Kommunal-, County-, Bundes-
staats- und nationaler Ebene traf, und sich alle etwaigen persönlichen Informationen dazuschrieb. Und diese Informatio-

nen nutzte er gezielt als kreative Möglichkeit, in Kontakt zu
bleiben.

Daß dies der Wahrheit entspricht, weiß ich, weil ich Freunde
habe, die Bush als Vizepräsident bei einer örtlichen Wahlver-
anstaltung haben sprechen hören und ihm kurz bei einer Cocktailparty begegnet sind. Prompt erhielt einer von ihnen einen
handgeschriebenen persönlichen Brief von Bush, in dem er auf
Einzelheiten Bezug nahm, die er bei dieser Begegnung erfahren hatte. Der zweite erhielt eines Tages aus heiterem Himmel einen Anruf von Bush, als dieser auf dem Flughafen von
Minneapolis und St. Paul umsteigen mußte.

Beide sind bedeutende Geschäftsleute und werden seit anderthalb Jahrzehnten wegen ihrer »engen persönlichen Freundschaft« mit »George« häufig eingeladen.

> *Bill Clinton, der erste Präsident der Demokraten, der seit
> Franklin D. Roosevelt wiedergewählt wurde, erzählte der
> New York Times, fast sein Leben lang habe er jeden Abend
> vor dem Schlafengehen jede Begegnung dieses Tages mit
> Namen, wichtigen Daten, Ort und Zeit des Treffens und al-
> len anderen relevanten Informationen sorgfältig auf Kar-
> teikarten festgehalten.*

Richard Nixon fand eine äußerst kreative Art, sämtliche Informationen, die er gesammelt hatte, zu nutzen. Nehmen wir an,
ein Mann wäre in Nixons Wahlkampfzentrale gekommen und
hätte angeboten, er wolle für den Kandidaten arbeiten. Man
hätte ihn gefragt, was er beruflich mache.

»Ich bin Friseur«, hätte er vielleicht gesagt.

»Gut, warum organisieren Sie nicht eine Gruppe Friseure für
Nixon? Sie sind der Präsident der Organisation. Suchen Sie
sich ein paar Kollegen und machen Sie sie zu Vizepräsidenten.
Dann gewinnen Sie noch ein paar Leute und machen Sie zu
Präsidenten und Vizepräsidenten einer neuen Ortsgruppe auf
der anderen Seite der Stadt und so weiter. Und jeder von ihnen wirft fünfzig Dollar oder so in einen Topf. Wenn Sie ein

paar tausend Dollar zusammenhaben, kommen Sie wieder, dann setzen wir gemeinsam eine Anzeige auf, die Sie in der Friseurzeitung Ihres Bundesstaates schalten.«

Die Dachorganisation Citizens for Nixon hatte Unmengen solcher Gruppen. Eine von ihnen, Bürgermeister für Nixon, hatte Hunderte Mitglieder und so viel Geld, daß sie am Sonntag vor der Wahl halbseitige Anzeigen in der *New York Times* und der *Washington Post* schaltete. Zu dieser Gruppe gehörten mehrere Bürgermeister, die sich später landesweit einen Namen machten, wie Dick Lugar, der Senator aus Indiana.

Politiker sind Meister der Beziehungspflege. Eine weitere Anekdote dürfte das endgültig klarmachen.

Lyndon Johnson begann seine politische Laufbahn als Sekretär eines Kongreßabgeordneten in Washington. Dem ambitionierten jungen Texaner lag es nicht, sich in der Anonymität abzuplacken. Er brannte darauf, politische Kontakte zu knüpfen.

Johnson lebte in einer preiswerten Pension, die auch andere Kongreßangestellte bevorzugten. Er gewöhnte sich an, ein halbes Dutzend Mal täglich zu duschen, um seinen Kollegen »zufällig über den Weg zu laufen« und Beziehungen aufbauen zu können. Es dauerte nicht lang, bis Johnson den Waschraum der Pension ebenso geschickt zu nutzen verstand wie manche Politiker ein Picknick zum 4. Juli.

Danach verschwendete Johnson keine Zeit. Bald ließ er sich als Kandidat für den Vorsitz über das eigene Beziehungsnetz der Kongreßangestellten, den Little Congress, aufstellen und gewann die Wahl.

Johnson mag sich zwar nicht den besten Ort der Welt ausgesucht haben, um Kontakte zu knüpfen, aber er besaß den Antrieb, selbst die geringste Chance zu nutzen und zu seinem Vorteil zu wenden.

Präsidenten bringen ihre Regierungsprogramme mit Techniken der Beziehungspflege durch.

Sie glauben vielleicht, Kongreßabgeordnete könnten ins Oval Office spazieren, wann immer sie wollten, doch die meisten sehen den Präsidenten zwischen den Regierungserklärungen überhaupt nicht. Bei den wenigen Anlässen, zu denen sie ins Weiße Haus geladen werden, sind sie eher wie Spieler einer Provinzmannschaft, die zur großen Show bestellt werden.

Vor Jahren, als Lyndon Johnson Präsident war, waren die Fraktionsführer der Republikaner im Kongreß Everett Dirksen aus Illinois im Senat und Charles Hallock im Repräsentantenhaus. Beide waren abgebrühte republikanische Parteipolitiker aus dem Mittelwesten und gaben wöchentlich eine Pressekonferenz, die von den Medien als »The Ev and Charlie Show« bezeichnet wurde. Sie nutzten sie, um Johnson zu attackieren.

Eines Tages hatten sie sich besonders bissig über eine Gesetzesinitiative Johnsons geäußert. Er lud die beiden ins Weiße Haus zum Frühstück ein – und bekam ihre Unterstützung.

Als die beiden das Weiße Haus verließen, stürmte die Presse auf sie ein.

»Warum haben Sie das gemacht, Charlie?«

»Er weiß genau, wie sehr wir Burschen aus Indiana unseren Speck richtig dick geschnitten mögen«, war alles, was dem verblüfften Charlie einfiel. Den Gerüchten zufolge war nicht nur der Speck nach Hallocks Geschmack, es heißt, er und Dirksen hätten das Weiße Haus auch mit ein paar Subventionen für ihre Wahlbezirke verlassen.

Man nannte das die Johnson-Behandlung.

Wenn Sie nicht glauben, daß eine solche Kleinigkeit über das Schicksal von Nationen zu entscheiden vermag, haben Sie sicher auch nicht geglaubt, daß Newt Gingrich der Regierung den Geldhahn abdrehen ließ, weil Bill Clinton ihn und Bob Dole bei der Rückkehr von Yitzhak Rabins Beerdigung hinten aus dem Flugzeug aussteigen ließ.

Ja, so kann engstirnige Politik aussehen, und so können politische Entscheidungen, bei denen es um Milliarden Dollar geht, von der Beziehungspflege abhängen.

Oder wie Ev Dirksen zu sagen pflegte: »Eine Milliarde Dollar hier. Eine Milliarde Dollar da. Früher oder später addiert sich das zu richtigem Geld.«

Mackays Maxime
Man muß nicht in der Politik sein, um Politiker zu sein. Lernen Sie von den Besten!

Kapitel 67
Und nun zu den Vizeweltmeistern

In den zwanziger Jahren sahen Leute überrascht, wie in New York ein Herr im Smoking an der Ecke 42nd Street und Broadway aus einem Gullyschacht stieg.

Dieser Mann war Bruce Foraker, Chef von Bell Telephone in New York City. Er war an einem frostigen Januarabend nach einem Theaterbesuch an dem Schacht vorbeigekommen, in dem ein paar Arbeiter der Gesellschaft Kabel ansetzten, war hinuntergestiegen und hatte sich mit ihnen unterhalten.

Was meinen Sie, mit welcher Einstellung Forakers Leute für ihn arbeiteten? Es ist kein Wunder.

> *Foraker wurde »der Mann der 10 000 Freunde« genannt, weil seine Angestellten ihn so schätzten.*

Vor einiger Zeit saß die Unternehmensberaterin Sarah Vander Zanden bei einem Essen neben Honeywell-Chef Michael Bonsignore. Sie unterhielten sich über einen hypermodernen Honeywell-Thermostaten, der gerade in ihrem Haus installiert worden war – weder sie noch ihr Mann hatten herausfinden können, wie er zu programmieren war.

»Da kann ich Ihnen helfen«, erklärte Bonsignore. »Sagen Sie mir, wann es Ihnen paßt, dann schaue ich vorbei und programmiere ihn für Sie.«

Bevor ich diese Anekdote in mein Buch aufnahm, rief ich bei Honeywell an, um mich nach Bonsignores genauer Position zu erkundigen. Ich wählte einfach die Nummer der Hauptverwaltung und fragte die Telefonistin, wie Mr. Bonsignores korrekter Titel lautete.

»Michael ist Vorstandsmitglied«, erklärte sie.

»Michael? Sie nennen ihn ›Michael‹? Honeywell hat 53 000 Angestellte.«

»Entschuldigung. Ich meine Mr. Bonsignore«, erwiderte sie.

»Nein, nein, warten Sie einen Moment. Das ist völlig in Ordnung. Ich will Sie gar nicht korrigieren. Ich finde es großartig, daß Sie ihn Michael nennen.«

»Na ja, er ist ein großartiger Mensch«, sagte sie.

Können Sie sich vorstellen, was für eine Art internes Beziehungsnetz Michael Bonsignore unter seinen Angestellten hat? Oder weshalb er im Vorstand des Unternehmens ist?

Medtronic Inc. ist ein Unternehmen mit 2,2 Milliarden Dollar Umsatz und über 10 000 Angestellten weltweit. Seine Produkte sind auf dem modernsten Stand medizinischer Technologie. Obwohl der Firmengründer, Earl Bakken, bereits in den Siebzigern ist, reist er für sein Unternehmen, das mittlerweile in 120 Ländern vertreten ist, durch die ganze Welt. Wenn Medtronic eine neue Niederlassung eröffnet, setzt Earl sich gern mit den Mitarbeitern zusammen und erklärt den Auftrag und die Kultur des Unternehmens.

Und er hört zu.

Und beantwortet Fragen.

Diese drei Beispiele vermitteln klar und deutlich dieselbe Botschaft: Wenn wir Erfolg haben wollen, müssen wir imstande sein, offen und ungehindert miteinander zu reden.

Wir müssen in der Lage sein, unsere Sorgen miteinander zu teilen.

Wir müssen uns umeinander kümmern.

Wir müssen Teil eines gemeinsamen Beziehungsnetzes sein.

Mackays Maxime
Sind Sie in Ihrer Organisation ein Tor zur Information oder eine Blockade? Angestellte schätzen das Erstere und verabscheuen das Letztere.

Kapitel 68
Packen Sie mit an

Wollen Sie für Ihre Leute ein Vorbild sein wie Michael Bonsignore? Wollen Sie die Hemmschwellen für eine Kommunikation zwischen Management und produktiver Arbeit ebenso beseitigen wie Bruce Foraker? Möchten Sie ein Beziehungsnetz aufbauen, das wie bei Earl Bakken jeden Beschäftigten auf jeder Ebene Ihrer Firma einbezieht?

Der beste Weg dazu, den ich kenne, ist folgender: Verbringen Sie mindestens eine Woche im Jahr im »Brunnenloch« – arbeiten Sie am Fließband, schwingen Sie den Besen, laden Sie mit auf, schleppen Sie Ballen, machen Sie die härtesten, niedrigsten Arbeiten, die Ihre Firma zu bieten hat.

Es dürfte die Moral Ihrer gesamten Belegschaft aufmöbeln, wenn sie sehen, wie Sie Ihren Armani-Anzug ablegen und tatsächlich die Drecksarbeit machen, die sie tun müssen, um den Lebensunterhalt für sich und ihre Familie zu verdienen.

> *Glauben Sie mir, jedesmal, wenn ein Chef oder eine Chefin die Ärmel aufkrempelt und eine Drecksarbeit erledigt, spricht sich das bis in die letzte Ecke des Betriebes herum.*

Und Sie wissen ja, daß die Arbeiter es auch in ihrem Bekanntenkreis weitererzählen. Was für eine großartige Möglichkeit, der Welt zu zeigen, wofür Sie und Ihre Firma stehen.

Außerdem können die meisten von uns, den wir unser Leben lang anderen sagen, was sie zu tun haben, ein paar Erfahrungen, die uns Demut lehren, ganz gut gebrauchen. Das ist eine Möglichkeit dazu.

Mackays Maxime
Es ist völlig egal, wie gut Ihre Führung ist, wenn niemand Ihnen folgt.

Kapitel 69
Beim Schöpfungsakt zugegen

Ach, der einsame Künstler. Er arbeitet bis tief in die Nacht, sondiert den Kosmos auf der Suche nach Inspiration, malt, komponiert, schreibt oder tut, was kreative Menschen auch immer tun mögen. Das klingt episch, mystisch und heldenhaft. Allerdings gibt es da ein Problem.

Es ist ein Mythos.

Sicher, kein anderer als Sie kann es machen, aber es geschieht nicht in einem Vakuum. Sie wollen zwar nicht unbedingt, daß die Kinder unter dem Tisch Cowboy und Indianer spielen, während Sie den großen amerikanischen Roman schreiben, was allerdings nicht heißt, daß Sie kein Beziehungsnetz brauchen.

Aber große künstlerische Bestrebungen sind häufig das Ergebnis von »Schulen« oder »Salons«.

Mit anderen Worten, von Beziehungsnetzen.

So können zum Beispiel bei vielen Gemälden alter Meister oft nur Experten feststellen, wer sie gemalt hat, weil Meister und Schüler Seite an Seite daran gearbeitet haben, sie zu schaffen. Großartiger Jazz? Musiker bei einer Jam-Session. Das ist ein Beziehungsnetz.

Das Paris der zwanziger Jahre, die amerikanischen Schriftsteller des Algonquin Round Table, die Dichter des Black Mountain College, sie alle schufen herausragende Werke, weil die Künstler sich – im buchstäblichen wie im übertragenen Sinne – aneinander rieben, Ideen und Kritik austauschten und gelegentlich auch körperlich fanden.

In den vierziger Jahren ging aus der Zeitung der University of Minnesota, *Daily*, eine talentierte Gruppe von Schriftstellern hervor. Als erstem gelang Max Shulman der Durchbruch mit dem heiteren Roman »Barefoot Boy with Cheek«. Norman

Katkov schrieb mehrere Romane, darunter »A Little Sleep, A Little Slumber«. Er wurde ein erfolgreicher Drehbuchautor. Thomas Heggens Roman »Mr. Roberts« war ein Bestseller und wurde auch in der Bühnenbearbeitung und als Film ein Erfolg. Er wurde oft als bester Roman bezeichnet, der aus dem Zweiten Weltkrieg hervorging. Und Dorothy Lebedoff war lange Jahre eine führende Redakteurin in Hollywood.

Ich kannte Shulman flüchtig und fragte ihn einmal, wie es komme, daß alle aus dieser engen Gruppe so erfolgreiche Schriftsteller geworden seien.

»Als ich veröffentlicht wurde, sagten sich die anderen, wenn dieser untalentierte, mittelmäßige Kerl es schafft, schaffe ich es auch«, erwiderte Shulman.

> *Konkurrenz? Beruflicher Neid? In einem Beziehungsnetz? Sicher, warum nicht? Kreative Beziehungsnetze funktionieren häufig so. Und das ist gar nicht so schlecht, wenn es die schöpferischen Kräfte in Schwung bringt.*

In der Werbeagentur Fallon McElligott weiß man, daß kreative Menschen die Anregung brauchen, die das Zusammensein mit anderen kreativen Menschen bietet.

»Wir sind im Kommunikationsgeschäft. Wir wären nicht sonderlich gut, wenn wir nicht miteinander zu kommunizieren verstünden«, erklärte Bill Westbrooke, der Präsident und *Art Director* der Firma.

Mit welchen Maßnahmen unterstützt nun die Agentur die Arbeit im Beziehungsnetz?

① »Wir setzen Meetings immer außerhalb der Abteilung an, in der die Leute arbeiten. Warum? Damit sie gezwungen sind zu sehen, was außerhalb ihres eigenen Bereichs an den Wänden hängt. Das fördert Rückmeldungen, Kommentare, Komplimente und Gespräche.«

② »Wir halten vierteljährlich Meetings mit der gesamten Belegschaft ab, um *allen* die neue Arbeit zu zeigen, die geleistet wurde oder in Gang ist. Bei diesen Meetings lassen wir jeweils eine Abteilung eine umfassende Präsentation ihrer laufenden Arbeit vorlegen. Wir möchten, daß jeder über das auf dem laufenden ist, was im gesamten Betrieb vorgeht.«

③ »Texter, Art Directors und Designer arbeiten in Dreiergruppen zusammen, damit sie sowohl das Design als auch den Werbeaspekt im Blick haben. Dieses Vorgehen ist in unserer Branche durchaus unüblich.«

④ »Wenn Sie für eine Werbeagentur arbeiten, wie können Sie dann wissen, was sich verkauft, solange Sie noch nie erlebt haben, wie Ihre Agentur es zu verkaufen versucht. Bis Sie zu uns kamen, hatten 99,9 Prozent unserer Mitarbeiter noch nie miterlebt, wie einem Kunden eine vollständige Präsentation eines Werbekonzepts vorgelegt wurde. Nachdem wir den McDonald's-Arch-Deluxe-Auftrag bekommen hatten, legten wir unseren sämtlichen Mitarbeitern die gleiche Präsentation vor, die wir McDonald's gegeben hatten.«

⑤ »Wir haben uns intensiv mit der Gestaltung unserer Gemeinschaftsräume beschäftigt. Wir haben ein vollständiges Modell eines Restaurants nachgebaut, das jeder gern besucht, in dem jeder gern mittags ißt, sich entspannt, Kaffeepause macht, etwas trinkt. In zu vielen Firmen ähneln die Gemeinschaftsräume dem Eßsaal eines Gefängnisses.«

Mackays Maxime
Inspiration können Sie alleine haben. Zur Umsetzung brauchen Sie andere.

Kapitel 70

Pat O'Brien erzählt:
Wie man Kontakt hält

Einleitung

Ist Ihnen je dieses alles sehende Auge aufgefallen, das CBS als Logo benutzt? Ich glaube, es gehört Pat O'Brien, der die CBS-Sportsendungen verkörpert.

Pat ist der Inbegriff des Beziehungskünstlers. Er kennt jeden. Er ist überall. Er ist ein menschlicher Schmetterling. Wenn er landet, dann ist es immer höchstens für eine Nanosekunde, weil er ständig auf dem Sprung zum nächsten Ereignis ist. Wenn ein Basketballturnier, ein Tennisturnier und ein Footballspiel Schlag auf Schlag unmittelbar nacheinander stattfänden, könnte Pat zu allen die Berichterstattung übernehmen. Das hat er sogar schon getan. Nachdem er die Übertragung der diesjährigen Final-Four-Spiele des NCCA (Bundesverband des Collegesports) und der US-Open-Tennismeisterschaften moderiert hatte, jagte Pat zurück ins Studio, um gemeinsam mit Craig James die CBS-Übertragung der College-Football-Spiele zu moderieren.

Auch die Olympischen Sommerspiele 1996 prägte er durch eine Serie landesweiter Sonderberichte unter dem Titel »The Road to Gold«, die er mit Mary Lou Retton moderierte. Er tritt als Gasttalkmaster in der allabendlichen Fernsehsendung »Entertainment Tonight« auf und schreibt monatliche Kolumnen in den Zeitschriften *Life* und *Inside Sports*. Außerdem ist er täglich in landesweiten Rundfunksendungen wie »Sportstime«, »Sports Flashback« und »Sportsfan today« sowie jeden Sonntag live in seiner landesweiten Rundfunksendung »Coast to Coast with Pat O'Brien« zu hören.

Ist er leicht zu erreichen?

Wirklich nicht!

Obwohl wir gut befreundet sind, liegen meine Trefferquoten im Durchschnitt niedriger als die irgendeines Ballspielers, der je in einer seiner Sendungen zu Gast war. Das ist schon in Ordnung. Pat und ich wissen, wie wir in Verbindung bleiben können, auch wenn wir es ferngelenkt tun müssen.

Ständig lasse ich ihm über seine zuverlässige Assistentin Jaxie etwas ausrichten und erhalte auf diesem Weg Mitteilungen von ihm.

Das Telefon klingelt. »Pat bat mich, anzurufen. Sag Harvey, ich denke an ihn und er soll sich Sampras in Wimbledon anschauen, wenn er seinen armseligen Aufschlag je verbessern will.«

Das Telefon klingelt. »Harvey bat mich, anzurufen. Sagen Sie Pat, ich bin gerade einem alten Klassenkameraden vom ihm begegnet, der mit ihm in South Dakota in der Schule war.«

Wir haben es geschafft, all die Jahre miteinander in Verbindung zu bleiben, auch wenn wir uns meist nur Botschaften über den Zaun werfen, aber ich weiß, wenn ich ihn je wirklich brauchen sollte, ist er für mich da.

Wie die folgende Anekdote beweist. Vielen Dank, Pat. Ich arbeite immer noch an meinem Aufschlag.

Pat O'Brien erzählt

Networking hat mich ins Mediennetzwerk gebracht.

Es stimmt. Meine erste Stelle beim Fernsehen (NBC) bekam ich, weil ich jemanden kannte, der Tom Brokaw kannte. Und ich brauchte nicht in einer Großstadt zu leben, aus einer erstklassigen Familie zu stammen oder hundert Telefonanrufe zu machen. Ich brauchte lediglich die University of South Dakota zu besuchen und im Hauptfach Politik zu studieren. Ohne es zu wissen, wurde ich damit Teil eines der erfolgreichsten Beziehungsnetze, die es im höheren Bildungswesen gibt. Geknüpft wurde es von Dr. William O. Farber.   ▷

Dr. Farber war Dekan des Department für Politische Wissenschaften und sah und sieht seine Berufung in der Kunst der Beziehungspflege. Alljährlich nimmt Dr. Farber einen Studenten unter seine Fittiche. Meist ist es ein Student, der das Potential, das Dr. Faber in ihm sieht, nicht voll ausschöpft.

Einer dieser Studenten war ich. Das gleiche gilt für Tom Brokaw; Al Neuhart vom amerikanischen Pressekonzern Gannett und Gründer der Zeitung *USA Today*; Tim Johnson, den Senator von South Dakota, und Larry Pressler, den ehemaligen Senator von South Dakota. Zu ihnen gehörten außerdem Phil Odean aus dem Vorstand des umsatzstarken Unternehmens BDM; zwei Bundesrichter; Kern Bode von *Washington Week in Review*; Robert Swanson, Vorstandsmitglied von Greyhound, Del Webb und mittlerweile General Mills. Insgesamt ließe sich die Liste auf vierzig Mitglieder erweitern.

Im Laufe der Jahre hat sich Dr. Farbers Beziehungsnetz auf den öffentlichen Dienst, die Regierung, Behörden, Industrie, Medien und das Rechtswesen ausgedehnt. Sein Ziel war, ein so solides Netzwerk aufzubauen, daß keiner seiner Studenten je ein Karriereseminar besuchen müßte. Ausgewählte Farber-Studenten konnten sich sein Erfolgsbeziehungsnetz borgen.

»Es ist erstaunlich, wie man Menschen zusammenbringen kann«, erklärt Doktor Farber heute.

So beschloß ich zum Beispiel 1969, ein Jahr vor meinem Studienabschluß, daß ich zum Fernsehen gehen wollte. Dr. Farber rief mir in Erinnerung, daß einer seiner ehemaligen Studenten mittlerweile Anchorman bei KNBC in Los Angeles war. Wie sich herausstellte, handelte es sich um Brokaw, der mir mit einem Anruf eine Stelle bei NBC in Washington vermittelte. Zwei Tage nachdem ich die Stelle angetreten hatte, war ich bereits David Brinkleys Laufbursche und Assistent bei seinen Recherchen.

Farber, der inzwischen der jüngste 68jährige in Amerika ist, ebnet nach wie vor jungen Menschen den Weg in die Welt. Er vertritt die Theorie: »Niemand schöpft sein Potential jemals voll aus. Was zählt, ist nicht das Talent, das man mitbekommt, sondern, was man daraus macht.«

Kurz, jeder Student, den Dr. Farber unter seine Fittiche nimmt, hat Erfolg. Eine solche Erfolgsbilanz habe ich noch nie gesehen. Das Beziehungsnetz, das er aufgebaut hat, ist ungeheuer treffsicher – und das liegt im wesentlichen an der Tatsache, daß wir, die wir uns Farber Boys nennen (ja, es sind auch Frauen darunter), alles für ihn tun würden, weil er uns geholfen hat, unser Potential auszuschöpfen und dorthin zu kommen, wo wir heute stehen.

Drei- oder viermal im Jahr ruft unser ehemaliger Professor Brokaw mich und Konsorten an und sagt: »Sagen Sie, ich habe überlegt ...« und wir antworten: »Was immer Sie brauchen.« Wir haben junge Leute nach Washington, D.C., geschickt; wir haben Stipendien organisiert; Treffen seiner Studenten mit weltbekannten Persönlichkeiten arrangiert. Es ist unsere Art, uns bei ihm zu revanchieren, obwohl wir immer in seiner Schuld stehen werden.

> *Wir setzen das von ihm geknüpfte Beziehungsnetz fort, und das ist alles, was er will. Der Meister in der Kunst der Beziehungspflege will nichts weiter, als das Netzwerk in Gang zu halten. Das ist kein Komplott. Es ist einfach die Art, wie die Dinge laufen.*

Als ich Dr. Farber wegen dieses Buches anrief, sagte er als erstes: »Sagen Sie, ich habe da einen Studenten, der gern ein Vorstellungsgespräch an der Arizona State University hätte.«

Wir haben ihm das Gespräch vermittelt.

Mackays Maxime
Ich weiß nicht, was ich im nächsten Jahr um diese Zeit machen werde, aber was es auch sein mag, es basiert mit Sicherheit auf den Kontakten, die ich heute knüpfe.

SCHRITT NEUN
Ende gut – alles gut

Kapitel 71

Die zehn Gebote der Beziehungspflege

① Du sollst nicht unterstellen, daß hinter dem Posten mit dem *imposanten Titel* zugleich auch die *Macht* steht.

② Du sollst Augenfälligkeit nicht mit Glaubwürdigkeit verwechseln – weder bei mir noch bei anderen.

③ Du sollst vermeiden, ein *Schnorrer* zu sein (oder auch ein Ganove oder eine Nervensäge).

④ Du sollst anderen nie das Neinsagen abnehmen.

⑤ Du sollst dich für erwiesene Gefälligkeiten erkenntlich zeigen.

⑥ Du sollst zwischen *deinem* Beziehungsnetz und dem deiner *Firma* unterscheiden.

⑦ Du sollst dich nicht drücken, sondern einen Anruf umgehend beantworten.

⑧ Wenn du etwas nicht weißt oder dir nicht sicher bist, frage deine Kunden und deine Bekannten.

⑨ Du sollst als Geschäftsmann »die persönliche Note« zu deinem Wahlspruch machen.

⑩ Du sollst den Zeitgeist erfassen, und wenn er sich ändert, erfasse ihn wieder.

Kapitel 72
Wie gut ist Ihre Beziehungspflege?

Der größte Fehler, den Sie je machen können, ist nachlässig zu werden, weil Sie meinen, alles richtig zu machen. Wie Sie wirklich abschneiden, können Sie nur wissen, wenn Sie immer wieder Bilanz ziehen.

Wie gut sind Ihre Fähigkeiten, Beziehungen zu knüpfen und zu pflegen?

Schätzen Sie sich selbst ein. Sehen Sie sich die Videoaufzeichnungen Ihrer Spiele an. Lernen Sie aus Ihren Erfahrungen. Hier ist ein einfacher Test, mit dem Sie Ihre Fähigkeiten selbst überprüfen können.

Beantworten Sie die Fragen anhand einer Punkteskala von 1 bis 5, wobei 1 für »trifft nicht zu« steht und 5 für »trifft genau zu«.

① *Ich habe einen großen Bekanntenkreis, an den ich mich wenden kann, wenn ich Hilfe, Rat, Informationen oder Ressourcen brauche.*
  1☐ 2☐ 3☐ 4☐ 5☐

② *Wenn ich jemanden kennenlerne, halte ich innerhalb von 24 Stunden Informationen über diese Person in einer Kartei fest.*
  1☐ 2☐ 3☐ 4☐ 5☐

③ *Ich erweitere meine Adreßkartei mindestens einmal in der Woche um mindestens einen neuen Kontakt.*
  1☐ 2☐ 3☐ 4☐ 5☐

④ *Wenn ich neue Kontakte knüpfe, vertiefe ich sie anschließend sofort – indem ich einen Brief schreibe, anrufe oder einen Zeitungsausschnitt schicke.*
  1☐ 2☐ 3☐ 4☐ 5☐

⑤ *Ich halte mich über Dinge, die für meine Bekannten von Bedeutung sind – ihre Familie, Hobbys, Leistungen, Erreichtes und ähnliches – auf dem laufenden.*

        1 ☐   2 ☐   3 ☐   4 ☐   5 ☐

⑥ *Ich kann sofort feststellen, wann ich mit jemandem zuletzt Kontakt hatte, indem ich in meiner Adreßkartei nachsehe.*

        1 ☐   2 ☐   3 ☐   4 ☐   5 ☐

⑦ *Wenn ich etwas per Post verschicke – Bewerbungsunterlagen, Werbeprospekte, Adreßänderungen –, kann ich mich darauf verlassen, daß für jeden in meiner Kartei alle Angaben wie Name, Titel, Adresse korrekt und richtig geschrieben sind.*

        1 ☐   2 ☐   3 ☐   4 ☐   5 ☐

⑧ *Ich kenne besondere Daten wie Geburtstage, Hochzeitstage und Feiertage meiner Bekannten und sende entsprechend Glückwünsche.*

        1 ☐   2 ☐   3 ☐   4 ☐   5 ☐

⑨ *Wenn ich einem Geschäftspartner ein Geschenk machen möchte, kann ich mich darauf verlassen, in meiner Adreßkartei Anregungen für gute Ideen zu finden, was dem Betreffenden gefallen könnte.*

        1 ☐   2 ☐   3 ☐   4 ☐   5 ☐

⑩ *Ich mache es anderen leicht, mich in ihr Beziehungsnetz einzubeziehen, indem ich ihnen meine Visitenkarte gebe, sie über Adressenänderungen informiere und über meine beruflichen Veränderungen auf dem laufenden halte.*

        1 ☐   2 ☐   3 ☐   4 ☐   5 ☐

⑪ *Wenn Freunde in einer bestimmten Angelegenheit qualifizierten Rat oder Hilfe brauchen, kann ich über mein Beziehungsnetz meist jemanden für sie ausfindig machen.*

        1 ☐   2 ☐   3 ☐   4 ☐   5 ☐

⑫ *Im Bedarfsfall kann ich über mein Beziehungsnetz gewöhnlich spezielle Informationen oder sachkundige Quellen bekommen, mit denen ich einen Kaufinteressenten, einen Vorgesetzten oder einen potentiellen Arbeitgeber verblüffen kann.*
1 ☐ 2 ☐ 3 ☐ 4 ☐ 5 ☐

Soviel zur Selbsteinschätzung. Und nun einige Fragen mit vorgegebenen Antwortmöglichkeiten, aus denen Sie die zutreffendste auswählen sollen.

⑬ *Ein besonders streitlustiger, aggressiver Bursche tut sich auf einem Geschäftsempfang hervor, den Sie mit zwei Ihrer Kollegen geben. Da er kein Namensschild trägt, wissen Sie nicht, wer er ist und was er dort zu suchen hat, aber er hat sich auf Sie als Hauptzuhörer fixiert. Was tun Sie?*

a) Sie unterbrechen seine Tirade und fragen ihn nach »Namen, Dienstgrad und Kennummer?«

b) Sie warten, bis er eine Atempause macht, und fragen ihn, wer er ist?

c) Sie hören zu, stellen Blickkontakt her, entschuldigen sich höflich, um einen Neuankömmling zu begrüßen und versprechen zurückzukommen. Dann versuchen Sie festzustellen, wer er ist, und hoffen, daß er nur ein Schwätzer ist, den die Aussicht auf kostenlose Getränke hierher verschlagen hat.

Wenn Ihre Antwort c) lautet, geben Sie sich satte 5 Punkte; 1 Punkt für Anwort b) und 0 Punkte für Antwort a). Warum soll man sich über einen Partyschwätzer aufregen? Solchen Typen ist jeder schon begegnet; sie mögen zwar unangenehm sein, aber wohl kaum gefährlich. Wenn er ein Schwergewicht ist, wollen Sie sich sicher nicht mit ihm anlegen und kehren daher auf jeden Fall zurück, um ihm zuzuhören, falls nicht, fällt für ihn der Vorhang ohnehin, wenn zum Essen gebeten wird.

⑭ *Ihnen fällt eine Liste mit den Ressourcen, Kunden und Ge-*
winn- und Verlustzahlen eines Ihrer Konkurrenten in die
Hände. Was tun Sie?

a) Sie lesen sie, merken sich soviel Sie können, und werfen
sie anschließend in den Ofen.

b) Sie machen eine Fotokopie, die Sie abheften. Dann lesen
Sie sie und reichen sie an Ihre Kollegen weiter.

c) Sie stecken sie ungelesen in einen Umschlag, versiegeln
ihn und machen mit dem Eigentümer einen Termin, um
sie zurückzugeben.

d) Sie stecken sie ungelesen in einen Umschlag, versiegeln
ihn und schicken sie dem Eigentümer mit dem anonymen Vermerk zurück: »Interessant. Das können wir sicher verwenden.«

e) Sie benutzen sie, um die Person in Mißkredit zu bringen,
die sie unbedacht hat liegenlassen, und nutzen damit
nicht nur die wertvollen Informationen, sondern stören
auch den Betrieb Ihres Konkurrenten?

Für Antwort c) erhalten Sie 5 Punkte. Sie haben sich ein un-
gewöhnliches Maß an Wohlwollen verschafft, für eine sau-
bere Transaktion gesorgt und einen weiteren Verbündeten in
Ihrem Beziehungsnetz gewonnen, falls Sie ihn je brauchen
sollten. Sie sollten zudem in Erwägung ziehen, Ihre kaufmän-
nische Karriere aufzugeben und in einen Orden einzutreten.
Nur ein Kandidat für die Heiligsprechung könnte der Versuchung widerstehen, einen Blick in die Unterlagen zu werfen.
Für Antwort d) würde ich 1 Punkt vergeben. Sie besitzt zwar
für die Beziehungspflege keinerlei Wert, beweist aber Ihre
persönliche Ehrlichkeit, auch wenn Sie eine leicht gemeine
Ader haben. Dagegen legen Sie sich mit den Antworten a)
oder b) ein Kuckucksei ins Nest Ihres Beziehungsnetzes. Für
Antwort e) bekommen Sie 5 Punkte Abzug und einen Job bei
Ivan Boesky*.

---

* Ivan Boesky: Bekannter amerikanischer Finanzier, der 1986 wegen verbote-
ner Insidergeschäfte an der Börse in die Schlagzeilen geriet – Anm. d.
Übers.

⑮ *Eine Ihrer besten Freundinnen im Geschäftsleben hält einen der Hauptvorträge bei einem von der Firma gesponserten Seminar. Offengestanden, so sehr Sie sie auch mögen und schätzen, kennen Sie das, was sie zu sagen hat, doch in- und auswendig. Außerdem findet gleichzeitig ein anderes Seminar mit hochrangigen Rednern statt, die Sie noch nie gehört haben und von denen Sie eher profitieren würden. Was tun Sie?*

a) Sie erklären es Ihrer Freundin und erwarten, daß sie es versteht.

b) Sie tun so, als gingen Sie zu ihrem Seminar, gehen aber zu dem anderen.

c) Sie halten zu Ihrer Freundin.

Fünf Punkte für Antwort c). Beziehungsnetze sind dicker als Blut. Es dürften sich noch andere Gelegenheiten bieten, die Starredner zu hören. Diese gehört nicht dazu. Sie gehen zu dem Seminar Ihrer Freundin, weil Sie umgekehrt auch wollten, daß sie zu Ihrem kommt. Null Punkte für Antwort a), die plump und aufrichtig ist, und 1 Punkt Abzug für Antwort b), die plump und unehrlich ist.

⑯ *Sie sind in der Stadt, die Ihnen nach Ihrer Heimatstadt am liebsten ist. Es stellt sich heraus, daß Sie den ganzen Tag Zeit für sich haben, ehe Sie wieder an die Arbeit müssen. Was tun Sie?*

a) Sie besuchen alle Kunstgalerien, Museen, Restaurants, Theater und Sportereignisse, die Sie in 24 Stunden unterbringen können.

b) Sie schließen sich in Ihrem Hotelzimmer ein und erledigen Telefonate, als wären Sie in Ihrem Büro.

c) Sie picken sich einen möglichen, bislang aber nicht erschlossenen Kunden heraus, rufen ihn ohne Vorankündigung an, erklären ihm, daß Sie in der Stadt sind und etwas Zeit haben und ihn gern treffen würden, und laden ihn zum Mittagessen ein.

d) Wie c), nur suchen Sie sich einen Kunden aus, mit dem Sie bereits Geschäftsverbindungen haben und den Sie seit einiger Zeit nicht mehr gesehen haben.

Für Antwort d) gibt es 5 Punkte. Es ist wesentlich einfacher, einen alten Kunden zu halten, als einen neuen zu gewinnen. Antwort c) erhält 3 Punkte. Und wenn Sie a) mit c) oder d) verbinden können, gibt es 2 Extrapunkte. Warum soll man nicht zwei Fliegen mit einer Klappe schlagen und als Treffpunkt einen besonderen Ort wählen? Haben Sie lediglich mit a) geantwortet, gibt es keinen Punkt. Für Antwort b) erhalten Sie 1 Punkt – sie zeugt von kläglichen Instinkten in der Beziehungspflege, aber von einer tollen Arbeitsmoral.

Zählen Sie nun Ihre Punkte für alle 16 Fragen zusammen und bewerten Sie Ihr Beziehungsnetz:

0–25 Punkte: Ihre Verbindungen sind zusammengebrochen.

26–40 Punkte: Sie bekommen zwar Anschluß, aber in Ihrem Netz knistert es noch gewaltig.

41–55 Punkte: Ihr Signal kommt durch, könnte aber stärker sein.

56–69 Punkte: Ihr Netz steht und funktioniert. Halten Sie es in Gang.

70–82 Punkte: Sie kommen klar und deutlich rüber!

Mackays Maxime
Sie werden nie erfahren, ob Sie gewinnen, wenn Sie den Punktestand nicht prüfen.

Kapitel 73
Das perfekte Beziehungsnetz

Dieses Beziehungsnetz wurde am 10. Juni 1935 in Akron, Ohio, von einem Börsenmakler und einem Arzt gegründet.

Alle Mitglieder sind gleichberechtigt. Sie stammen aus allen Lebensbereichen. Um sicherzustellen, daß kein Mitglied sich einem anderen über- oder unterlegen fühlt, kennen sie sich nur mit Vornamen und dem Anfangsbuchstaben des Nachnamens.

Namen, Titel, gesellschaftliche Stellung, Reichtum oder dessen Fehlen spielen hier keine Rolle. Nur das gemeinsame Band zwischen ihnen zählt. Eine Hierarchie gibt es nicht. Keine Ortsgruppenvorsitzenden. Die Führung ist eine organisatorische Aufgabe, die die Mitglieder im Rotationsprinzip übernehmen.

Jedes Mitglied ist verpflichtet, jedem anderen Mitglied, das Hilfe braucht, jederzeit zu helfen. Und hier geht es um viele nächtliche Anrufe.

Die Mitgliedschaft ist freiwillig. Man muß schon von selbst beitreten wollen, um Teil dieses Beziehungsnetzes zu werden. Oft schließen sich Menschen ihm an, verlassen es wieder und kehren später wieder zurück.

Manchmal haben Menschen eine so zwiespältige Einstellung zu ihrem Beitritt, daß sie an unzähligen Treffen teilnehmen, bevor sie sich entscheiden.

Das macht nichts. Sie sind trotzdem willkommen.

Allerdings handelt es sich um eine Gruppe, die eine bestimmte Gemeinsamkeit bei ihren Mitgliedern zwingend voraussetzt.

Man muß sich dazu bekennen, Alkoholiker zu sein.

Die Anonymen Alkoholiker bilden das wohl effektivste Netzwerk, das je aufgebaut wurde. Es ist ein lebenslanges Beziehungsnetz, das Menschen, die bis zum Hals im Sumpf stekken, aufnimmt und herauszieht.

»Ich würde heute nicht mehr leben, wenn es die Anonymen Alkoholiker nicht gäbe«, erklärt Don B. »Ich kenne Leute, die sechzigmal wegen Trunkenheit vor Gericht gestanden haben und die dank der Anonymen Alkoholiker jetzt schon seit Jahren trocken sind.«

Don B. ist seit 39 Jahren Mitglied und nimmt immer noch wöchentlich an den Treffen teil.

> *Sie sagen, Beziehungsnetze sind Kinderkram? Sie können wahre Wunder wirken. Ich kann Ihnen täglich ein Zimmer voll solcher Wunder zeigen.*

Die Anonymen Alkoholiker sind das perfekte »selbstlose« Netzwerk. Sie bieten weder Geld noch Aufstiegschancen oder Ruhm. Sie gewährleisten im Gegenteil Anonymität. Statt dessen bieten sie gegenseitige Unterstützung angesichts der alltäglichen Krisen der Versuchung. Es ist kein Beziehungsnetz, dem Menschen gern beitreten. Vielmehr ist es eines, dem viele sich anschließen müssen. Eben weil die Anonymen Alkoholiker selbstlos sind, läßt sich an ihrem Fall hervorragend die Macht von Netzwerken zeigen.

Gemeinsame Fehlschläge und gemeinsame Erfolge wirken weitgehend auf die gleiche Weise – sie stärken jene, die es am dringendsten brauchen.

> **Mackays Maxime**
> *Wenn Gott eine Tür schließt, öffnet er immer irgendwo ein Fenster.*

Kapitel 74
Zeigen Sie Ihren Kindern die Macht von Beziehungsnetzen

> *Der schönste Lohn der Beziehungspflege ist die Möglichkeit, Ihre Fähigkeiten und Ihr Beziehungsnetz mit anderen zu teilen, vor allem mit Ihren Kindern.*

Wir alle tun vieles für unsere Kinder. Oder versuchen es zumindest.

Eine meiner Töchter suchte während ihres Studiums an der University of Michigan einen Teilzeitjob. Sie fand die Stelle, die sie haben wollte – als Kellnerin in einem beliebten Restaurant auf dem Campus –, aber es hatten sich noch unzählige andere Studenten beworben. Sie bat mich, ihr zu helfen, den Job an Land zu ziehen.

Ich habe mich bemüht, glauben Sie mir. Aber ich kannte niemanden in Ann Arbor und schaffte es einfach nicht, einen Kontakt herzustellen.

»Tut mir leid, Jojo.«

»Ist schon in Ordnung, Dad. Ich habe eine Idee. Ich versuche es einfach mal. Du hörst von mir, wie es gelaufen ist.«

Bei ihrem Vorstellungsgespräch zeigte sie dem Geschäftsführer einen Handzettel, den sie geschrieben hatte. Die Überschrift lautete: »Jojo sagt: ›Ich habe einen Tisch für Sie!‹«

»Wenn Sie mir den Job geben, schicke ich diesen Handzettel an alle meine Freunde und Bekannten. Hier ist die Liste.«

Sie hielt ihre Adreßkartei hoch und fächerte die Karten auf. Die Kartei enthielt 200 Namen.

Sie bekam den Job, und das Restaurant gewann viele neue Gäste, die sonst nicht gekommen wären.

Mackays Maxime
Hätten wir nicht alle größere und bessere Beziehungsnetze, wenn mehr Menschen die Kunst der Beziehungspflege beherrschten? Denken Sie darüber nach.

Kapitel 75
Lernen Sie von Ihren Kindern

Als Jojo das vorangehende Kapitel las, sagte sie: »Findest du die Überschrift nicht ein bißchen anmaßend, Dad? Ich meine, die Geschichte zeigt doch gerade, daß ich es allein geschafft habe. Wieso glaubst du eigentlich, daß wir euch nichts beibringen könnten? Hast du einen Computer?«
»Nein.« (Das war 1988.)
Ich beuge mich.
Lassen Sie sich von Ihren Kindern helfen. Vielleicht lassen Sie sich von ihnen beibringen, Ihre Adreßkartei per Computer zu verwalten. Vielleicht können sie Ihnen zeigen, daß die populäre Musikszene nicht stehengeblieben ist, als Sie aufgehört haben zuzuhören. Vielleicht können sie Ihnen aber auch helfen, Anschluß an ihr Beziehungsnetz zu finden.
Häufig wundern sich Leute, wenn ich die Geschichte von Jojo und ihrem Kellnerinnenjob erzähle.
»Sie hatte eine eigene Adreßkartei? Mit 200 Namen?«
»Wie kam es dazu?«
Weil ich wußte, daß meine Kinder irgendwann ein eigenes Beziehungsnetz würden aufbauen müssen. Und ich sah nicht ein, weshalb sie damit warten sollten, bis sie erwachsen sind.
Jedesmal, wenn in meinem Bekanntenkreis etwas Interessantes passierte, erzählte ich es am Essenstisch, und es dauerte nicht lange, bis meine drei Kinder erkannten, welche Macht Beziehungsnetze besitzen.

> *Als meine Kinder zu Teenagern heranwuchsen, schenkte ich jedem eine eigene Adreßkartei. Es war eine der besten Maßnahmen, die ich je getroffen habe.*

Sobald sie ihre eigene Adreßkartei hatten, half ich ihnen, alle Informationen zu sammeln, die sie über ihre Freunde und neue Kontakte brauchten, und zeigte ihnen, wie man Kontakt hält.

Bald wurde es ihnen zur Gewohnheit. Und je mehr Erfolg sie in ihrer Beziehungspflege hatten, umso mehr wurde ihnen diese Gewohnheit zur zweiten Natur. Es war daher also keineswegs überraschend, daß Jojo ihr Beziehungsnetz am College nutzte, um den Job zu bekommen. Und es war ebensowenig eine Überraschung, daß sie ihn bekam.

> **Mackays Maxime**
> *Ihre Kinder in die Kunst der Beziehungspflege einzuführen, ist eine der besten Investitionen, die Sie machen können.*

Kapitel 76
Kid Power

Kinder sind wie Sekundenkleber. Ihre Fähigkeit, Menschen zusammenzuschweißen, ist nicht zu unterschätzen.

Maxine und Nancy arbeiteten im selben Büro und konnten sich nicht ausstehen.

»Sie ist herrisch«, meinte Maxine zu ihrem Mann.

»Sie arbeitet schlampig«, sagte Nancy zu ihrem Mann.

In diesem Jahr schickten beide ihre Söhne in dieselbe Sommerfreizeit.

Maxines Sohn Trevor war sieben, ein Jahr älter als Nancys Sohn Grant.

Trevor mochte Grant. Er sah in ihm den kleinen Bruder, den er gern gehabt hätte.

Für Grant war Trevor das große Idol, er sah in ihm den großen Bruder, den er gern gehabt hätte.

Trevor konnte schwimmen. Grant hatte es trotz teurer Schwimmkurse nicht gelernt.

»Schau mich an, Grant«, sagte Trevor. »Ich tauche meinen Kopf unter Wasser. Wenn du das kannst, lernst du auch schwimmen.«

»Ich mag das nicht«, sagte Grant.

»Ich mochte es auch nicht«, erklärte Trevor, »aber wenn du dich erst mal dran gewöhnst, geht es.«

»Ich weiß nicht, ob ich das kann«, meinte Grant.

»Halte die Luft an«, sagte Trevor.

»Ich will es versuchen«, antwortete Grant.

»Du bist mein bester Freund«, erklärte Trevor.

»Und du bist mein bester Freund, Trevor«, bekräftigte Grant.

Grant hielt den Atem an und tauchte das Gesicht ganz unter Wasser. Schon bald lernte er schwimmen. Den Rest der Ferien waren Trevor und Grant unzertrennlich. An einem Tag, an dem sich Trevor nicht wohlfühlte und den ganzen Tag zu Hause blieb, ging auch Grant nicht aus dem Haus.

In diesem Herbst kam Maxine eines Tages von der Arbeit nach Hause und meinte zu ihrem Mann: »Trevor und Grant sind so süß zusammen. Ist es nicht wunderbar, daß sie so gute Freunde geworden sind? Weißt du, Grants Mutter ist doch nicht so übel. Sie ist anscheinend ein bißchen lockerer geworden.«

Etwa um die gleiche Zeit erzählte Nancy ihrem Mann: »Trevor schläft von Samstag auf Sonntag bei Grant. Übrigens finde ich, daß seine Mutter ihre Schreibarbeiten allmählich sorgfältiger erledigt.«

Es ist zwar der älteste und abgedroschenste Rat der Welt, aber er wirkt nach wie vor: Die stärksten Beziehungen basieren auf Freundschaft. Seien Sie nicht nur Menschen Ihres eigenen Beziehungsnetzes ein Freund, sondern auch den Menschen, die Ihren Freunden am wichtigsten sind.

Notieren und merken Sie sich die Namen der Kinder und Ehepartner Ihrer Bekannten. Erkundigen Sie sich nach ihnen. Achten Sie auf jede Anerkennung, die sie bekommen, und gratulieren Sie ihnen zu ihren Leistungen. Eine Glückwunschkarte an die Tochter eines Geschäftspartners zu ihrem Schulabschluß oder eine Stunde, die sie dem Sohn eines Freundes widmen, um ihn bei seiner Berufswahl zu beraten, lohnt sich um der lebenslangen Freundschaft zu ihren Eltern willen.

Wessen Bild tragen Sie in Ihrer Brieftasche? Das Ihrer Kinder oder das Ihres PR-Beraters?

Mackays Maxime
Und ein Kind wird sie leiten.

Kapitel 77
Nicht nur Menschen knüpfen Beziehungen

Israel ist ein winziges Land, etwa so groß wie New Jersey, und dennoch wird in den Vereinigten Staaten über jede Drehung und Wendung der israelischen Politik berichtet, als ginge es um eine Stadtratssitzung unserer Heimatstadt. Im großen und ganzen sind die Medienberichte und unsere öffentliche Einstellung zu Israel positiv.

Fast ebensoviel Aufmerksamkeit erfährt in den USA Südafrika, ein weiteres kleines Land halbwegs auf der anderen Seite der Erde, das alljährlich nur eine Handvoll Amerikaner besucht, über deren Tätigkeit unsere nationalen Medien jedoch ausführlich berichten. Seit der Abschaffung der Apartheid ist die öffentliche Einstellung auch zu diesem Land durchweg positiv.

Andererseits lautet das Medienschlagwort für Meldungen aus Südamerika, unseren Nachbarn in unserer Hemisphäre, »mego«. »Mego« ist die Abkürzung für *my eyes glaze over* (Meine Augen werden glasig). Es bedarf schon einer Revolution, um eine Meldung über Vorgänge in Uruguay oder Ecuador in den amerikanischen Medien zu plazieren. Arabischen Ländern geht es nicht viel besser. Die öffentliche Einstellung ist hier eher skeptisch und herablassend.

Israel und Südafrika sind sehr offen für die Medien. Das gilt für die anderen Länder, die ich erwähnt habe, nicht.

Im Gegensatz zu den anderen verfolgen Israel und Südafrika zudem äußerst aktive Public-Relations-Programme. Sie beobachten die US-Politik sehr aufmerksam. Sobald hier ein Meinungsbildner auftaucht, und sei es auch nur auf der niedrigsten Lokalebene der Politik oder Medien, kann man sicher sein, daß in Israel und Johannisburg sein oder ihr Aufstieg zur Kenntnis genommen wird.

Dort verfolgt man die Karriere von Bürgermeistern, Ratsabgeordneten, einflußreichen Geschäftsleuten, Talk-Show-Gästen, Kolumnisten und Redakteuren sorgfältig, und meist erhalten sie schon recht früh in ihrer Laufbahn eine Einladung des israelischen oder südafrikanischen Staates zu einer internationalen »Tagung« oder einem »Seminar« – kostenlos.

Eine solche Reise kann einem zu Kopf steigen, zumal wenn man die Vereinigten Staaten noch nie zuvor verlassen hat.

Die Eingeladenen wohnen in erstklassigen Hotels, lernen hohe Regierungsvertreter kennen und sehen das Beste, was das Land zu bieten hat.

> *Beide Schwellenländer schenken aufkommenden Meinungsbildnern Aufmerksamkeit, bevor sie zu etablierten, zynischen und übersättigten Führungspersönlichkeiten werden, und haben es damit geschafft, ein überaus einflußreiches Beziehungsnetz in den Vereinigten Staaten aufzubauen, das ihre Politik unterstützt und die öffentliche Meinung zu ihren Gunsten beeinflußt.*

Oberflächlich betrachtet, scheinen Israel und Südafrika nur wenig gemeinsam zu haben. Eine Gemeinsamkeit gibt es jedoch.

Lange Jahre waren beide Pariastaaten.

Die UNO-Resolution 3379 verurteilte Zionismus – die israelische Politik, die Ansiedlung von Juden aus der ganzen Welt in Israel zu fördern – als Rassismus. Südafrika war politisch wegen seiner diskriminierenden Rassenpolitik noch isolierter und nicht einmal bei den Olympischen Spielen willkommen. So waren beide Länder auf ihre eigene Findigkeit angewiesen, sich Freunde zu schaffen, die ihnen aufgrund ihres Pariastatus in der internationalen Gemeinschaft versagt waren.

Beide Länder wurden aus Notwendigkeit zu Experten der Beziehungspflege, die nach und nach ihre Verbindungen zu einzelnen Menschen knüpften.

Im zwischenstaatlichen Bereich ist die Beziehungspflege ein

langfristiger Vorgang, bei dem es um dauerhafte Verbündete geht.

> **Mackays Maxime**
> *Sie können das tun, worauf Uruguay und Ecuador noch nicht gekommen sind.*

Kapitel 78

Fragen und Antworten

F.: *Warum pflegen Sie Beziehungen, Harvey?*
A.: Andere Menschen kennen andere Dinge – und andere Menschen, die ich nicht kenne.

F.: *Was eignet sich gut dazu, das Eis zu brechen?*
A.: Es gibt kein Vorgehen, das für alle Gelegenheiten geeignet wäre. Ich werde mich hüten, etwas auswendig zu lernen. Es klingt falsch und gestelzt. Gewöhnlich bemühe ich mich einfach, meinem Gegenüber eine interessante oder humorvolle Frage zu stellen.

F.: *Jeder Komiker hat zumindest einen treffsicheren Satz, mit dem er Zwischenrufer zum Schweigen bringt. Haben Sie nicht wenigstens einen treffsicheren Satz, um Kontakte zu knüpfen?*
A.: Gut, da gibt es einen. Wenn ich mit Carol Ann zusammen bin und wir bei Tisch mit einem neuen Ehepaar ins Gespräch kommen, frage ich immer: »Wie haben Sie beiden sich kennengelernt?« In neun von zehn Fällen können Sie sich für die nächsten zehn Minuten zurücklehnen und zuhören.

F.: *Welche Geschichte haben Sie zuletzt bei einer solchen Begegnung gehört?*
A.: Als ich 1996 bei den Olympischen Spielen in Atlanta war, habe ich diese Frage bei einem Essen gestellt. Die Antwort lautete: »Ich saß in der letzten Reihe einer 747, die von New York nach Florida flog, und Ken behauptete hartnäckig, ich säße auf seinem Platz. Daraus entwickelte sich ein freundschaftliches Geplänkel. Wir lachten und scherzten darüber, und ein halbes Jahr später waren wir verheiratet.«

F.: *Ist Beziehungspflege wie Klavierspielen, erfordert sie also Konzentration und Disziplin? Oder hat sie mehr Ähnlichkeit mit einem guten Partygast, bei dem Konzentration und Zielstrebigkeit nicht so wichtig sind, wie überall dort zu sein, wo man sein kann?*

A.: Ihre Frage läuft im Kern darauf hinaus, ob in der Beziehungspflege die Mr.-Inside-Typen oder die Mr.-Outside-Typen die besten sind, also die guten Organisatoren oder die eindrucksvollen Persönlichkeiten.

Billy Graham ist ein hervorragender Mr. Outside. Er ist in der ganzen Welt bekannt, respektiert und bewundert. Von den »Sechs Distanzstufen«, die es uns ermöglichen, jeden über eine Kette von sechs Menschen zu erreichen, war bereits die Rede. Nun, Billy Graham ist so bekannt und beliebt, daß er vermutlich der einzige Mensch auf Erden ist, dessen Beziehungsnetz ihn ohne Mittelsmänner mit jedem Menschen verbindet, mit dem er Kontakt aufnehmen möchte.

George Wilson ist der Inbegriff des Mr. Inside. Nur wenige Menschen haben je von ihm gehört, aber er ist der Mann, der jahrzehntelang die Organisation Billy Grahams geleitet hat. Georges Managementfähigkeiten, gepaart mit Billys Weitblick und Führungskraft, machten es möglich, daß aus Graham und Wilson allein eine Organisation von Tausenden wurde.

George Wilson hatte sich schon frühzeitig als begabter Organisator erwiesen, als er evangelistische Versammlungen mit Tausenden von jungen Leuten arrangierte. George kümmerte sich um unzählige Kleinigkeiten wie Werbung, Briefe, Räumlichkeiten, Beschallungssysteme, während Billy »draußen« war und durch die Kraft seiner Predigten Millionen Menschen motivierte.

Zudem konnten sie für den Verwaltungsrat Führungskräfte nationaler Unternehmen gewinnen, eine Belegschaft von mehreren Hundert ungewöhnlich engagierten und kompetenten Mitarbeitern zusammenstellen und einen Hauptverwaltungssitz bauen – das alles, um eine weltweite Zuhörerschaft zu erreichen.

Die Finanzen der Organisation sind gesund, ihre Arbeit war nie auch nur von dem Hauch eines Skandals umwittert, und während andere Evangelisten auf halber Strecke liegengeblieben sind, erlangt die Organisation Billy Grahams zunehmend wachsenden Einfluß und eine guten Namen. Billy und George haben es mit ihrem Verwaltungsrat und ihrer Belegschaft gemeinsam geschafft – Mr. Outside und Mr. Inside.

Manche Beziehungsnetze haben eben Verbindung zu einer höheren Macht.

F.: *Wie oft sind Sie draußen in der gesellschaftlichen Landschaft unterwegs, knüpfen Kontakte, suchen Freunde? Sprechen Sie mit jedem, von Ihrem Platznachbarn im Flugzeug bis hin zum Briefträger?*
A.: Ja, aber so bin ich nun mal.

F.: *Kommt jeder Mensch, dem Sie begegnen, in Ihre Adreßkartei?*
A.: Nein.

F.: *Welche Auswahlkriterien haben Sie?*
A.: Nun ja, ich habe verschiedene Kriterien. Eins ist, ob ich in ihre Adreßkartei komme. Wenn ja, können Sie sicher sein, daß Sie auch in meine wandern.

Darüber hinaus beruht die Auswahl auf einer Kombination aus Instinkt und Notwendigkeit. Der Instinkt fragt: Ist dieser Mensch interessant? War die Begegnung denkwürdig oder angenehm genug, daß ich in Verbindung bleiben möchte?

Das zweite ist die Frage, ob dieser Mensch jemanden oder etwas kennt, das zu meinem Beziehungsnetz gehören sollte. Wenn Sie eins dieser Kriterien erfüllen, kommen Sie in meine Kartei.

F.: *Wieviel Zeit widmen Sie dem Aufbau und der Pflege Ihres Beziehungsnetzes?*
A.: Das sind zwei Fragen in einer.

Gut, der Aufbau. Das ist eine ständige Beschäftigung im gleichen Sinne wie das Atmen. Sie haben ständig die Antennen ausgefahren, das Schleppnetz ausgeworfen, ohne sich dessen bewußt zu sein.

Sicher, es gibt Zeiten und Gelegenheiten, bei denen Sie wissen, daß Sie unter den Menschen, denen Sie dort begegnen, kräftig Kontakte knüpfen oder pflegen wollen: Sie sind bei einer Tagung, einer lokalen Veranstaltung, einem gesellschaftlichen Ereignis.

Dann wieder gibt es Zeiten, wo es sich einfach ergibt. Sie kommen zufällig mit einem Taxifahrer, einem Kellner oder einer Kellnerin oder Ihrem Nachbarn im Sportstadion oder Flugzeug ins Gespräch. Ist es mehr als eine angenehme Begegnung? Es könnte sein. Das hängt von den drei kleinen Kriterien ab, die ich oben genannt habe: Möchte Ihr Gegenüber Sie in sein Beziehungsnetz einbeziehen? War die Begegnung eine Wiederholung wert? Kennt er oder sie jemanden oder etwas, den oder das Sie nicht kennen?

Nun zur Pflege: Was den Schreibkram angeht, mache ich sowenig wie möglich. Ich bin ein Mr. Outside. Aber sowenig wie möglich heißt, mindestens eine Stunde wöchentlich Notizen diktieren und Eintragungen machen.

Was die Kontaktpflege angeht, so tue ich das ständig. Ich bin sicher, daß ich es bewußt mindestens eine Stunde am Tag mache. Vielleicht tue ich es auch 24 Stunden täglich. Ob das jeder so machen sollte? Nein. Aber ich sehe keine Möglichkeit, mit weniger als einer Stunde wöchentlich auszukommen, wenn man seine Kontakte aufrechterhalten will.

F.: *Vielen Dank, Harvey.*
A.: Ich danke Ihnen. Sie haben doch nichts dagegen, wenn ich Sie ebenfalls in mein Beziehungsnetz aufnehme? Sie stellen gute Fragen. Nun lassen Sie mich Ihnen eine stellen. Sie sind im Verlagswesen tätig, nicht wahr?

F.: *Ja. Woher wissen Sie das?*
A.: Ach, kommen Sie, Harriet. Sie sind meine Lektorin bei diesem Buch. Sie haben mich diese Fragen beantworten lassen, bevor Sie mein Manuskript verlegen wollten. Ich hoffe, sie helfen unseren Lesern. Und nochmals vielen Dank für alles, was Sie getan haben, um dieses Buch zu verbessern, lesbarer und nützlicher zu machen.

Kapitel 79

Und noch ein paar Aphorismen zur Beziehungspflege, die ich kenne und liebe (und erbettelt, geborgt und gestohlen habe)

Zur Zeit meines Vaters war der traditionelle Wandschmuck im Büro eines Reporters ein Kalender mit hübschen Mädchen. Da er für die Berichterstattung über die Landespolitik unseres Bundesstaates zuständig war, also für einen gehobeneren Bereich des Journalismus, mied er schlampiges Äußeres und wählte ein anspruchsvolleres Erscheinungsbild. An den Wänden seines Büros – beziehungsweise der Besenkammer im Parlamentsgebäude des Bundesstaates, die ihm als Büro diente – hingen lauter »Sprüche«.

Meine Mutter machte es genauso – nur klebte sie die Sprüche auf den Kühlschrank. Erinnern Sie sich an den Werbeslogan von Cracker Jack: »In jeder Packung ein Preis.« Bei uns Makkays war es mit jedem Bissen eine Moral.

Diese Angewohnheit habe ich übernommen. Offensichtlich. Aber es gibt Schlimmeres.

- Wenn ich ein einzelnes Merkmal benennen sollte, das allen wirklich erfolgreichen Menschen, die ich in meinem Leben getroffen habe, gemeinsam ist, so würde ich sagen, es ist die Fähigkeit, ein Netz von Kontakten zu knüpfen und zu pflegen.
- Man braucht nicht alles zu wissen, solange man Leute kennt, die das wissen, was man nicht weiß.
- Auch wenn die Welt sich ändert, eines bleibt bestehen: die Freundschaften, die man im Laufe seines Lebens entwickelt.
- In meiner gesamten Karriere habe ich noch nie gehört, daß ein erfolgreicher Mensch gesagt hätte, es tue ihm leid um die Zeit und Kraft, die er in seine Adreßkartei gesteckt habe.
- Man kann nicht verhindern, daß die Welt sich ändert, aber eines hat man immer in der Hand: die Stärke seiner Beziehungen zu anderen.

- Tragen Sie Ihr Gedächtnis auf der Zunge. Wenn Sie jemandem zeigen wollen, wie sehr Ihnen am ihm liegt, beeindrukken Sie ihn damit, daß Sie an ihn denken.
- Die Menschen, die Ihnen am nächsten stehen und die Sie am meisten brauchen, nehmen Sie am ehesten für selbstverständlich.
- Oben an der Spitze ist es einsam. Je höher jemand steht, um so mehr Streicheleinheiten braucht er.
- Es ist ein Mythos, daß Menschen nicht gern um Hilfe gebeten werden. Haben Sie keine Angst, zu fragen.
- Menschen planen nicht zu scheitern, sie versäumen es zu planen.
- Wie Sie sind, ist ein Geschenk Gottes an Sie, was Sie aus sich machen, ist Ihr Geschenk an Gott.
- Erinnerung allein funktioniert nicht. Wer sich auf sein Gedächtnis verläßt, macht einen Narren zum Ordnungshüter.
- Einer der größten Fehler, die man in seiner Karriere machen kann, ist Angst davor zu haben, um Hilfe zu bitten.
- Es gibt kein schlechtes Gedächtnis. Man hat entweder ein geschultes oder ein ungeschultes Gedächtnis.
- Neunzig Prozent der Menschen, denen ich meine Philosophien über Organisation und Nutzung der Adreßkartei vermittele, werden sie nie in die Praxis umsetzen. Dazu fehlt ihnen eine notwendige Voraussetzung: Disziplin.

Mackays Maxime
Ein guter Aphorismus mag zwar das Problem nicht lösen, aber er bewirkt, daß Sie sich besser fühlen.

Kapitel 80

Einige abschließende Merksätze

① Bemühen Sie sich, den Unterschieden zwischen den Menschen Ihres Beziehungsnetzes gerecht zu werden. Fragen Sie Menschen, die gern die Fäden in der Hand halten, nach ihrer Meinung. Bitten Sie Teamarbeiter, Ihnen bei der Lösung von Problemen zu helfen.

② Erwarten Sie nicht von jedem neuen Kontakt, daß er sich sofort auszahlt. Es dauert eine Weile, die Edelsteine zu finden. Und es dauert möglicherweise noch länger, sie zu polieren.

③ Bemühen Sie sich, wertvolle Kontakte aufzufrischen, auch wenn Sie eigentlich schon zu lange gewartet haben. Sie brauchen nicht alles auf einmal zu machen. Fangen Sie mit einem Anruf an, um einfach nur Hallo zu sagen, und lassen Sie später ein persönliches Treffen folgen.

④ Benutzen Sie Ihr Beziehungsnetz nicht, um Kontakte herzustellen, wo keine echte Verbindung besteht. Das wäre, als wollten Sie ein Rendezvous zwischen einer sechzigjährigen Witwe und dem Teenager vermitteln, der Ihren Rasen mäht.

⑤ Wählen Sie für jedes Ihrer Beziehungsnetze eine andere Herangehensweise. Das ist keine Heuchelei. Sie würden ja Ihren Pfarrer auch nicht zu Ihrer Pokerrunde am Freitagabend einladen. Und er würde zu Ihrer Hochzeit keine Bermudashorts tragen.

⑥ Beschränken Sie sich nicht ausschließlich auf eine Gruppe. Erweitern Sie Ihren Horizont, sonst geraten Sie in Stagnation.

⑦ Lernen Sie zuzuhören. Fran Liebowitz hatte die traurige, aber wahre Erkenntnis: »Das Gegenteil von Reden ist nicht Zuhören. Es ist warten.«

⑧ Stellen Sie Ihr Licht nicht unter den Scheffel. Wenn Sie jemandem einen Gefallen tun, lassen Sie es ihn oder sie wissen.

⑨ Lernen Sie zwischen förmlichen und informellen Beziehungen zu unterscheiden. Ihr alter Footballkamerad mag zwar die Blockade durchbrochen und Ihnen damit den Weg zu einem Touchdown geöffnet haben, aber Sie tun ihm keinen Gefallen, wenn Sie ihn für etwas empfehlen, für das er ungeeignet ist.

⑩ Bilden Sie sich nicht ein, daß jemand zu Ihrem Beziehungsnetz gehört, der gar nicht dazugehört. Es gibt Politiker, die Ihnen beide Hände reichen, Ihnen tief in die Augen schauen, Sie beim Vornamen nennen, den Namen Ihrer Frau und Ihrer fünf Kinder in der Reihenfolge ihres Alters herunterrasseln und sich trotzdem am nächsten Tag nicht mehr an Sie erinnern. (Ein Mitarbeiter hat ihnen in dreißig Sekunden, bevor Sie ins Büro kamen, alle Informationen gegeben.)

⑪ Nutzen Sie die Zeit anderer konstruktiv. In Verbindung zu bleiben heißt nicht, anderen lästig zu fallen. Wenn Sie Schwierigkeiten haben, einen Bekannten tefelonisch zu erreichen, schreiben Sie einen Brief. Immer noch keine Antwort? Dann ist es an der Zeit, sich zu fragen, ob der oder die Betreffende tatsächlich zu Ihrem Beziehungsnetz gehört.

⑫ Lassen Sie Ihr Beziehungsnetz nicht einrosten. Suchen Sie Möglichkeiten, in Verbindung zu bleiben und andere über Ihr Tun und Treiben auf dem laufenden zu halten.

⑬ Seien Sie bereit, sich für jede Gefälligkeit, die man Ihnen erweist, zu revanchieren. Besser noch: Kommen Sie der Aufforderung zuvor, indem Sie ungefragt etwas für den anderen tun.

⑭ Erlauben Sie niemandem, sich auf Sie zu berufen, wenn Sie nicht völlig sicher sind, daß er oder sie Ihren Namen nicht mißbraucht. Mit dieser Gefälligkeit sollten Sie äußerst vorsichtig umgehen.

⑮ Horten Sie Gefälligkeiten, die man Ihnen schuldet, und seien Sie vorsichtig und wählerisch, wann Sie sie einfordern.

⑯ Brechen Sie hinter sich nicht alle Brücken ab. Sie ziehen aus, die Welt zu erobern? Das ist toll, aber schlagen Sie nicht die Tür hinter sich zu. Es kann manches passieren. Es könnte sein, daß Sie zurückkommen möchten – oder zumindest alte Kontakte wieder auffrischen möchten.

⑰ Halten Sie die Tür offen. Gut, als andere Sie verlassen haben, um die Welt zu erobern, haben sie die Tür hinter sich zugeschlagen. Das ist nicht sonderlich schön, aber was soll's? Selbst wenn jemand ein Problem hatte, das mich veranlaßt hat, ihn oder sie vor Jahren zu feuern, ist es vorgekommen, daß ich ihn oder sie wieder eingestellt habe, wenn sich herausstellte, daß sie das Problem gelöst hatten. Daß jemand Ihr Beziehungsnetz verläßt, ist noch kein Grund, ihn nicht wiederaufzunehmen.

⑱ Schaffen Sie sich ein Küchenkabinett zuverlässiger Berater. Sie würden schließlich auch keinen Hochseilakt ohne Netz – oder Netzwerk – angehen. Sofern Sie nicht zu den Flying Wallendas gehören, brauchen Sie eine zuverlässige Mannschaft, die Ihnen wieder auf die Füße helfen kann, falls Ihr Riesensalto danebengeht.

⑲ Lassen Sie niemanden im Stich, der in ein Tief geraten ist. Im nächsten Jahr könnte er wieder ganz oben sein. Das Auf und Ab gehört zum Leben. Ich kenne viele Bauunternehmer, die mindestens einmal im Leben bankrott gegangen sind. Und Richard Nixon ist öfter von den Toten auferstanden als Elvis.

⑳ Bleiben Sie Mensch. Der beste Weg, sich selbst zu helfen, ist, Ihre Beziehungen zu nutzen, um anderen zu helfen.

SCHRITT ZEHN

Die Früchte ernten ...
und teilen

Kapitel 81

Stanley Marcus erzählt: Wie man in den Wald hineinruft, so schallt es heraus

Einleitung

Stanley Marcus besitzt mehr Energie, Enthusiasmus und Neugier als jeder andere, den ich kenne. Zum Glück kommt er gerade erst in die besten Jahre. Er ist 91.

Dieser bemerkenswerte Mann ist weltweit bekannt. Sein Name taucht auf jeder Filiale von Neiman Marcus auf, jenem Unternehmen, in dem er lange Jahre verschiedene leitende Funktionen innehatte unter anderem als Vorsitzender des Verwaltungsrats, als Vorstandsmitglied und als Präsident.

Er ist ein vielseitig talentierter und interessierter Mensch, der unzählige Artikel und mehrere Bücher geschrieben hat, darunter »Minding the Store«. Er ist als Berater in Einzelhandelsfragen für mehrere große Unternehmen tätig, als Redner bei Unternehmerverbänden und kulturellen Organisationen gefragt, schreibt eine wöchentliche Zeitungskolumne, ist ein Kenner und Sammler indianischer und spanisch-kolonialer Kunst und trainiert dreimal wöchentlich auf einem Trimm-dich-Rad.

Wenn all das Sie nicht schafft, weiß ich es nicht. Kurz, er ist 91 Jahre jung und immer noch sehr aktiv.

Stanley Marcus erzählt

Jeder von uns hat sicher seine eigene Meinung zur Beziehungspflege. Ich bin der Ansicht, daß sie sich spontan aus dem ehrlichen Bedürfnis ergibt, anderen bei der Lösung eines Problems zu helfen.

Ich halte nichts davon, etwas zu tun, um eine Gegenleistung zu erhalten, denn ich beziehe große persönliche Genugtuung daraus, anderen nützlich und hilfreich zu sein. Und dennoch bin ich zu der Überzeugung gelangt, daß gute Taten sich tatsächlich irgendwann auszahlen – auch wenn es Jahre dauern mag. Einige Begebenheiten mögen das veranschaulichen.

Kurz nach dem Zweiten Weltkrieg wurden meine Frau und ich gebeten, eine Party für eine Gruppe asiatischer Jugendlicher auszurichten, die unser Land besuchten, um die amerikanische Lebensweise kennenzulernen. Sie stammten aus allen Teilen Asiens, aus Thailand, Kambodscha, Indien, Pakistan, Burma, Laos und Vietnam.

Es waren faszinierende junge Leute, die wir und unsere heranwachsenden Kinder mit einigen ihrer Freunde zu uns nach Hause einluden. Ein junger Student aus Indien war an einem Rat interessiert, wie er einen Studienplatz an einer amerikanischen Universität mit guten Studienangeboten in internationaler Wirtschaft bekommen könnte. Ich konnte ihm Vorstellungsgespräche bei mehreren Hochschulen vermitteln, und schließlich bekam er einen Studienplatz an der Columbia University.

Während seiner Studienzeit blieb ich mit ihm in Verbindung und schickte ihm Bücher und Zeitschriften über Indien und seine Probleme. Im Laufe der Zeit verlor ich ihn aus den Augen.

1964 reiste ich zum ersten Mal nach Indien und versuchte ein gemeinschaftliches Wirtschaftsförderungsprojekt für Neiman Marcus zu organisieren, das indische Produkte und Kultur fördern sollte. In Neu-Delhi angekommen, irrte ich durch einen bürokratischen Dschungel. Jedem gefiel zwar die Idee, aber niemand wollte sich oder die Regierung darauf festlegen, mehr zu tun, als über den Vorschlag nachzudenken.

Schließlich brachte man mich zum stellvertretenden Handelsminister. Nachdem ich mich vorgestellt hatte, strahlte ▷

er mich an, reichte mir die Hand und erinnerte mich daran, daß er mein junger indischer Freund war. Ich hatte ihn nicht erkannt.

Sofort nahm er die Sache in die Hand und führte mich durch das Labyrinth der politischen Regierungsstrukturen Indiens. Innerhalb von vier Tagen kamen wir zu einer Vereinbarung, die den Beginn des Projekts ermöglichte.

Wenn ich ihn nicht getroffen hätte, hätte ich wohl vier Jahre in Indien bleiben können, ohne Ergebnisse zu erzielen.

Zweites Beispiel:

Vor dem Zweiten Weltkrieg kam »Jock« Lawrence, ein junger leitender Angestellter von Metro-Goldwyn-Mayer, nach Dallas, um Werbung für einen neuen Film zu machen. Wegen einiger früherer Unstimmigkeiten hatte er Schwierigkeiten, den Film im wichtigsten Kino unterzubringen. Ich bot ihm an, ihn mit dem zuständigen Herrn bekanntzumachen, und ebnete den Weg zu einer Einigung. Er war mir überaus dankbar.

Erst 1946, bei meiner ersten Parisreise nach dem Krieg, sah ich Jock wieder. Ich lief ihm zufällig in der Bar des Ritz über den Weg. Damals war er Colonel Jock Lawrence und gehörte zu General Eisenhowers Stab.

Er fragte mich, ob ich Eisenhower je begegnet sei, was ich verneinte. Er meinte, ich müsse ihn unbedingt kennenlernen, er werde das arrangieren. Ich protestierte, man dürfe dem General nicht die Zeit stehlen, aber Jock blieb eisern und brachte die Sache ins Rollen.

Als ich ins Hauptquartier kam, war Jock nicht da, aber ein anderer Offizier führte mich in das Büro des Generals und stellte mich als Stanley Marcus von Neiman Marcus vor. Offenbar hatte man General Eisenhower vorher nicht informiert. Er sah mich an, lächelte und wiederholte mehrmals »Neiman Marcus«, als versuche er herauszubekommen, ob es sich um eine Anwaltskanzlei oder eine Akrobatentruppe handelte. Als ich seine Verlegenheit bemerkte, erklärte ich, daß Neiman Marcus eines der besten Spezialitätenkaufhäuser des Landes sei und ich mich auf einer Reise befände, um unsere Kontakte zu Lieferanten in Europa wiederherzustellen.

»Sie müssen entschuldigen«, sagte er, »aber ich bin so lange aus den Staaten fort, und selbst als ich da war, hatte ich nie Gelegenheit, in Kaufhäuser zu gehen. Ich habe immer im PX-Laden der Kaserne eingekauft.«

Er bat mich, ihm mehr über unser Unternehmen zu erzählen, und abschließend sagte ich: »General, ich hoffe, Sie entschließen sich, für die Präsidentschaftswahlen zu kandidieren, und wenn Sie nominiert werden, hoffe ich, daß Sie gewählt werden.«

Er dankte mir, äußerte sich allerdings unverbindlich über seine Pläne.

Beim Abschied sagte ich: »General, wenn Sie sich zur Kandidatur entschließen und die Nominierung erhalten sollten und wenn Sie gewählt werden sollten, hoffe ich, daß Sie als Extexaner das Kleid, das Mrs. Eisenhower zur Amtseinführung trägt, bei uns kaufen.«

Er lachte und antwortete: »Falls es so kommt, mache ich das.«

Er hielt Wort, und als er zum Präsidenten gewählt wurde, lieferten wir der First Lady das Kleid zur Amtseinführung, geschneidert von unserer besten Schneiderin, Nettie Rosenstein.

Nett zu Menschen zu sein ist gute Beziehungspflege – außerdem ist es für die eigene Seele befriedigend.

Kapitel 82
Frag Jack!

Ziemlich zu Anfang dieses Buches habe ich eine Anekdote über meinen Vater, Jack Mackay, und sein Beziehungsnetz geschildert. Enden möchte ich mit einer weiteren Geschichte über ihn.
Hier nun ein Auszug aus dem Nachruf von Rabbi Max Shapiro auf meinen Vater: »Frag Jack.«

Wir alle haben eine Geschichte. Das Leben eines jeden von uns würde ein Buch füllen, denn unsere Gefühle, unsere Strebungen, unsere Leistungen sind alle einmalig und einzigartig. Einzelne Fragmente von Jacks Geschichte sind in seinen Artikeln über die Dillinger-Gang, die Hamm-Entführung, den großen, blutigen Lastwagenstreik in Minneapolis und seine neunzehnjährigen Bemühungen zu finden, Leonard Hankins freizubekommen, einen Unschuldigen, der wegen Mordes verurteilt worden war.
Jack besaß die wunderbare Fähigkeit, sich Freunde zu machen – Freunde aus allen Lebensbereichen. Mit vielen von ihnen habe ich gesprochen, und als ich sie nach Jack fragte, bekam ich immer die gleiche Antwort: »Wenn wir etwas brauchten, wenn es niemanden anderen mehr gab, an den wir uns um Hilfe wenden konnten, wenn es Probleme gab, fragten wir Jack.«
Ein Opfer des Konzentrationslagers sucht seine Familie und verkommt im bürokratischen Papierkrieg. Frag Jack – und der Papierkrieg hört auf.
Ein Mann muß ins Krankenhaus, aber im nächsten halben Jahr wird kein Bett frei. Frag Jack – und irgendwie findet sich noch ein Bett.
Es wird Geld für einen Flüchtling aus dem nationalsozialistischen Deutschland gebraucht. Frag Jack – und die Mittel stehen zur Verfügung.

Ein Kind braucht einen Platz an einer bestimmten Schule, kann aber wegen der Vorschriften nicht aufgenommen werden. Frag Jack – und es wird aufgenommen.

Ein Mann braucht eine Arbeit, es sind aber keine Stellen frei. Frag Jack – und der Mann findet Arbeit.

Jack war ein Mensch mit vielen Interessen. Und jedes Interesse betraf Menschen. Wie viele gesagt haben »Frag Jack« – frag Jack nach diesem, frag Jack nach jenem – werden wir wohl nie erfahren. Wie vielen er geholfen hat, werden wir nie erfahren. Und vielleicht – vielleicht – hatte Gott eine Aufgabe, eine schwierige Aufgabe zu erledigen, eine Aufgabe, die Einfallsreichtum, Hartnäckigkeit und sorgfältige Planung verlangte. Und auch Gott muß sich wohl überlegt und dann zögernd gesagt haben: »Frag Jack« – und hat ihn zu sich genommen.

Ich hoffe, auch Ihr Beziehungsnetz kann Ihnen helfen, eine Arbeit zu finden, eine Beförderung zu bekommen, einen Geschäftsabschluß unter Dach und Fach zu bringen oder Geld zu verdienen. Doch selbst, wenn es dazu nie kommt und Ihr Beziehungsnetz nur das leistet, was Jack Mackays Beziehungen geleistet haben – wenn es Ihnen hilft, jemandem zu helfen, der Hilfe braucht –, haben Sie das beste Beziehungsnetz von allen.

Kapitel 83
Das letzte Wort

Haben Sie das Buch gelesen?
Dann schenken Sie es jemandem aus Ihrem Bekanntenkreis,
oder tauschen Sie es mit ihm oder ihr. (Aber lassen Sie es meinen Verleger nicht wissen.)

Wenn Sie Ideen, Kommentare oder Anregungen zu diesem
Buch haben, würde ich es gern von Ihnen erfahren. (Bitte
keine Anfragen um persönlichen Rat.) Schreiben Sie mir an
folgende Adresse:

Mackay Envelope Corporation
2100 Elm Street Southeast
Minneapolis, MN 55414
USA

Elektronisch bin ich zu erreichen unter folgender E-Mail-
Adresse:
Harvey-a-Mackay.com; Internet: http://www.mackay.com